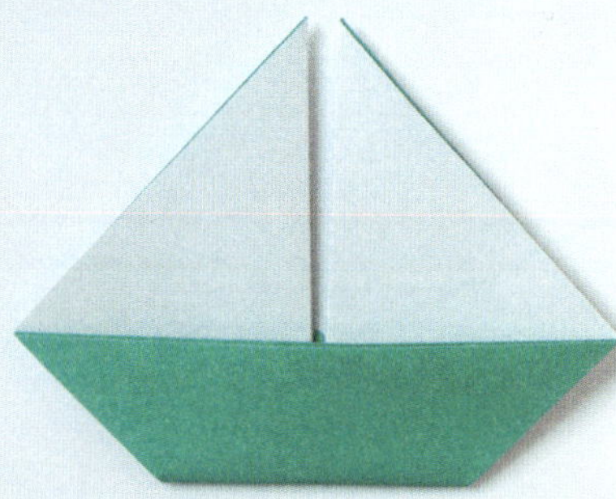

KRISTINA MÜLLER

FOLD & RELAX

ORIGAMI UND INNERE RUHE

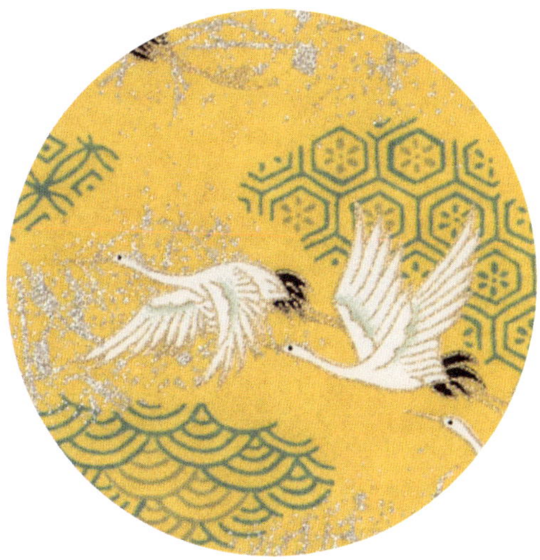

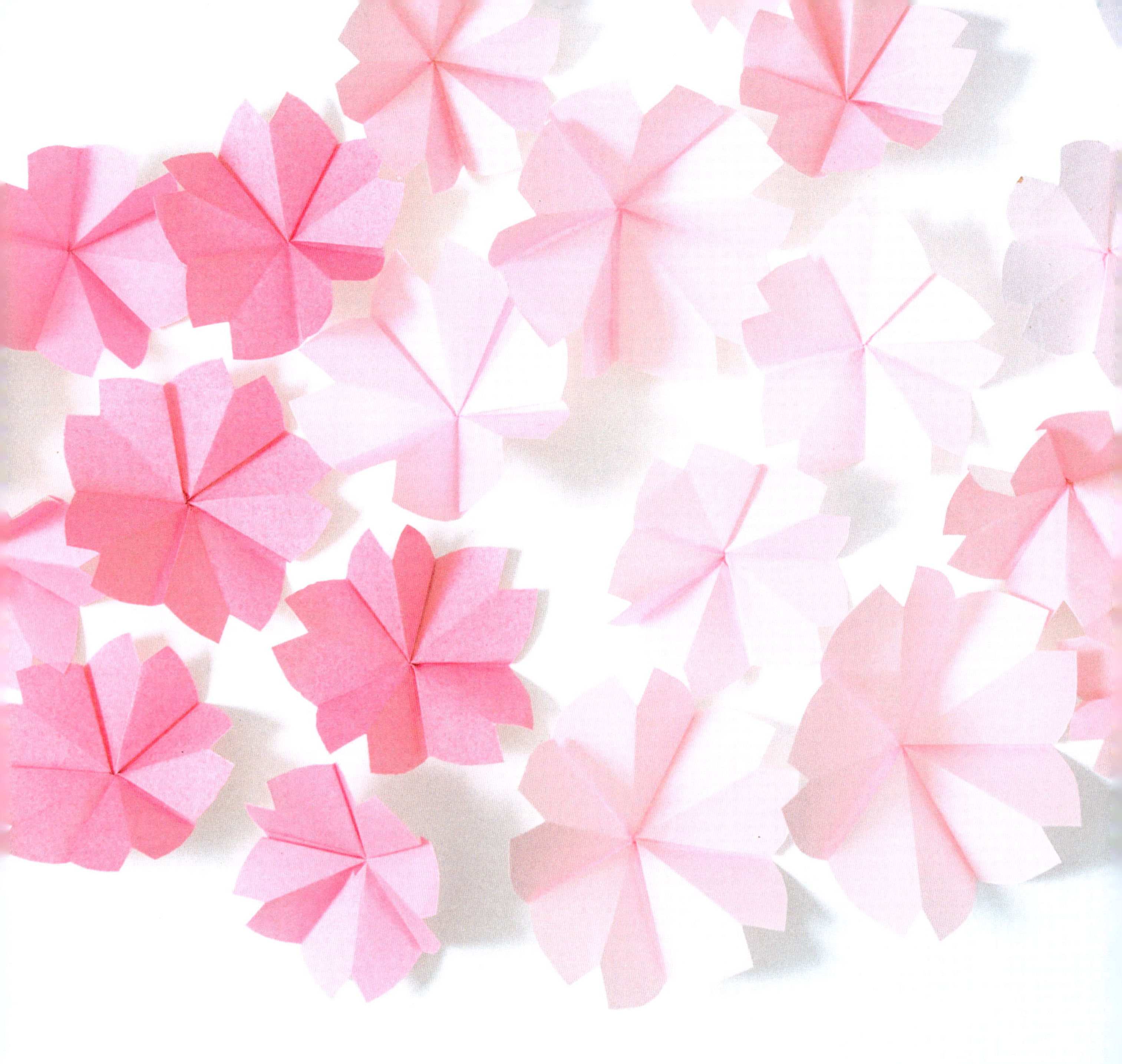

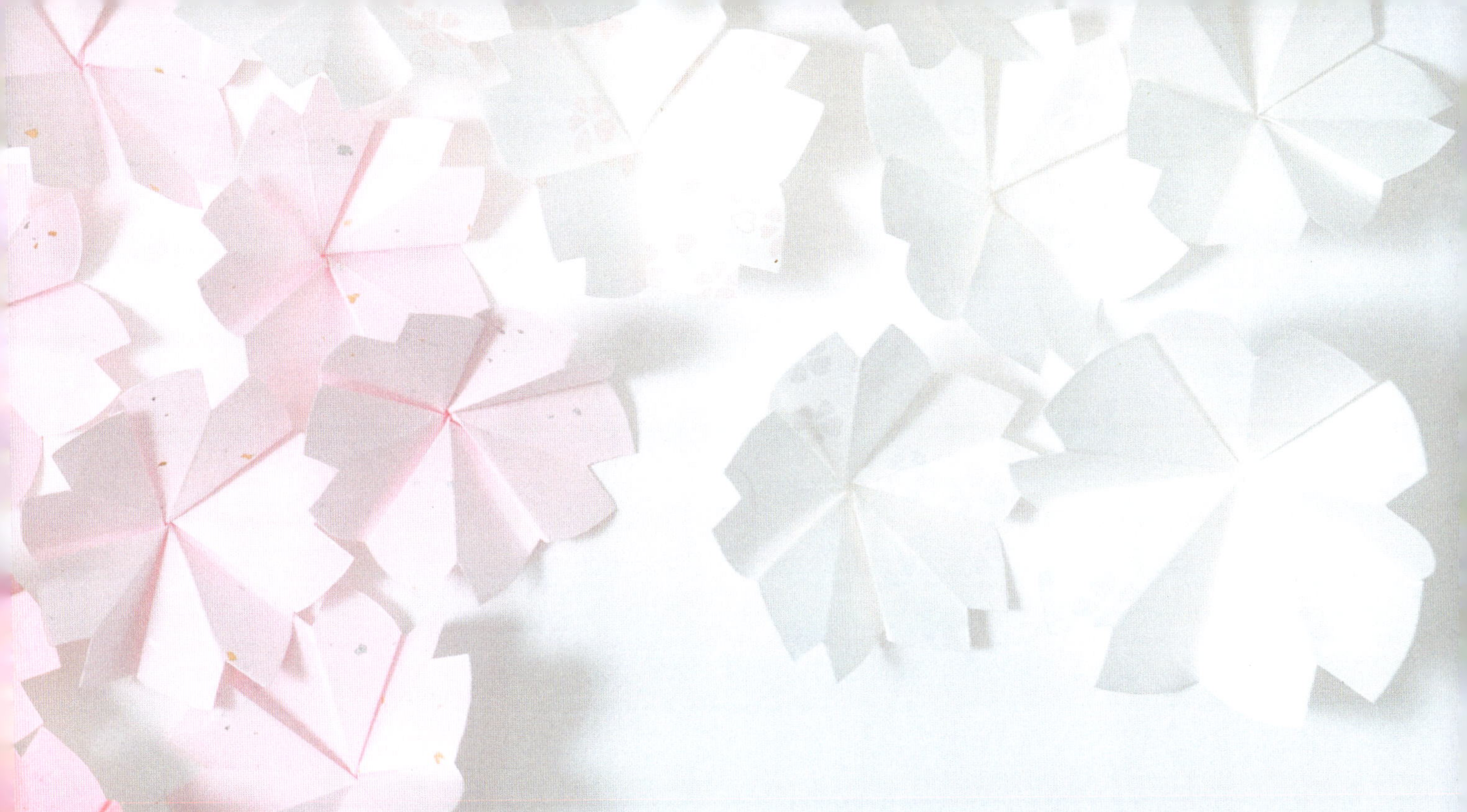

KRISTINA MÜLLER

FOLD & RELAX

ORIGAMI UND INNERE RUHE

VERLAG FREIES GEISTESLEBEN

INHALT

MODELLE & PROJEKTE

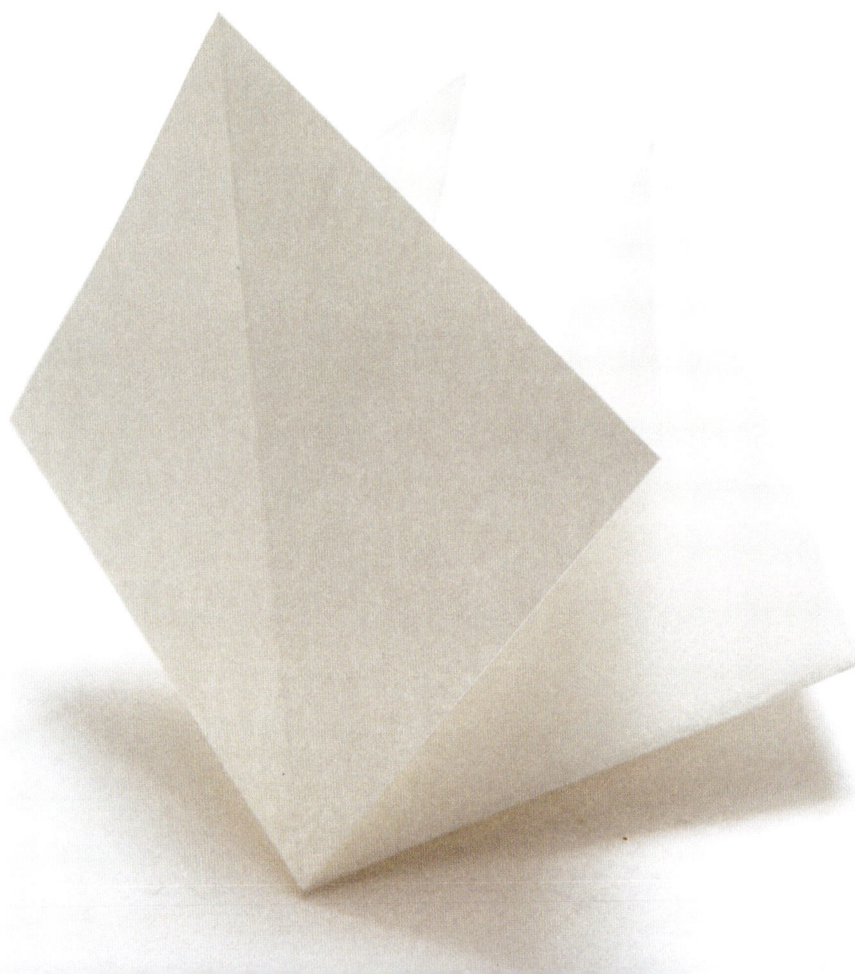

EINLEITENDE GEDANKEN

Wer kennt es nicht, dieses Gefühl der vollkommenen Selbstvergessenheit, Ruhe und Entspannung, wenn man sich einer Tätigkeit mit ganzem Herzen hingibt. Die Zeit scheint still zu stehen – und vermutlich erfährt man genau in diesem Moment, was es bedeutet, im Hier und Jetzt zu sein.

Genau diese Art des Präsentseins erlebe ich, wenn ich mich ganz bewusst auf den Prozess des Papierfaltens einlasse. Ein unschuldiges weißes Blatt Papier in seiner quadratischen Perfektion und all seinen Möglichkeiten liegt vor mir und fordert mich geradezu heraus, schöpferisch tätig zu werden. Meine Gedanken wandern weiter und erkennen darin eine Metapher für das Leben selbst, das mir ebenso viele Freiheiten schenkt und mich nur dazu ermutigt, etwas Wunderbares zu erschaffen. So wie sich das Papier entfaltet, entfalten sich auch meine Gedanken ...

Auf den Seiten dieses Buches möchte ich meine Faszination für das Papierfalten teilen und in ästhetisch-visueller Form erlebbar machen. Wer sich mit offenem Geist und Herzen dieser vielleicht noch unbekannten Tätigkeit widmet, wird vor allem eines erkennen: Der Umgang mit diesem so sinnlichen Material und das Falten von Papier machen glücklich!

ORIGAMI

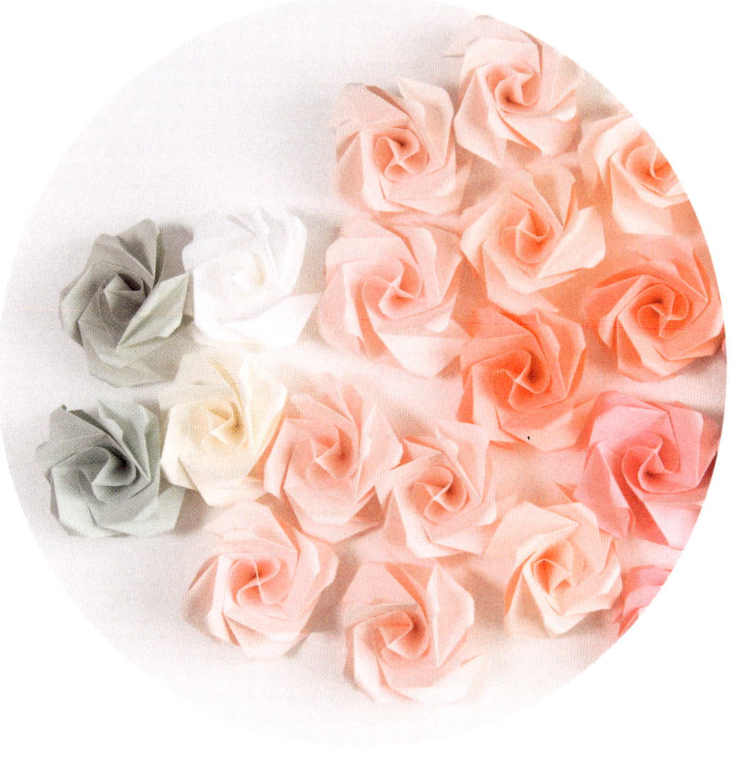

MEDITATION

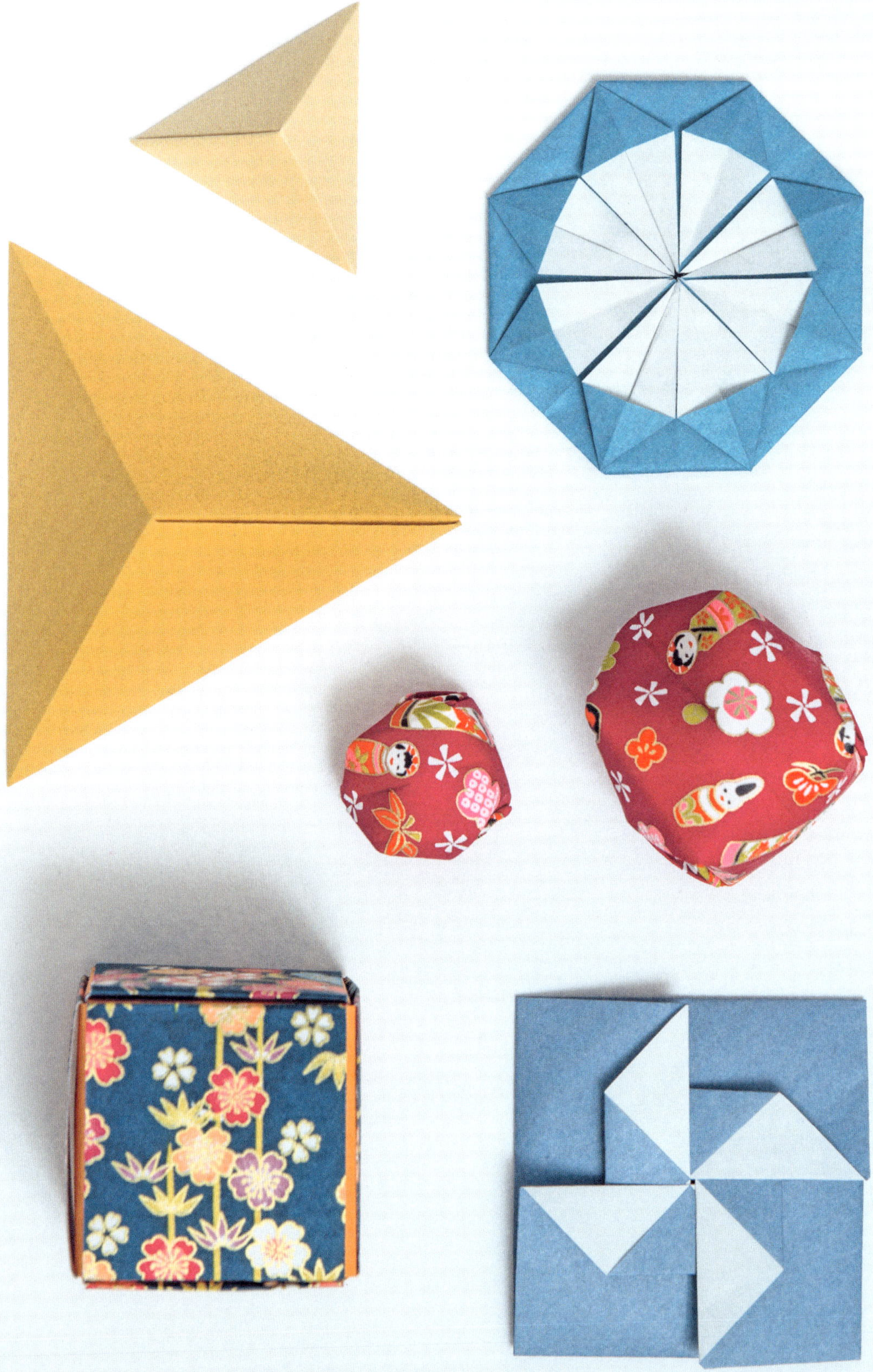

DIE KUNST DES PAPIERFALTENS

Origami, zusammengesetzt aus den japanischen Begriffen *oru* für «falten» und *kami* für «Papier», ist die Kunst des Papierfaltens. Ausgehend von einem meist quadratischen Blatt entstehen durch Faltungen zwei- oder dreidimensionale Objekte, beispielsweise Tiere – am bekanntesten ist wohl der Kranich, ein Symbol des Friedens und Glücks – sowie Gegenstände und geometrische Körper.

Die Ursprünge liegen vor allem in Ostasien. In Japan hat diese Kunst eine lange Geschichte, die bis in jene Zeit zurückreicht, als um 610 n. Chr. von buddhistischen Mönchen das erste Papier von China aus eingeführt wurde. Die «Erfindung» des Papiers selbst, obwohl es Funde aus China gibt, die auf etwa 140 v. Chr. datiert werden können, wird offiziell Ts'ai Lun zugeschrieben, der um 105 n. Chr. Beamter am chinesischen Kaiserhof war und erstmals das heute bekannte Verfahren zur Herstellung von Papier beschrieb.

Jüngere Traditionen von Papierfaltungen finden sich unabhängig davon auch in Europa. So führte Mitte des 19. Jahrhunderts der deutsche Pädagoge Friedrich Fröbel das Papierfalten in sein Programm für Kindergärten ein, um die Koordination der geistigen Fähigkeiten und die Geschicklichkeit zu fördern.

Heute ist Origami nicht nur Zeitvertreib und Kunstform, sondern wird auch in verschiedenen Bereichen der Wissenschaft angewendet. Zudem ist es ein ausgezeichnetes Gedächtnistraining und fördert nicht nur Konzentration, Kreativität, Präzision und Fingerfertigkeit, sondern auch

WENN DU AUFHÖRST, AN DIE DINGE ZU DENKEN
UND DARÜBER ZU SPRECHEN, GIBT ES NICHTS,
WAS DU NICHT WISSEN KANNST.

ZEN-SPRUCH

Disziplin, Ausdauer und Geduld. Gleichzeitig werden Begeisterung, Motivation und Ehrgeiz entfacht.
Und nicht nur das vermag das Papierfalten, das zunächst wie eine belanglose Tätigkeit erscheinen mag – es tut auch der Seele gut, sich mit schönen Dingen zu beschäftigen und von ihnen umgeben zu sein.

GEDANKEN ZUR SCHÖNHEIT DER DINGE

Ich freue mich an all den schönen Dingen, die mich umgeben, denn sie bereichern mein Leben und lassen mich glücklich sein. Auf den ersten Blick scheinen manche sinnlos – und doch öffnen sie Herz und Seele auf eine unbeschreibliche Art und Weise. Gerade weil sie keinen Sinn und Zweck zu erfüllen scheinen, sondern einfach um ihrer selbst willen da sind, liebe ich sie. Ich brauche diese Schönheit wie die Luft zum Atmen …

Origami hilft, die Aufmerksamkeit zu fokussieren und sich zu konzentrieren. Der Geist kann zur Ruhe kommen und die Konzentration auf eine einzige Sache lässt uns im gegenwärtigen Moment präsent sein. So schenkt uns diese Tätigkeit eine Pause vom oftmals anstrengenden Alltag. Entspannung, Gelassenheit, Achtsamkeit sowie innere Ruhe entstehen und schaffen dabei einen Ausgleich zum schnellen Takt der heute meist digital bestimmten Welt.

Durch das Falten von Papier können wir in einen «Flow-Zustand» gelangen, der genau dann entsteht, wenn wir einer Tätigkeit nachgehen, die derart interessant und fordernd ist, dass wir völlig in ihr versinken, und die uns schließlich mit einem kleinen Erfolgserlebnis belohnt, wenn wir die Aufgabe gemeistert haben. In genau diesem Zusammenspiel aus Konzentration und Entfaltung von Freude erfahren wir die meditative Kraft des Papierfaltens.

DIE KUNST DES WAHRNEHMENS

Meditation, abgeleitet vom lateinischen Begriff *meditatio* für «nachdenken, nachsinnen», ist eine spirituelle Praxis, die in vielen Kulturen und Religionen ausgeübt wird. Durch verschiedene Achtsamkeitsübungen kann sich der Geist sammeln und das Bewusstsein erweitern. Achtsamkeit bedeutet, die Aufmerksamkeit auf die Gegenwart zu lenken und nicht fortwährend über die Vergangenheit nachzudenken und sich in die Zukunft zu flüchten. Meditation fördert unsere Konzentration und Kreativität, sie schenkt uns Energie und hilft uns, besser mit Stress umzugehen und eine tiefere Verbindung zu uns selbst zu schaffen.

Es gibt unterschiedliche Formen der Meditation, so auch die *Focus Attention Meditation*, die fokussierte Aufmerksamkeitsmeditation, bei der die Konzentration bewusst auf eine Sache gerichtet ist. Den Fokus gezielt auf etwas zu richten, ist eine Möglichkeit, um im gegenwärtigen Moment zu sein und so

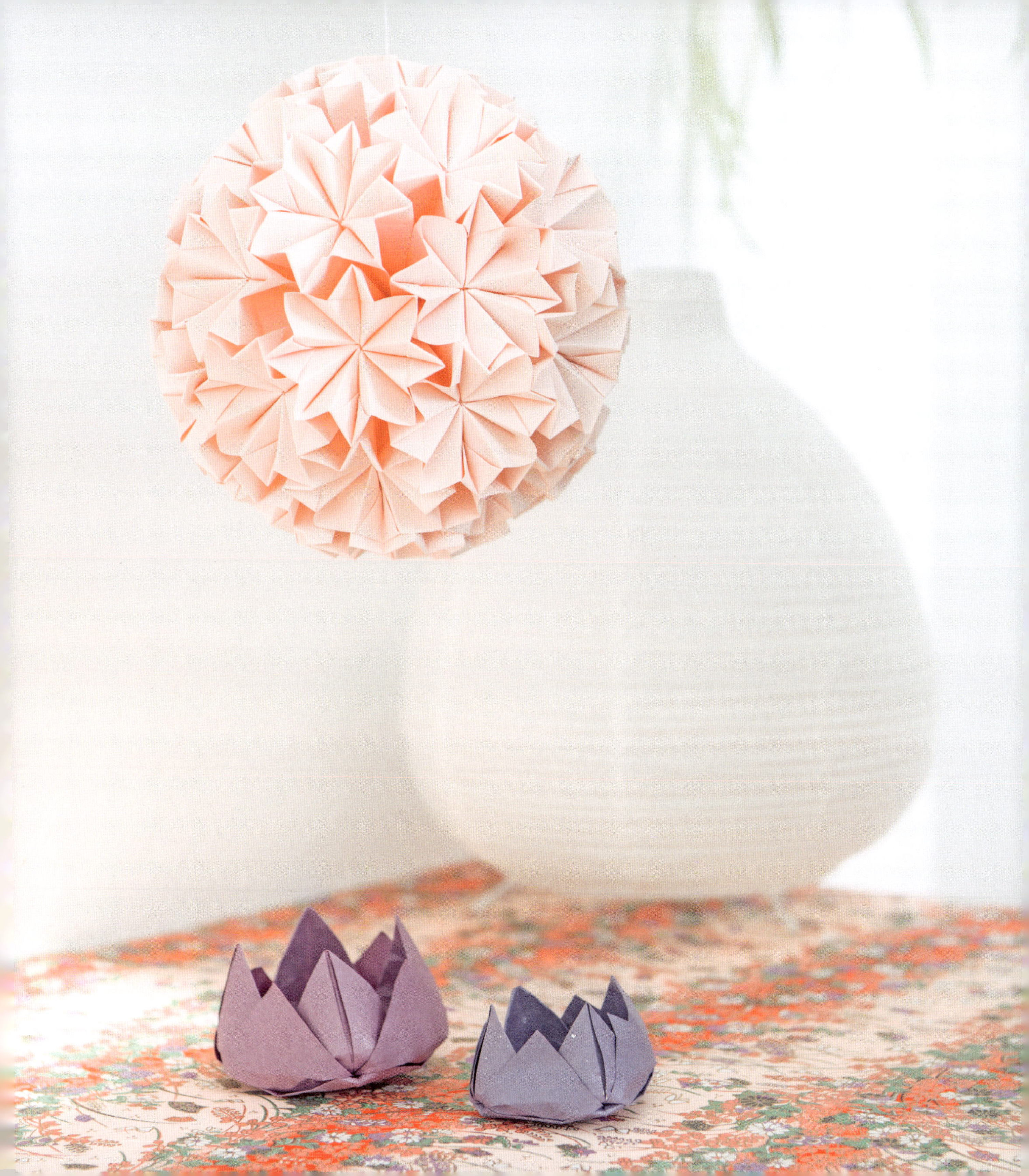

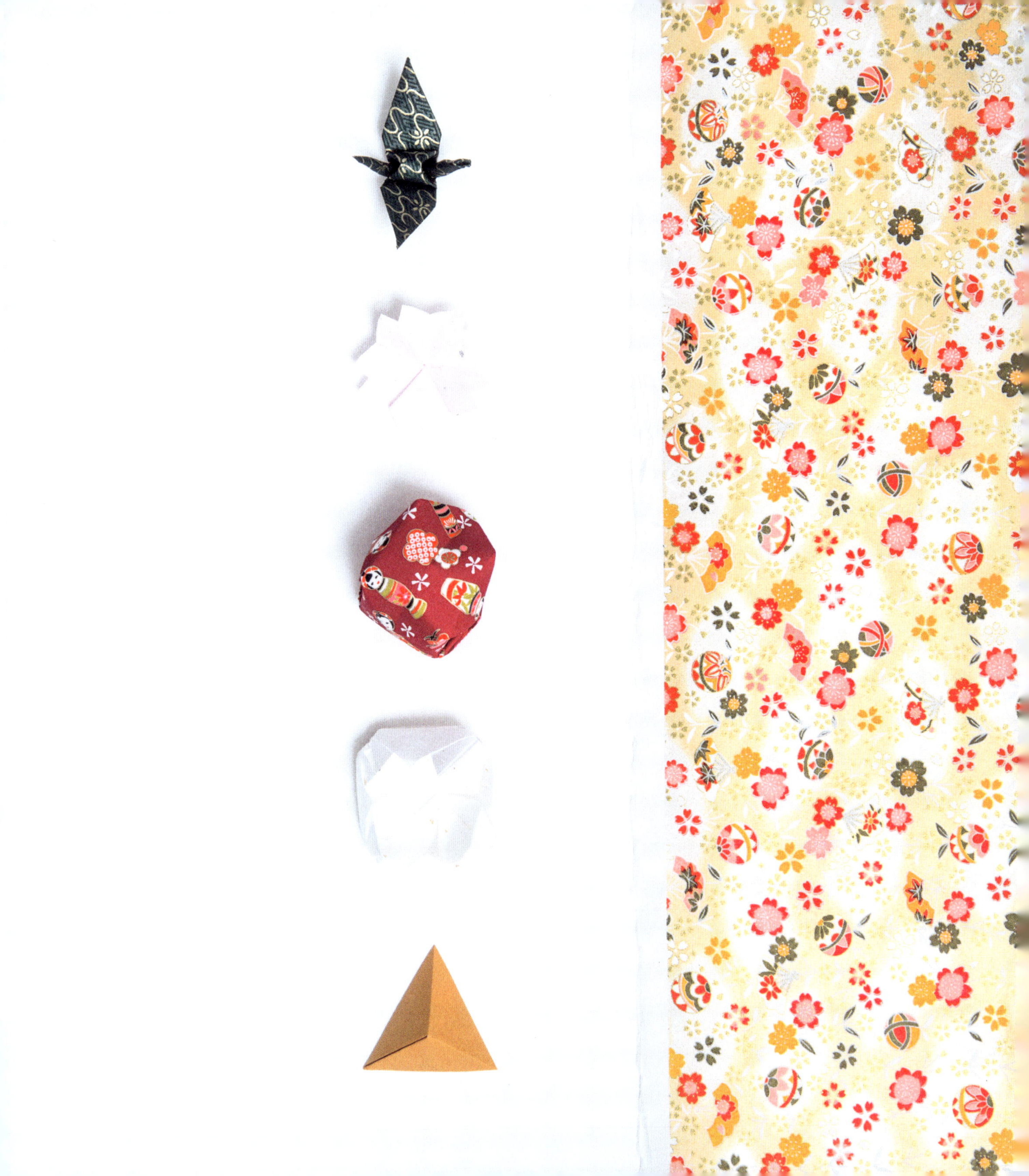

den Geist zu beruhigen, was oftmals leichter fällt, als an «nichts» zu denken. Diese Form der Aufmerksamkeit, bei der wir unseren Fokus von der Außenwelt abwenden und auf das Hier und Jetzt richten, lässt kreatives Denken zu und eröffnet uns vielerlei Möglichkeiten.

Präsenz beinhaltet das lateinische Wort *sentire* für «fühlen, empfinden, wahrnehmen, sich bewusstwerden, einsehen, verstehen». Wenn wir also präsent sind, nehmen wir bewusst den gegenwärtigen Moment wahr und fühlen eine Verbindung zu uns selbst und zu unserer Umwelt. In einer Zeit, in der wir aufgrund einer Flut an Reizen und Ablenkungen in der Außenwelt nicht in Balance und Einklang mit uns selbst leben, kann Meditation, wie beispielsweise das Papierfalten, ein Weg sein, wieder zu mehr Ruhe und damit auch zu Glück und Zufriedenheit zu finden.

ASSOZIATIONEN ZUR MEDITATION

Innehalten, zur Ruhe kommen, beruhigen, durchatmen, abschalten, ausruhen, ausspannen, entspannen, erholen, aufatmen, stillstehen, einhalten, in sich gehen, aufmerksam sein, sich vertiefen, sich versenken, betrachten, beobachten, erfassen, erkennen, bewusstmachen, besinnen, reflektieren, vertiefen.

Die Begriffe lassen sich noch erweitern und ergänzen.

PAPIER

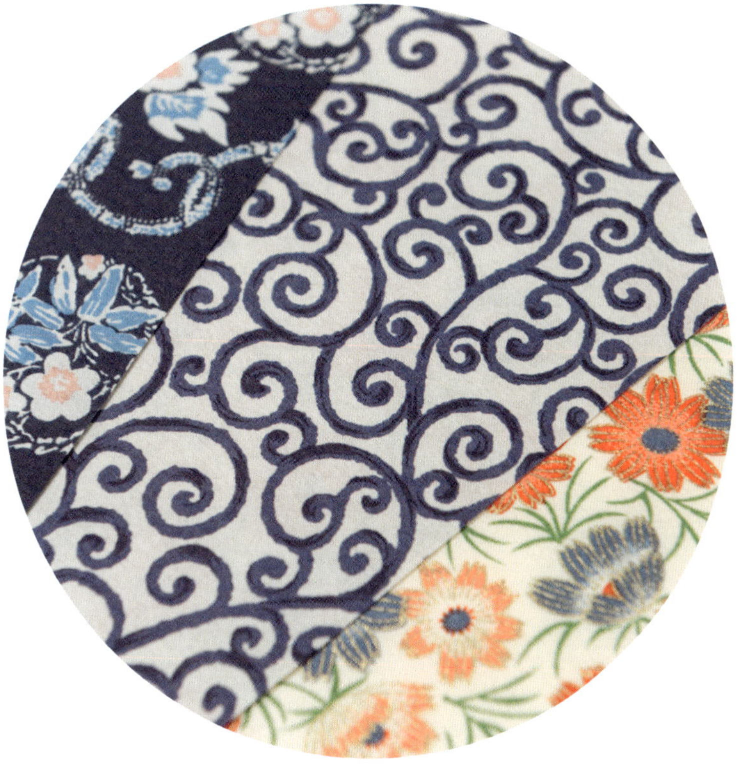

FALTEN

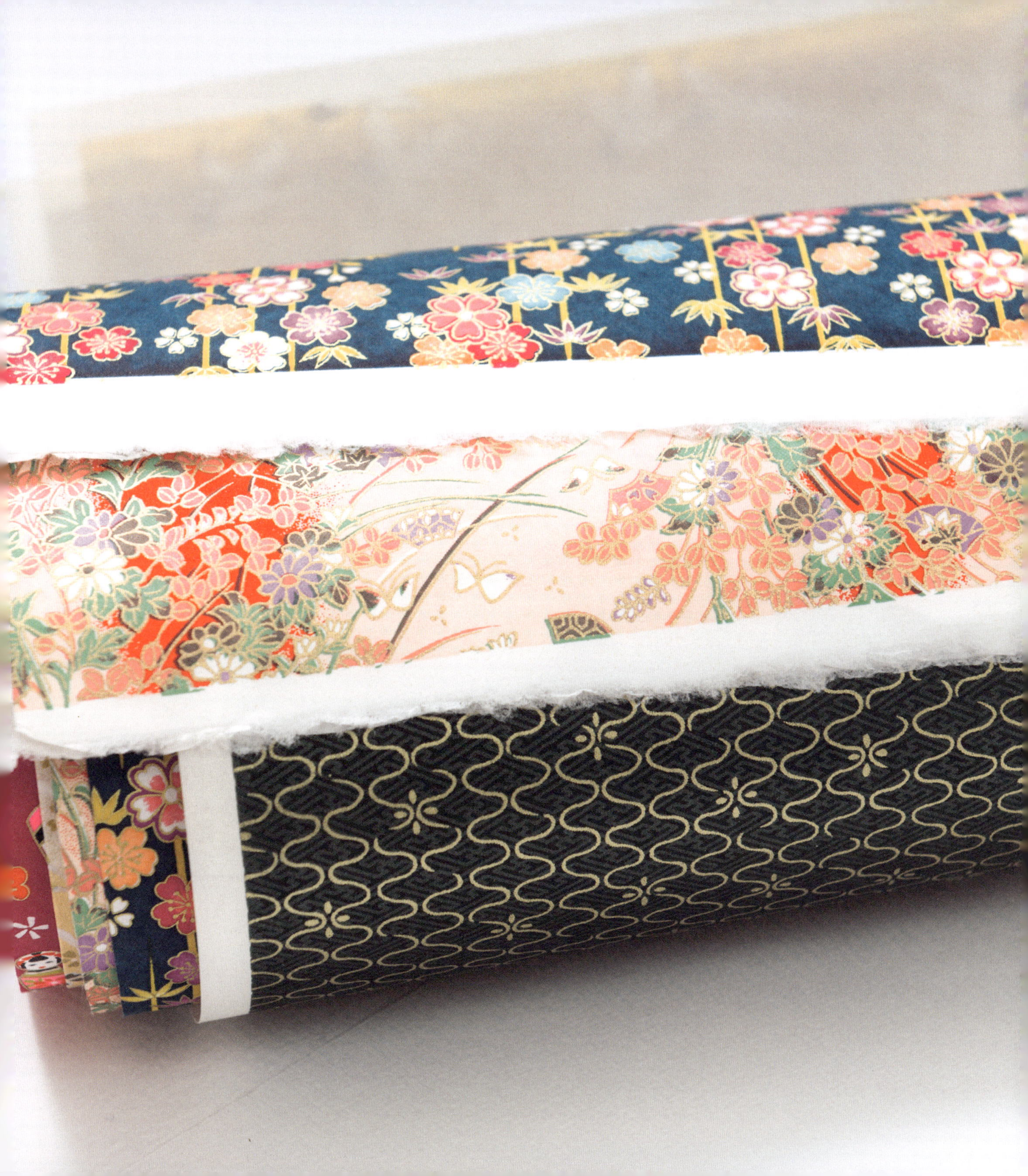

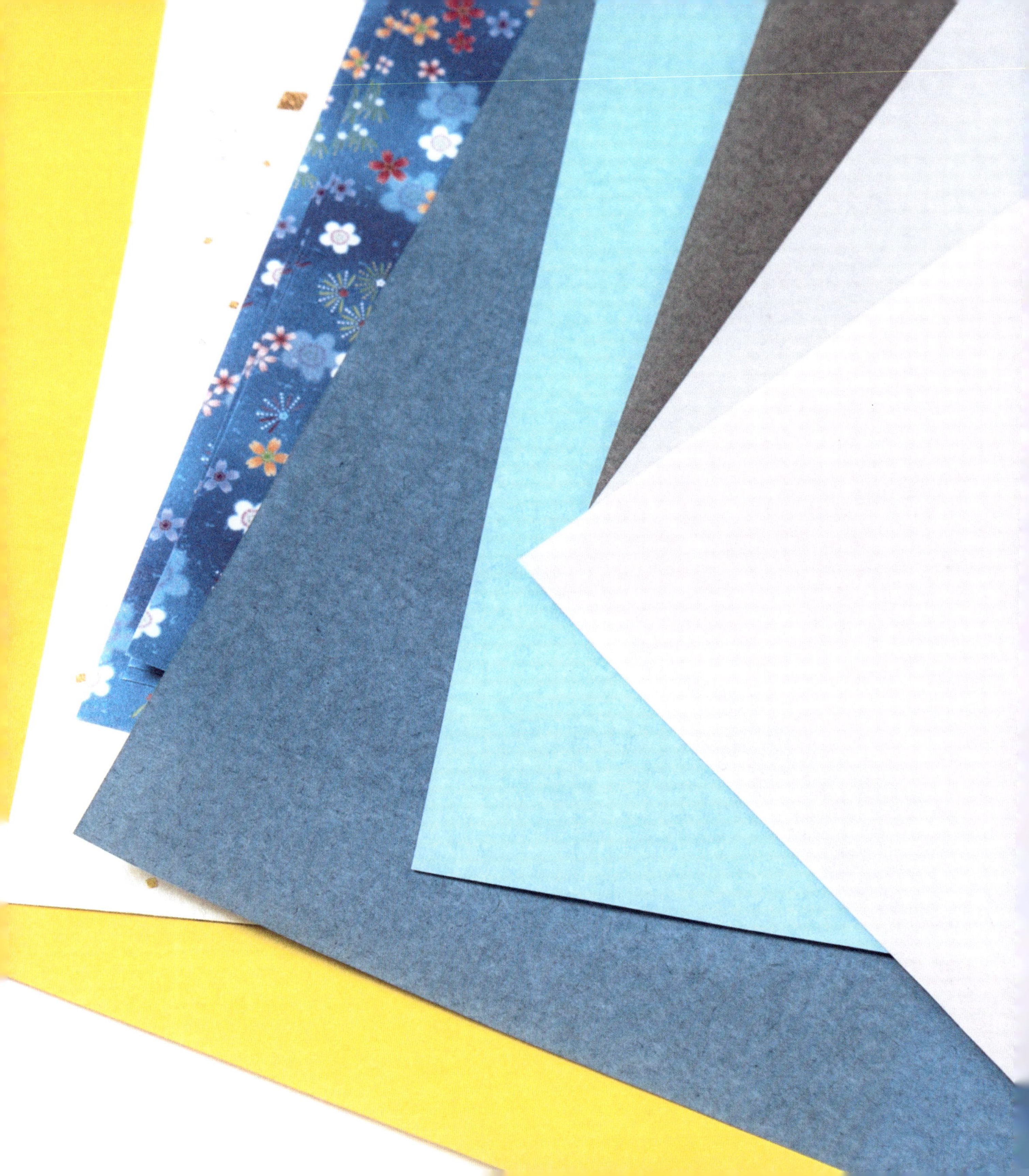

Das Falten von Papier ermöglicht es uns, etwas Greifbares mit unseren eigenen Händen herzustellen. Durch das Zusammenspiel von Händen, Augen und Geist werden Koordination und Gedächtnis verbessert, die Kreativität wird gefördert sowie methodisches Vorgehen und Geduld erlernt. Und wenn man ein Objekt gefaltet hat und es schließlich zufrieden betrachtet, wird auch das Selbstbewusstsein gestärkt. Das Wichtigste jedoch ist: Papierfalten macht glücklich! Für mich selbst ist es eine zutiefst bereichernde Tätigkeit, und in Form eines kunstvollen Papierobjekts kann ich dieses kleine Glück weitergeben und ein Lächeln auf das Gesicht eines anderen Menschen zaubern.

Faltmeditation: Beim Falten und Betrachten eines einfachen Papierobjekts bin ich bei mir und finde zur Ruhe. Struktur, Klarheit und Harmonie der Figur treten mit meinem Innersten in Schwingung. Die Ruhe und Ordnung im Außen überträgt sich auf das Innen. Ich achte ganz bewusst auf die Geräusche und die Haptik des Papiers, den Entstehungsprozess, das Spiel von Licht und Schatten und all die anderen Details – unversehens finde ich mich im gegenwärtigen Moment wieder.

Papierfalten kann eine überaus sinnliche Erfahrung sein, denn Papier kann akustisch, visuell und taktil erlebt werden. So kann man das Rascheln und Knistern des Papiers beim Falten hören und die Farben und Muster sehen sowie den Entstehungsprozess beobachten. Mit den Händen fühlt man die glatte oder raue Oberfläche und die Beschaffenheit des weichen, dünnen, dicken oder festen Papiers. Vielleicht ist es sogar möglich, das Papier oder die Farben zu spüren.

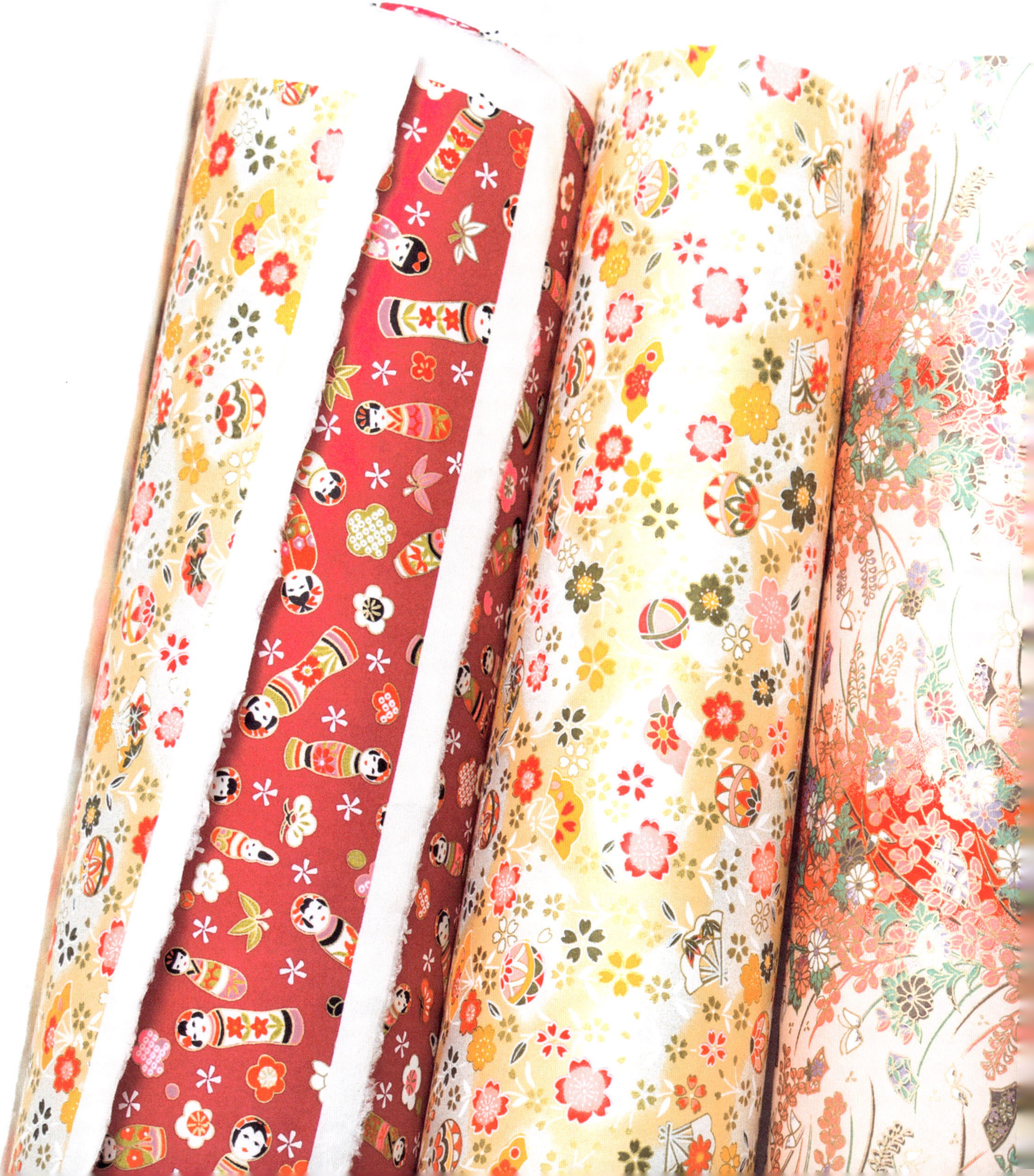

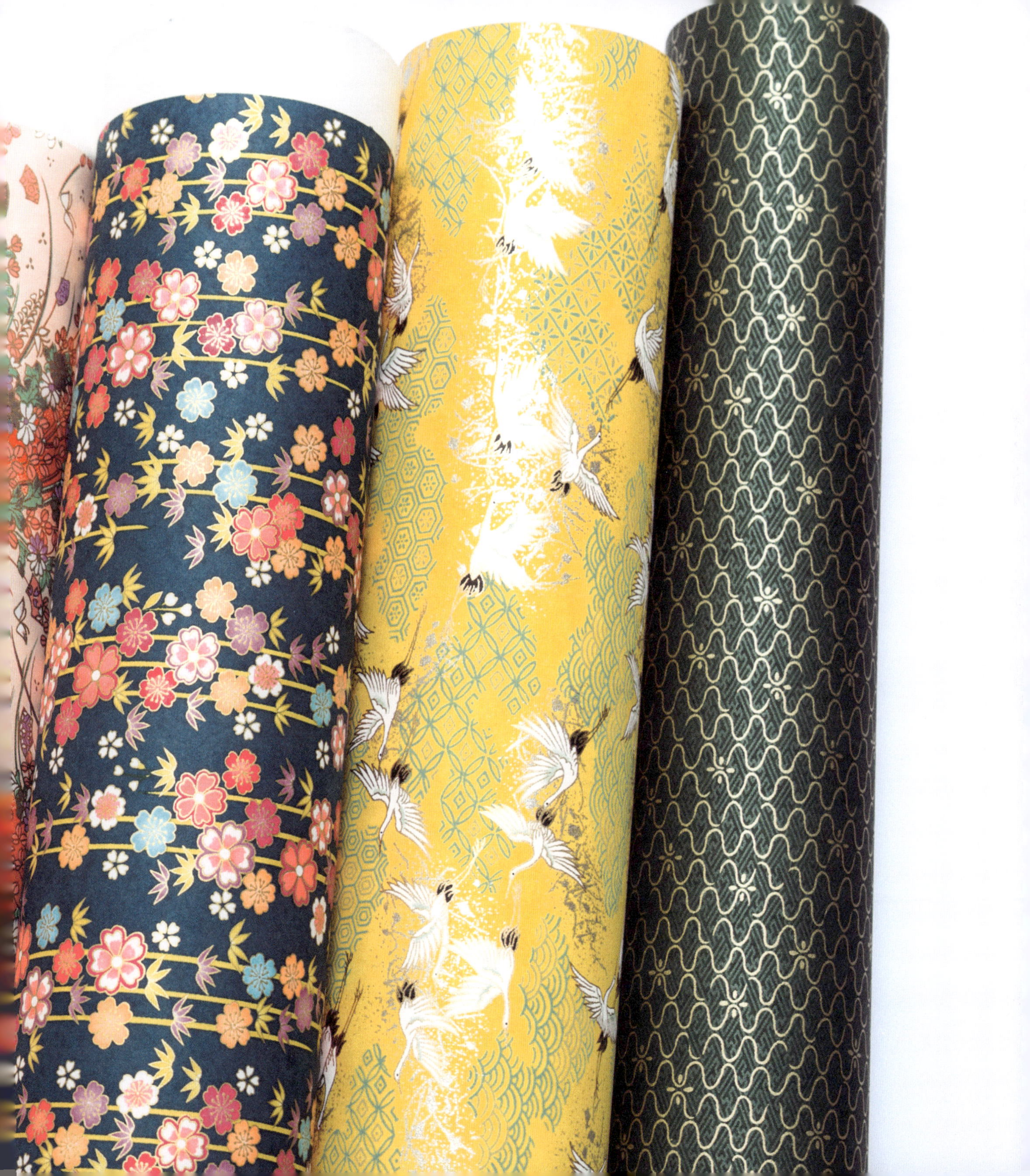

PRAKTISCHE HINWEISE

Auch wenn das Papierfalten theoretisch überall möglich ist, setzt man sich am besten an einen Tisch mit guter Beleuchtung oder wählt einen anderen glatten und festen Untergrund.
Klarheit im Äußeren wirkt auch nach innen. Ein leerer Tisch, vielleicht mit einer Kerze oder einer schönen Tasse duftendem Tee, helfen nicht nur dabei, eine angenehme, ruhige und entspannte Atmosphäre zu schaffen, sondern auch die Konzentration auf die Tätigkeit zu richten. Man sollte sich nebenbei nicht durch das Smartphone und andere Dinge ablenken lassen, die den Moment der Stille stören könnten. Außerdem ist es hilfreich, qualitativ hochwertiges Papier zu verwenden, um bereits bei den ersten Versuchen gutes Gelingen zu garantieren und Enttäuschungen aufgrund ungünstiger Voraussetzungen zu vermeiden. Da es für das Falten eines Origami-Objekts zumeist nur wenig Zeit und eines einzigen Blatts Papier bedarf, ist ein sofortiges Umsetzen jederzeit möglich.

Die einzelnen Faltanleitungen in diesem Buch werden ganz bewusst in rein visueller Form dargestellt. Auf ruhige, klare und puristische Art und Weise vermitteln die Fotos den Faltprozess und regen zu einer meditativen Bildbetrachtung an. Der Fokus liegt so ausschließlich auf den Fotografien, Details werden dadurch besser erfasst – ohne Ablenkung durch Texte ist die Konzentration stärker auf die Faltschritte gerichtet. Wenn sich etwas nicht sogleich erschließt, sollte man jedoch

nicht aufgeben, sondern geduldig sein, sich in Ruhe in die Faltung hineindenken, sie nachvollziehen, etwas ausprobieren und einen Weg finden.
Die Fotos fordern in gewissem Maße heraus, sie verlangen Aufmerksamkeit und eine genaue Betrachtung. Sobald man sich jedoch auf sie einlässt und nicht abschweift, wird man feststellen, dass sich die Dinge erschließen. Man kann und darf sich ausschließlich auf die Abbildungen konzentrieren, denn auch wenn es so scheint, sind zusätzliche Worte nicht immer weiterführend.

Die folgenden Modelle sind weder nach Themen noch Schwierigkeitsgraden eingeteilt, sondern nach Farben gegliedert, was ein intuitives und emotionales Auswählen der Objekte ermöglicht.
Auf die jeweiligen Anleitungsseiten folgen Inspirationsseiten mit Ideen, wie sich die einzelnen Modelle weiter verwenden lassen.
Die im Buch verstreuten Texte und Haikus, eine kunstvolle Form des Kurzgedichts aus Japan, mögen zum Nachdenken anregen oder «nur» Freude schenken.

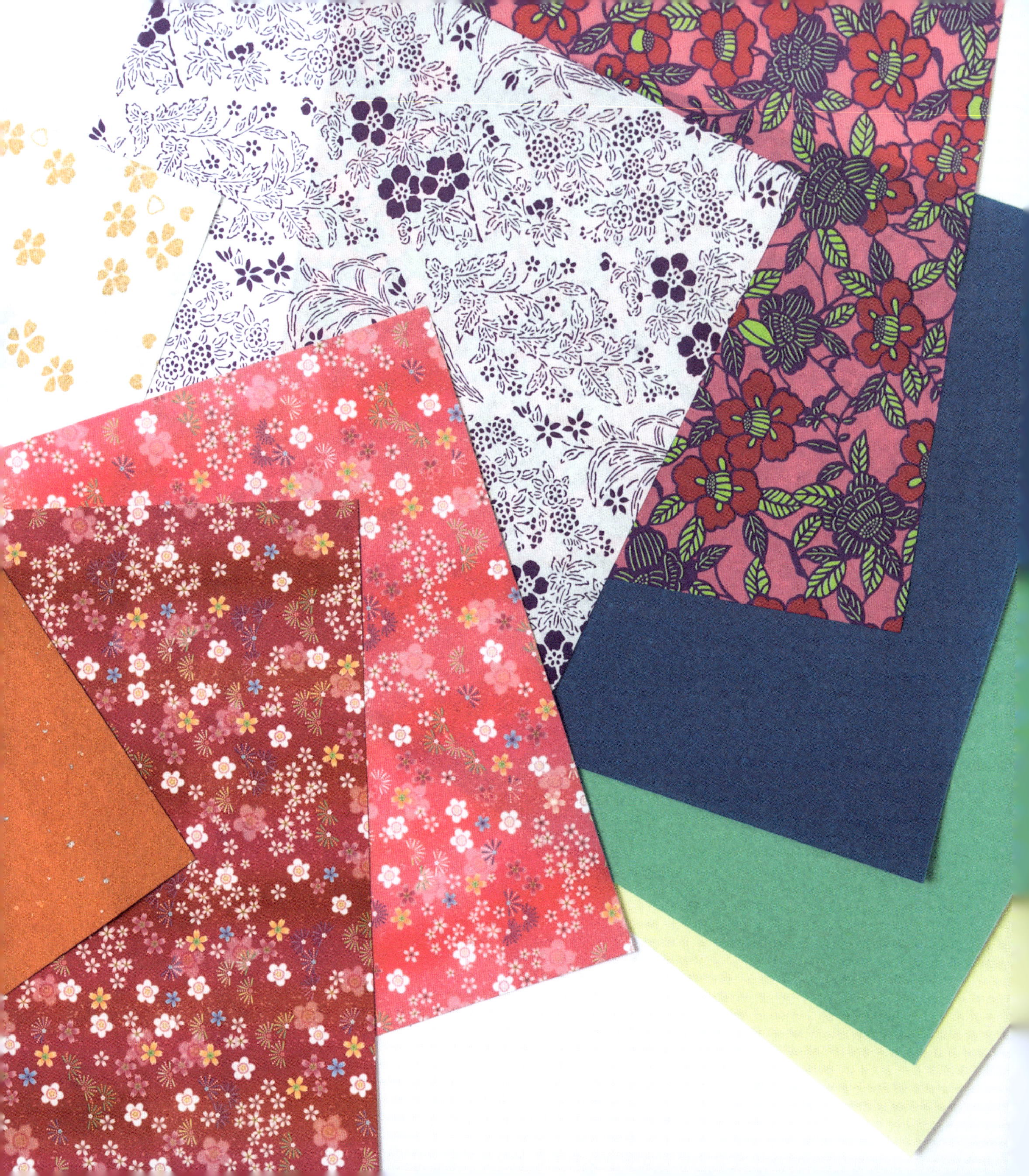

HINWEISE ZU DEN VERWENDETEN SYMBOLEN

 wenden

 wiederholen

 um 180° drehen

 aufblasen

ALLGEMEINE HINWEISE

Der Ausgangspunkt für alle Modelle in diesem Buch sind ein oder mehrere Blätter Origamipapier in den Maßen 15 x 15 cm. Eine Ausnahme bildet das Einstiegsmodell «Faltbrief» auf Seite 38, für welches ein Papier im DIN-A4-Format verwendet wird.
Das Papier sollte möglichst exakt zugeschnitten sein, so wie es bei Origamipapier bereits der Fall ist, und sorgfältig, präzise und mit Druck gefaltet werden.
Die einzelnen Schritte sind nicht isoliert zu betrachten, sondern im Zusammenhang mit den vorausgehenden und nachfolgenden, wobei eine genaue Beobachtung der Figuren, Symbole und Details ausschlaggebend ist. Es ist sinnvoll, sich alles zunächst einmal in Ruhe anzusehen und dann mit den ersten Faltungen zu beginnen.
Ein mehrmaliges Falten desselben Modells führt zu immer besseren Resultaten und einem automatischen Abrufen der Faltabläufe.

ANMERKUNGEN ZU EINZELNEN MODELLEN

Kennzeichnung mit * bei den entsprechenden Schritten auf dem Anleitungsfoto

UMSCHLAG (SEITE 52)

Ein Papier unterschiedlicher Farbe und Struktur auf Vorder- und Rückseite kommt bei diesem Modell besonders gut zur Geltung.

WINDRAD (SEITE 57)

Das Windrad kann mit einer Pinnnadel an einem Holzstab befestigt werden, wobei rückseitig ein kleines Stück Strohhalm als Abstandshalter eingefügt wird, damit es sich besser drehen kann.

ORNAMENT (SEITE 61)

Die Anleitung dient als Grundlage für eigene Kreationen. Nach Schritt 14 kann experimentiert werden und neue Muster lassen sich gestalten. Werden die Ecken nach hinten gefaltet, ist es möglich, sechs Ornamente zu einem würfelähnlichen Objekt zusammenzukleben.

STERN (SEITE 80)

Bei größeren Sternen ist es vorteilhalft, ein festeres Papier zu wählen und die Spitzen vor dem Zusammenstecken evtl. mit etwas Kleber zu versehen, um die Stabilität zu erhöhen.

KRANICH (SEITE 87)

Bei den Schritten 16 und 18 sollten die Seiten nicht ganz genau bis zur Mittellinie gefaltet werden, damit die weiteren Faltungen einfacher gelingen.

WÜRFEL (SEITE 97)

Hier eignet sich ein etwas festeres Papier, insbesondere für die Verbindungselemente A, welche auch gut in einer Kontrastfarbe zur Geltung kommen.

SCHMETTERLING (SEITE 105)

Die Schmetterlinge sind besonders reizend, wenn sie aus kleinen Papieren gefaltet werden. Bei Schritt 10 faltet man die Flügel im unteren Bereich möglichst feste zusammen.

SCHACHTEL (SEITE 109)

Wird der Gegenknick im letzten Schritt nicht ausgeführt, erhält man eine leicht abgerundete Schale, welche zum Beispiel ein hübsches Osterkörbchen ergibt.

HERZ (SEITE 113)

Sollen die Herzen zu einer Kette verbunden werden, kann ein entsprechendes Band bereits vor dem letzten Schritt unter die dreieckige Lasche gelegt werden.

BALLON (SEITE 119)

Empfehlenswert ist ein nicht zu festes Papier, welches das Aufblasen nur erschweren würde. Für eine Lichterkette eignen sich vor allem warme und helle Farbtöne. Bei einer Girlande können Klemmperlen oder Knoten das Verrutschen verhindern.

TULPE (SEITE 125)

Das Öffnen der Blütenblätter bei Schritt 18 ähnelt dem Schälen einer Banane. Die Tulpen können auf mit Masking-Tape beklebte Holzstäbchen gesteckt oder mit einem dünnen Faden zu einer Girlande verbunden werden. Für letztere die Nadel unterhalb der Tulpe in Form einer 8 ein- und ausstechen, um ein Verrutschen des Fadens zu verhindern.

ROSE (SEITE 130)

Besonders zu empfehlen ist das sogenannte Tant-Papier. Dieses ist durchgefärbt, weshalb man auch beim Teilen des Papiers niemals weiße Kanten sieht.
Bei Schritt 20 mit den Fingern der rechten Hand in die vier Kammern greifen, die Rose in die Handfläche der linken legen und im Uhrzeigersinn verdrehen, dabei mehrmals erneut ansetzen.

KIRSCHBLÜTE (SEITE 135)

Ebenso wie der Schmetterling sind die Kirschblüten besonders schön, wenn sie aus kleinen Papieren gefaltet werden.

LOTUS (SEITE 141)

Für den Lotus sollte man ein möglichst flexibles, weiches und dünnes Papier verwenden, beispielsweise *ogawa washi*, da die Blütenblätter beim Umstülpen auf die andere Seite leicht reißen können. Bei diesem Vorgang ist es außerdem hilfreich, mit dem Daumen auf das kleine Dreieck bzw. die Seitenkante einen Gegendruck auszuüben.

BLÜTENBALL (SEITE 146)

Wie für die Rose eignet sich für dieses Modell das sogenannte Tant-Papier (siehe Hinweis bei «Rose»). Die einzelnen Blüten werden jeweils an ihrer Spitze zu Ringen entsprechend der Abbildung zusammengenäht und von unten nach oben durch den senkrechten Faden mit der Blüte am unteren Ende gezogen. Zum Abschluss wird die letzte Blüte an den Faden geknotet und dieser fest zusammengezogen.

MODELLE

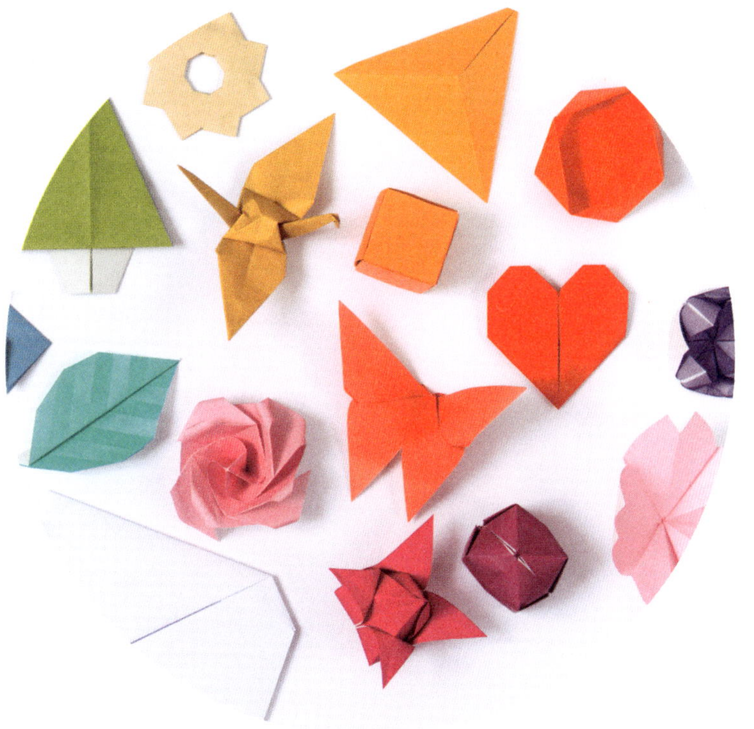

PROJEKTE

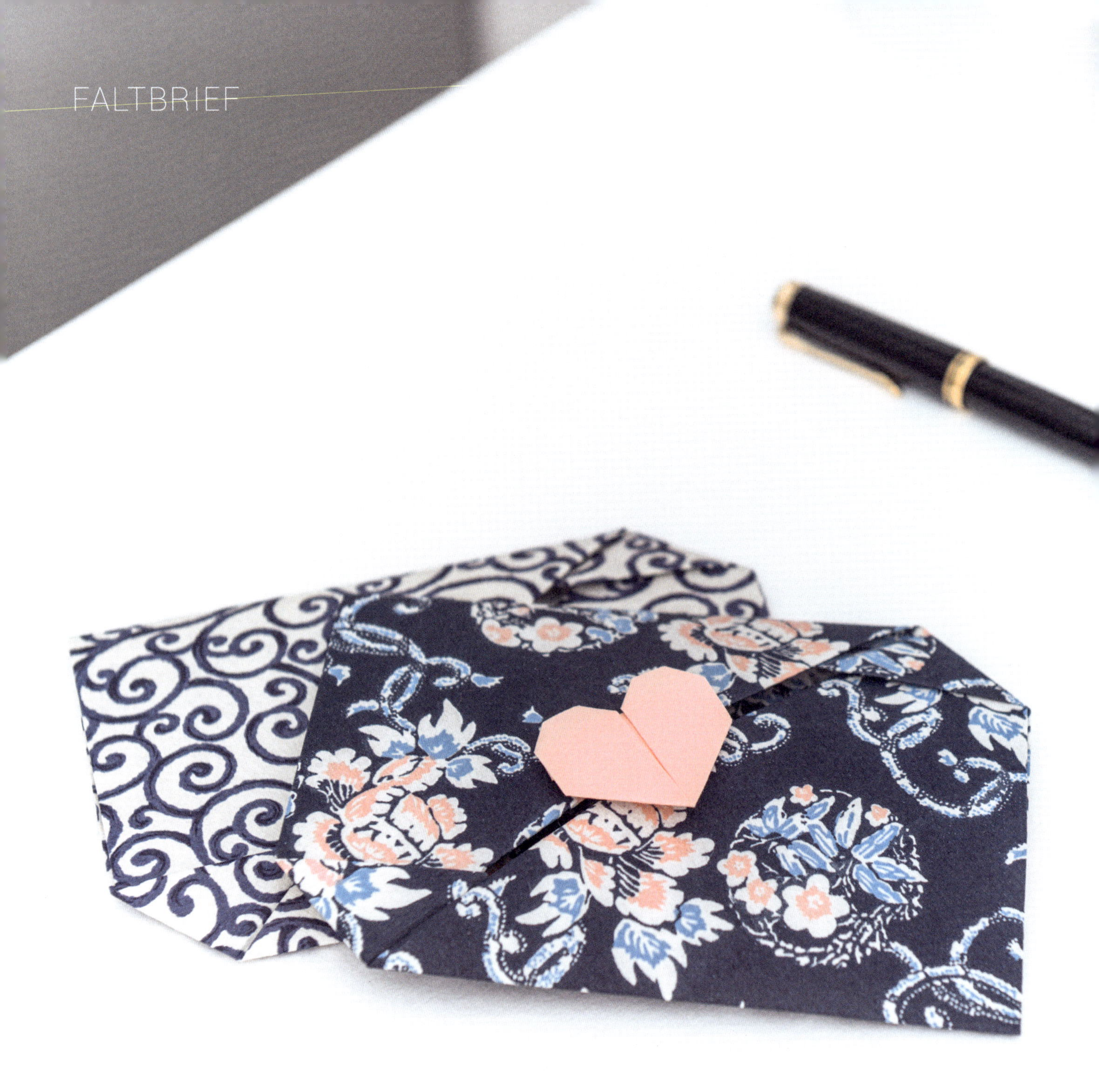

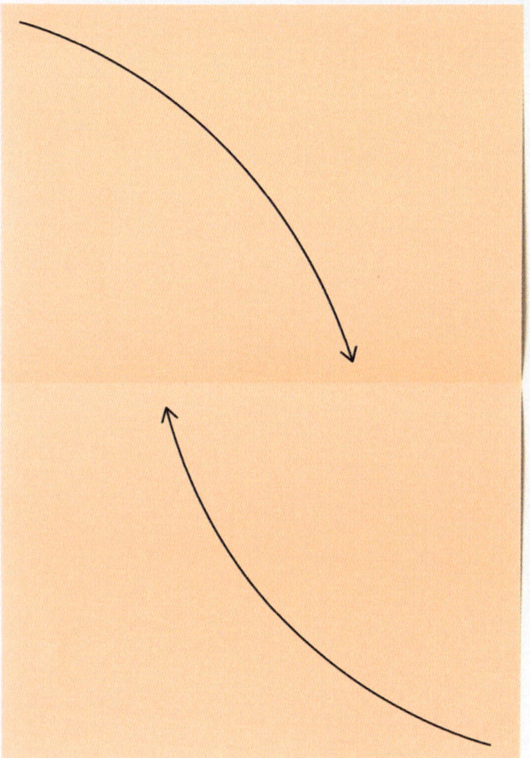
1

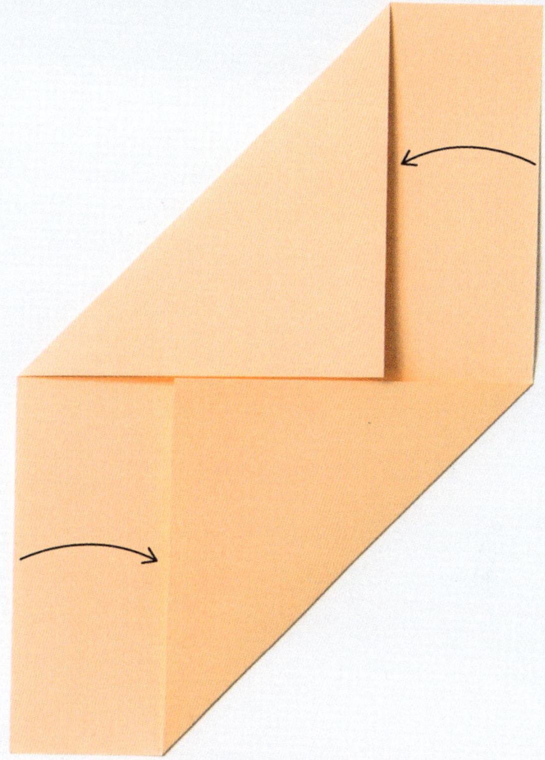
2

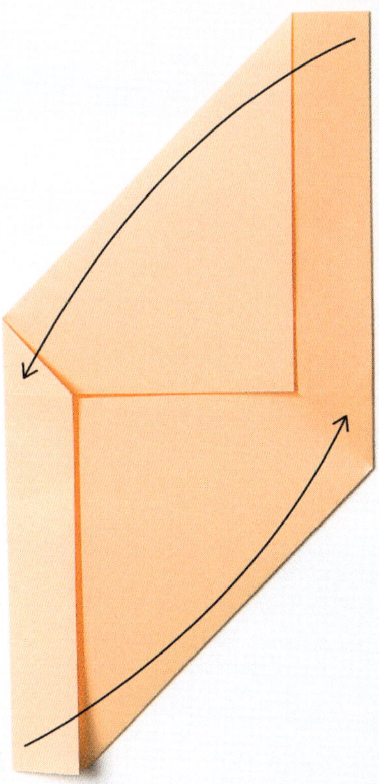
3

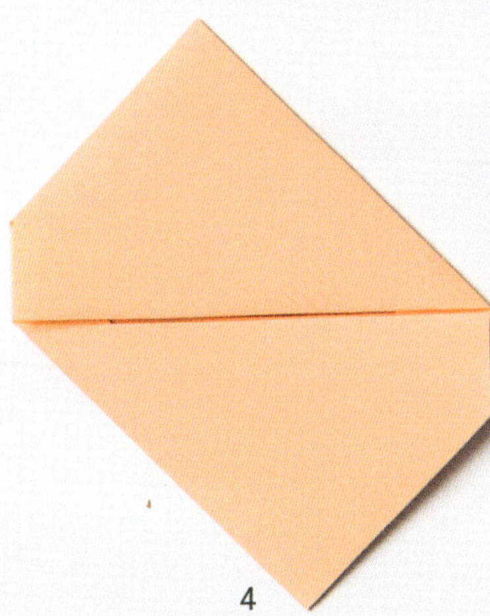
4

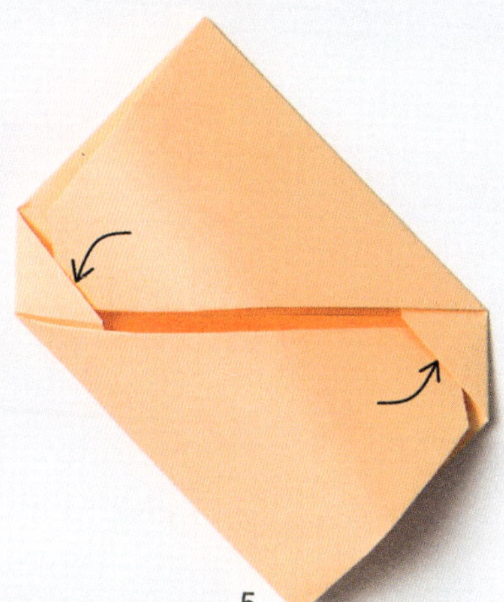
5

FLIEGER

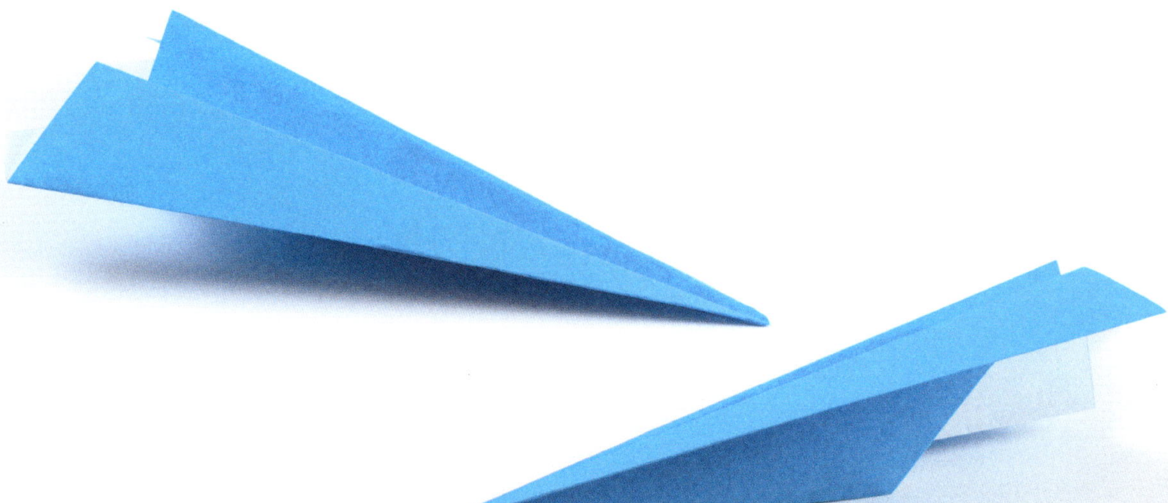

1

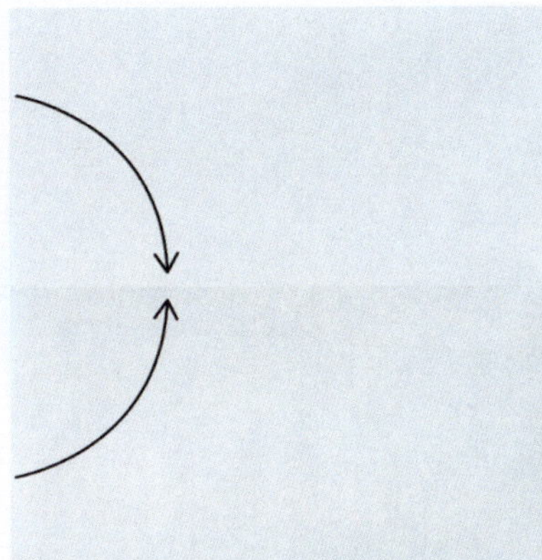

2

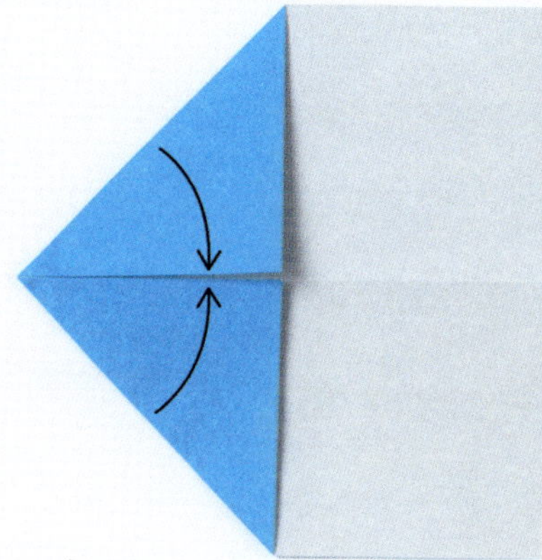

3

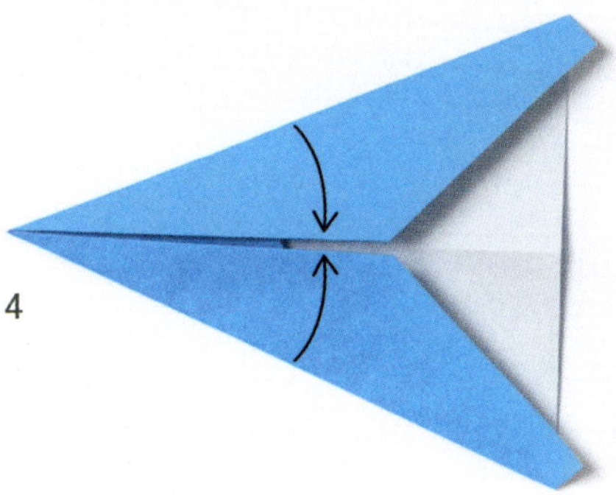

4

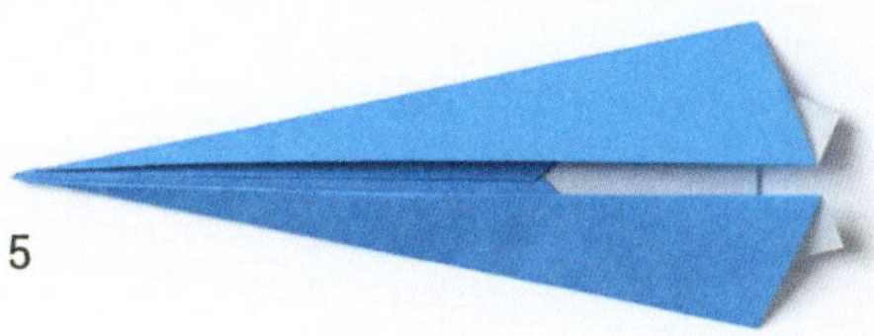

5

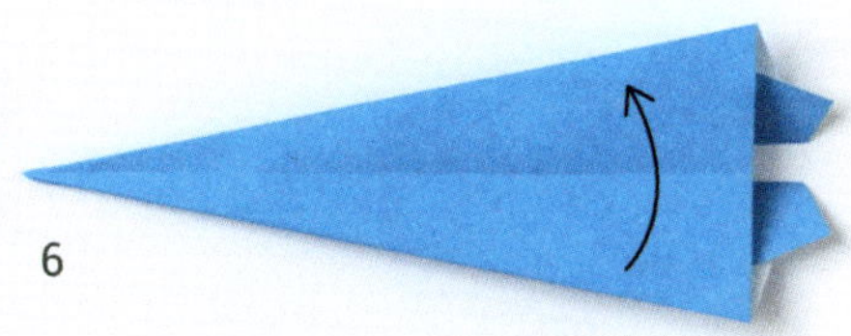

6

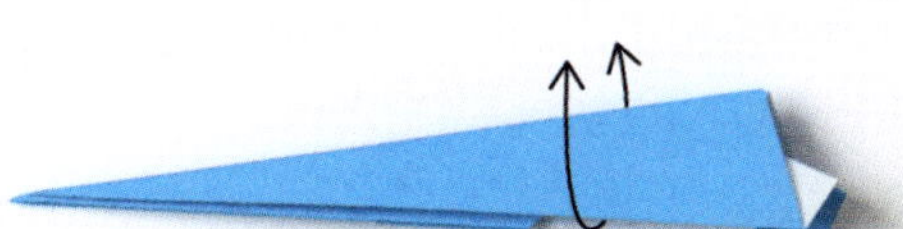

7

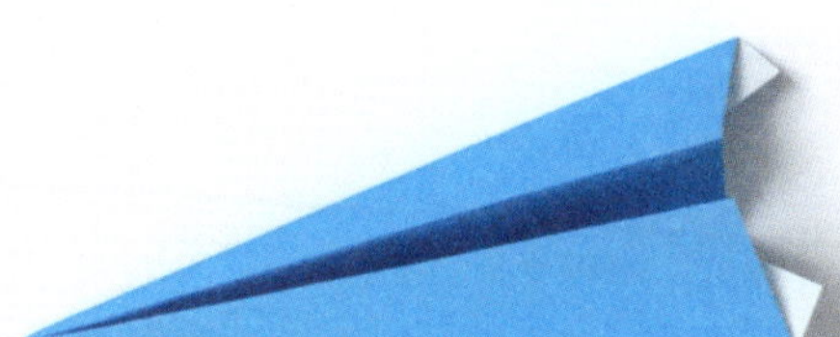

8

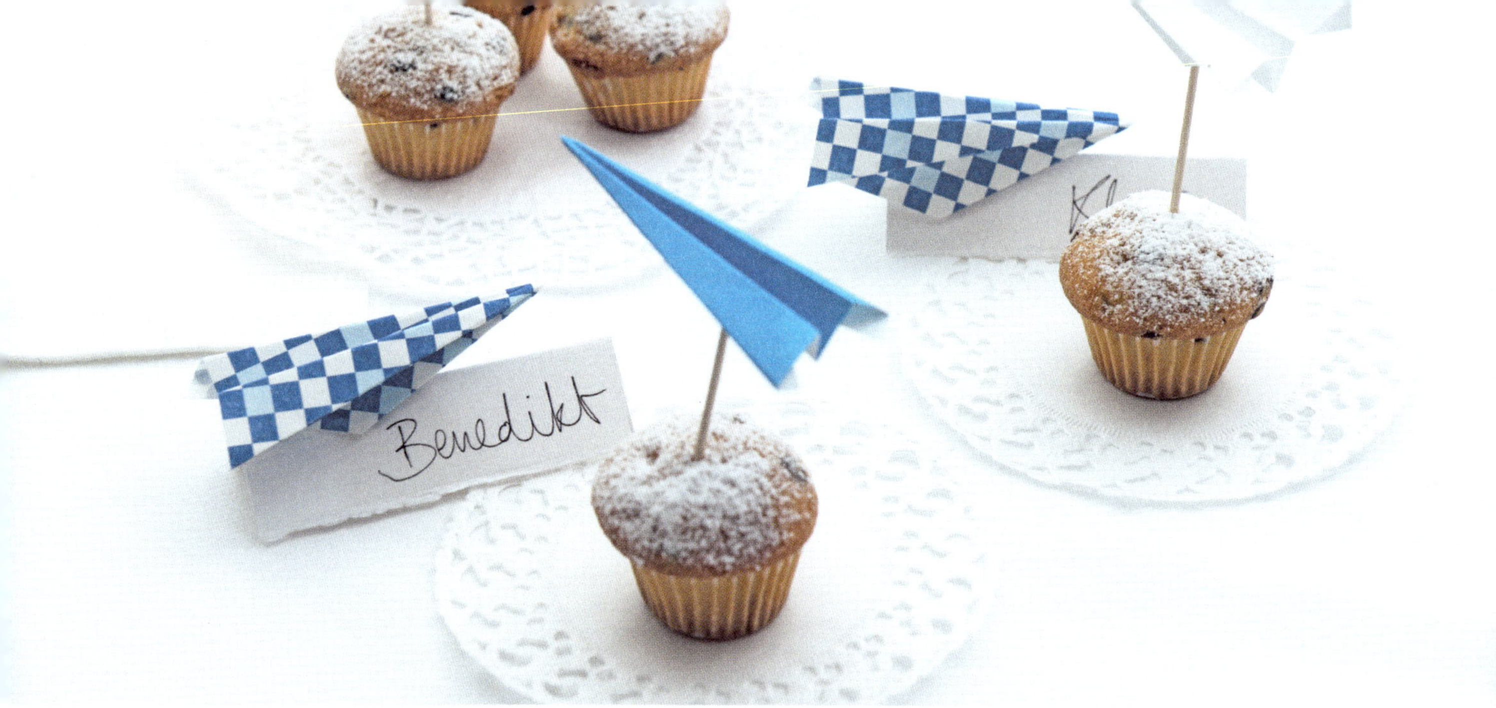
Benedikt

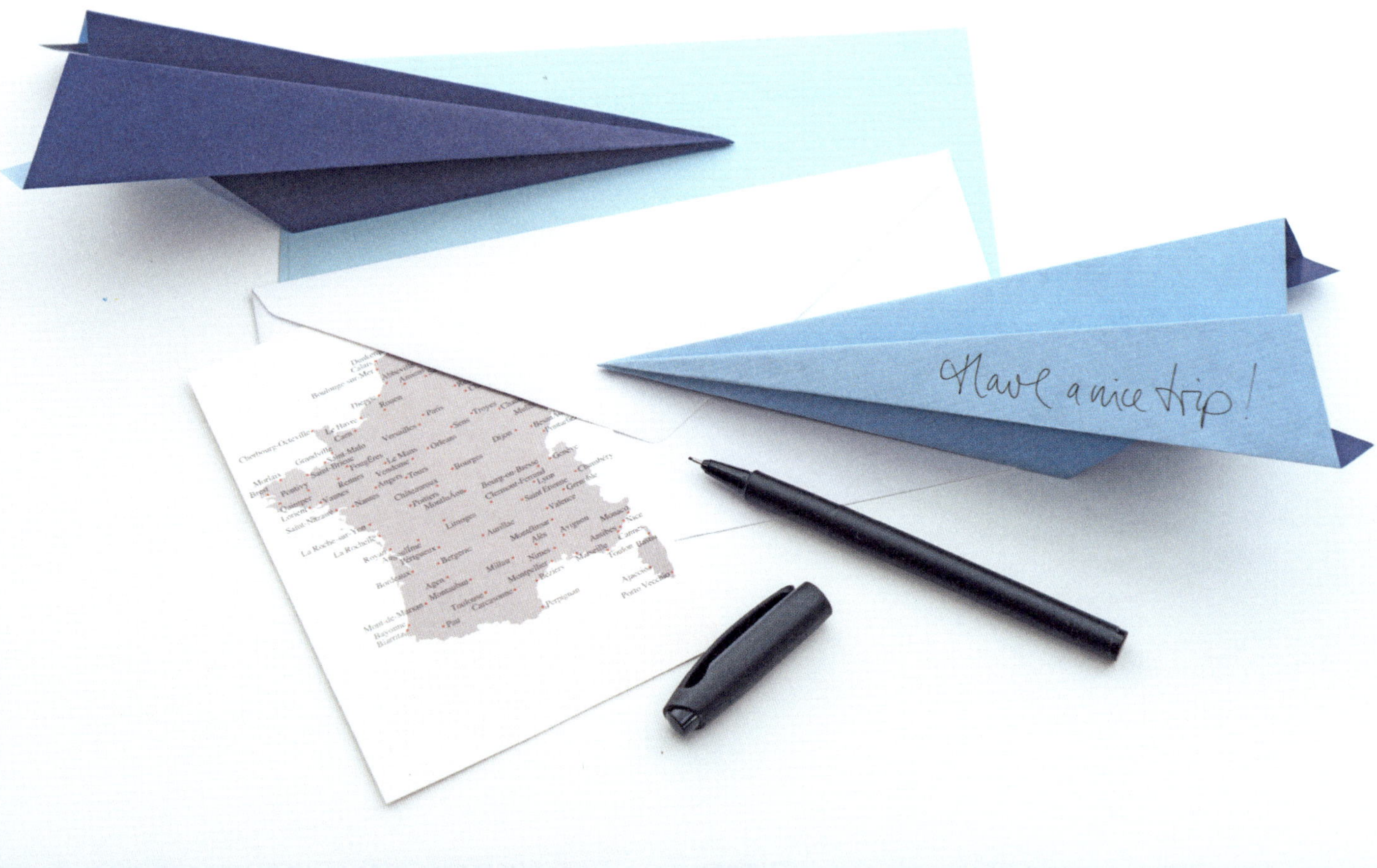
Have a nice trip!

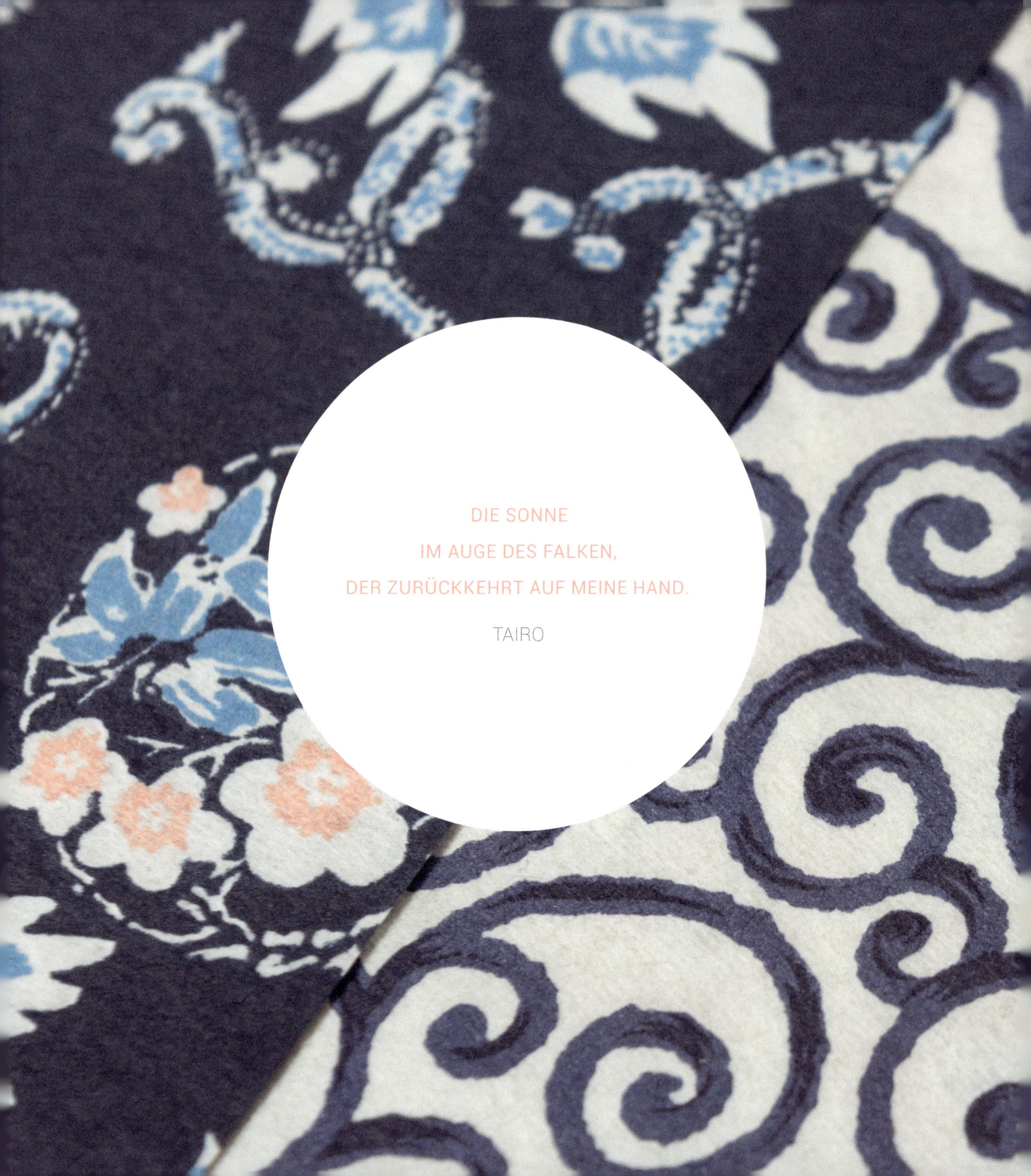

DIE SONNE
IM AUGE DES FALKEN,
DER ZURÜCKKEHRT AUF MEINE HAND.

TAIRO

SEGELBOOT

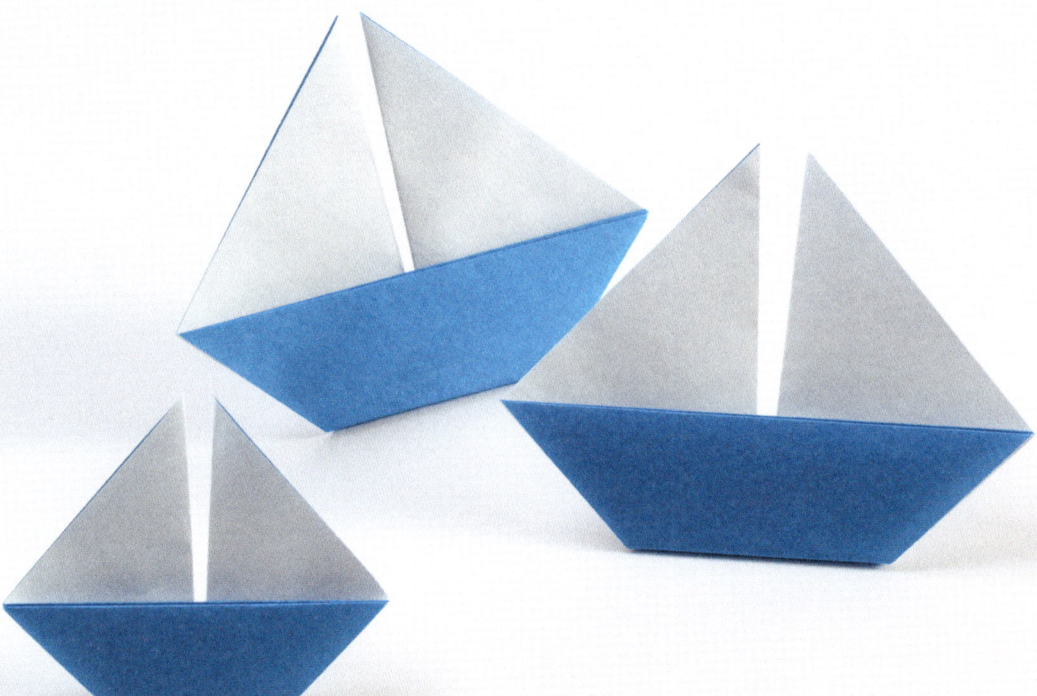

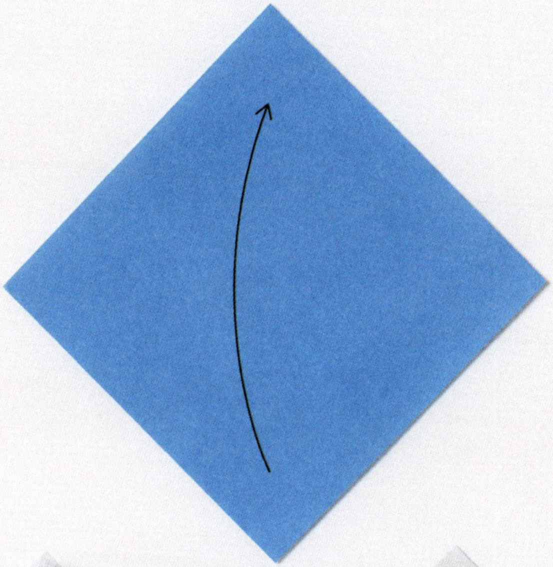

1

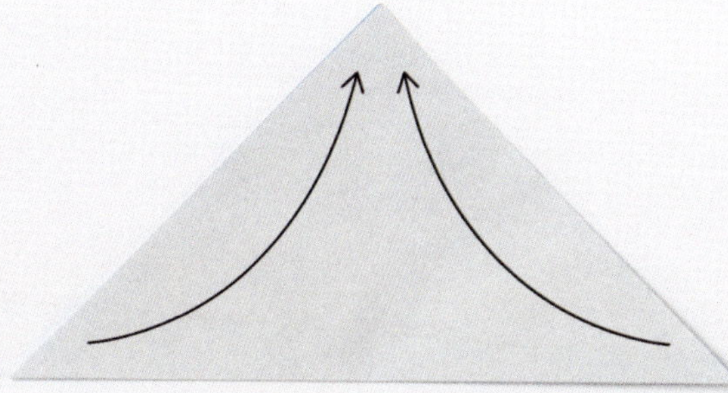

2

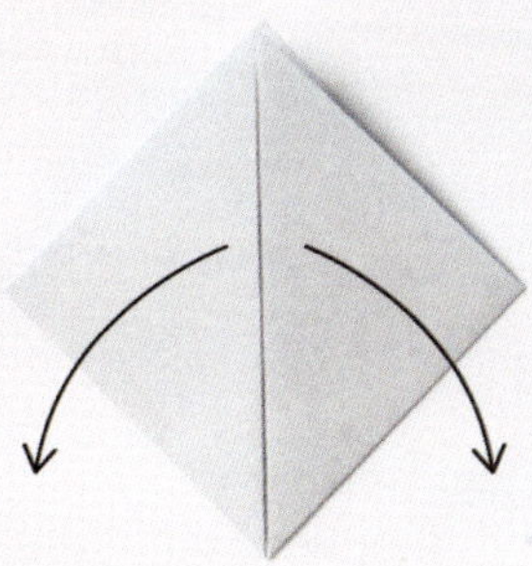

3

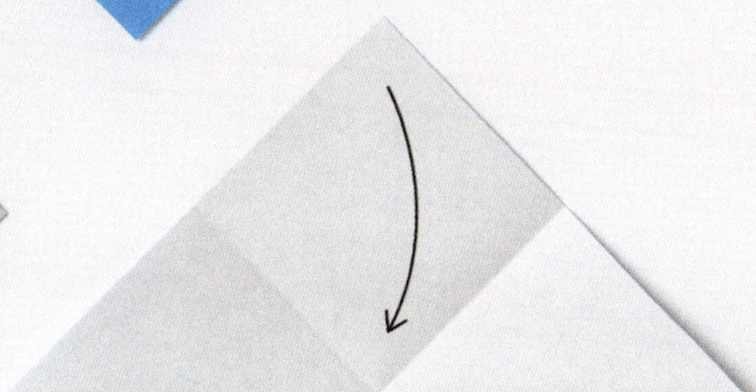

4

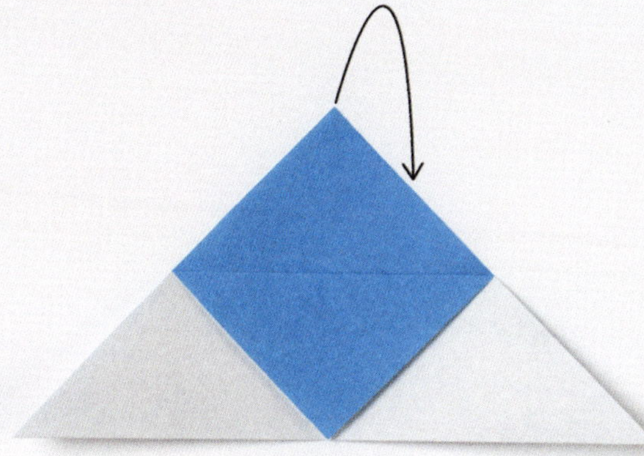

5

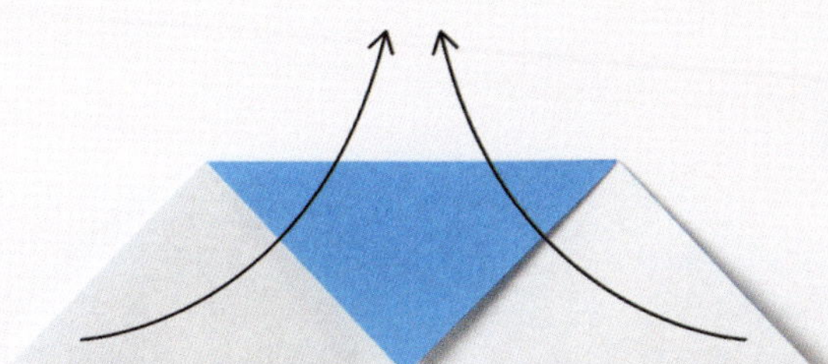

6

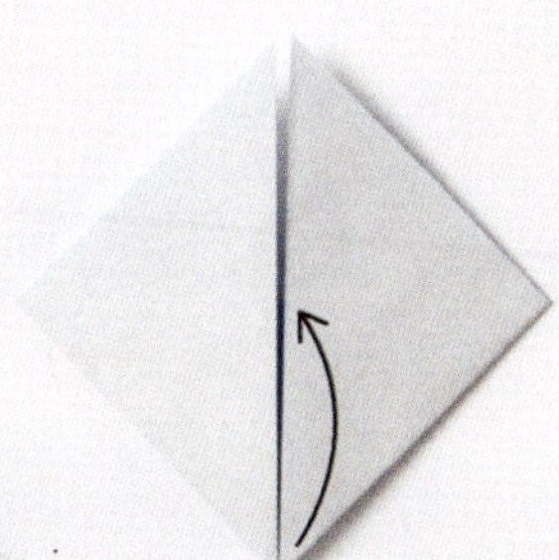

7

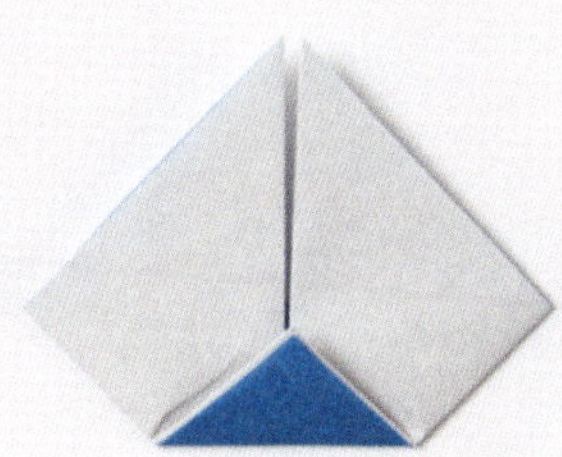

8

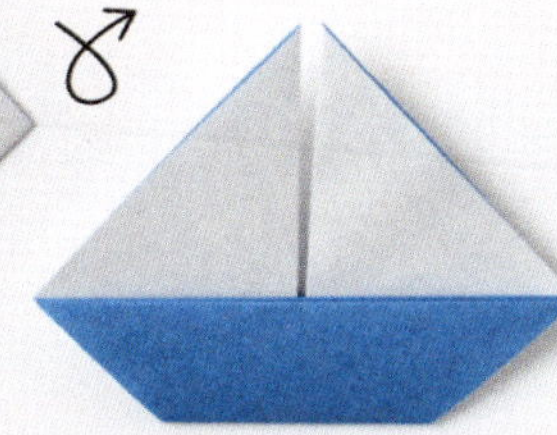

9

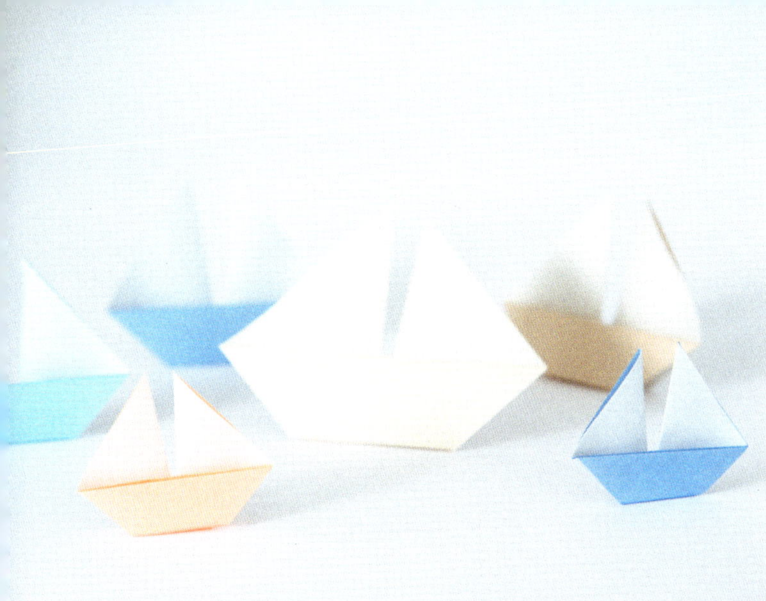

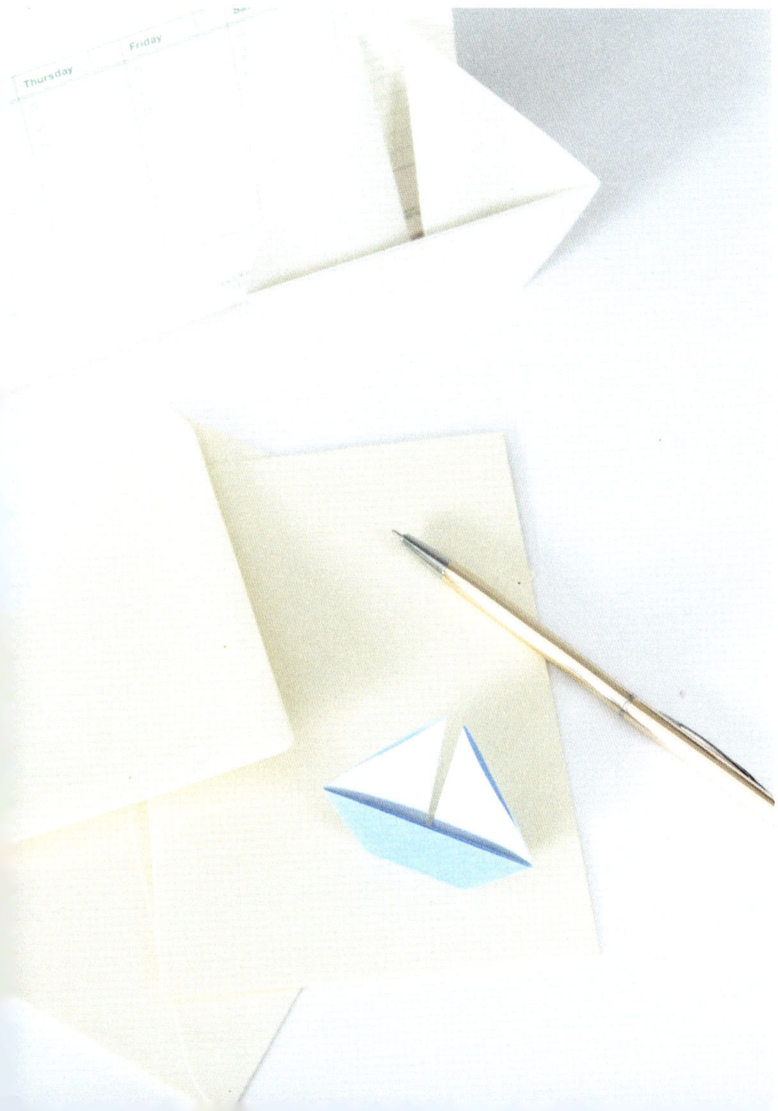
Thursday
Friday

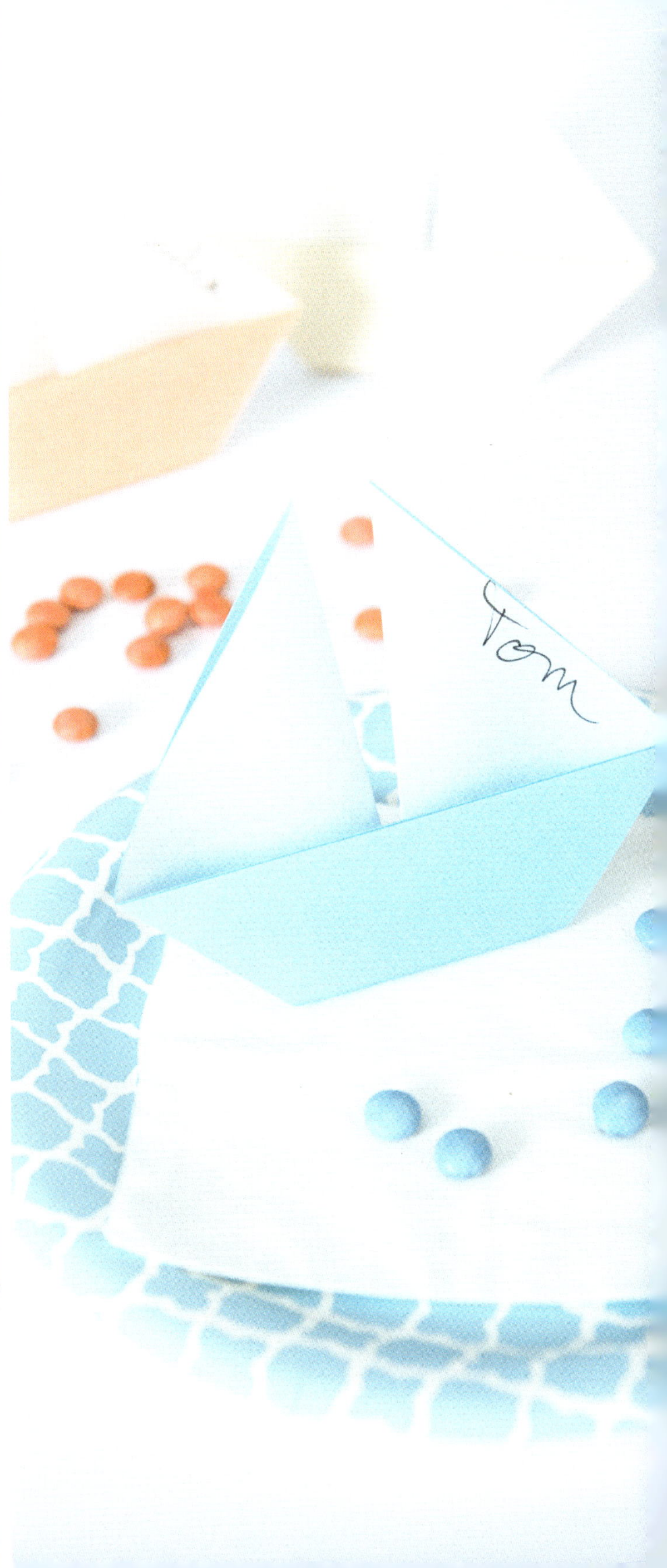
Tom

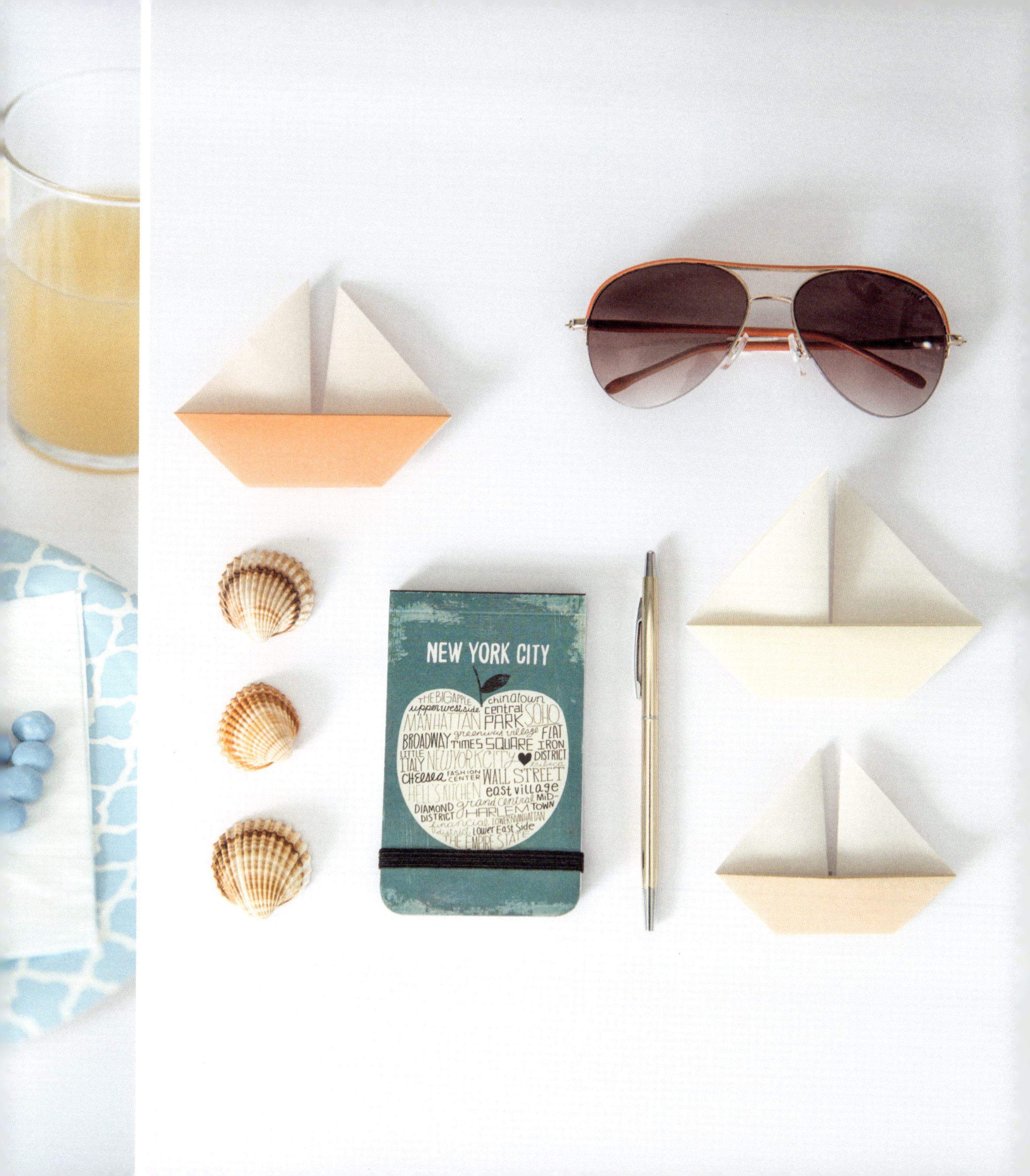
NEW YORK CITY
THE BIG APPLE
chinatown
upper west side
central
MANHATTAN
PARK
SOHO
BROADWAY
greenwich village
FLAT
TIMES
SQUARE
IRON
LITTLE
ITALY
NEW YORK CITY
DISTRICT
CHELSEA
FASHION CENTER
WALL STREET
HELL'S KITCHEN
east village
grand central
MID-
TOWN
DIAMOND
DISTRICT
HARLEM
LOWER MANHATTAN
lower east side
THE EMPIRE STATE

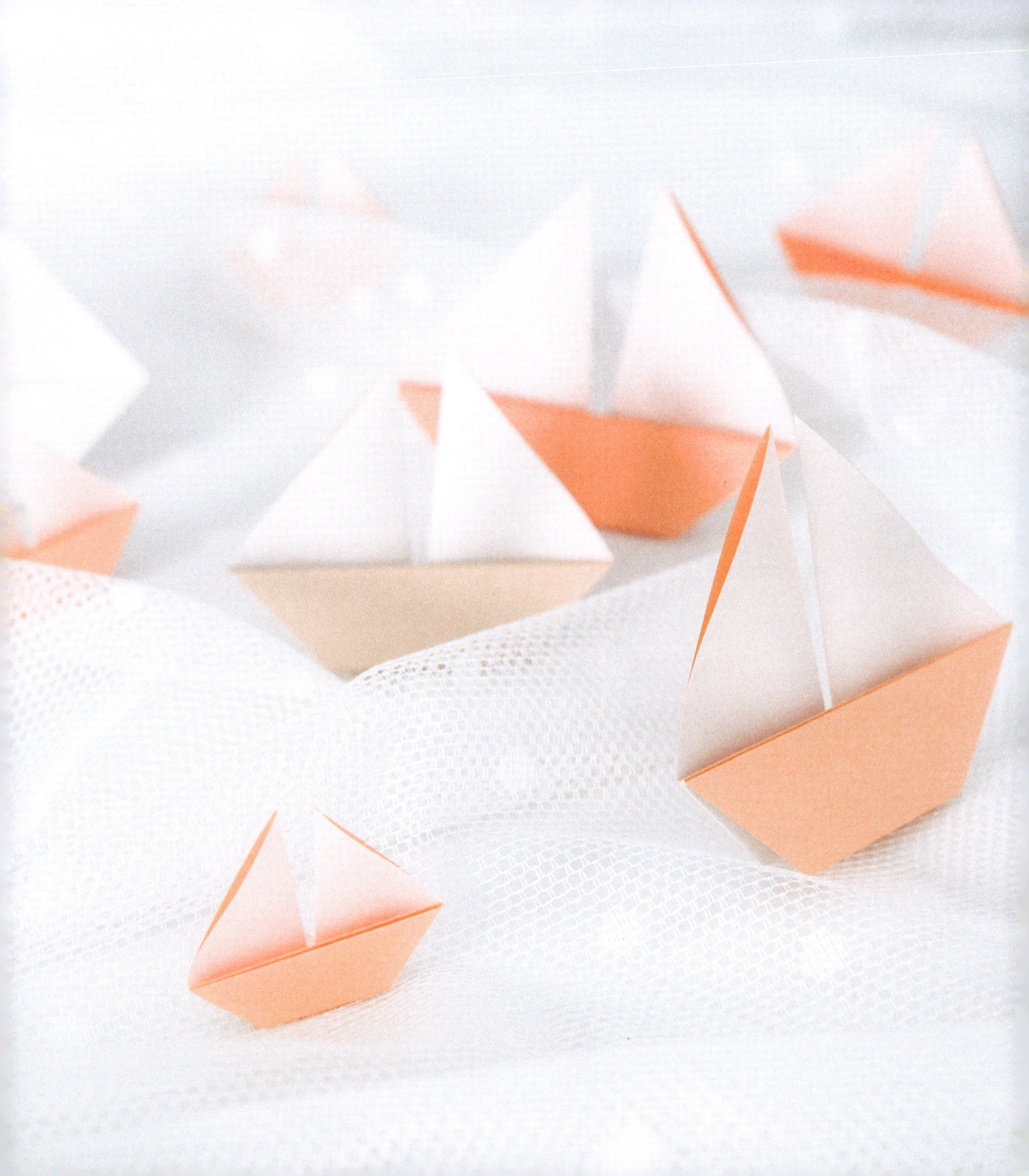

BEI EBBE –

EIN UNBEWEGTES BOOT

ES IST SO HEISS!

HYAKURI

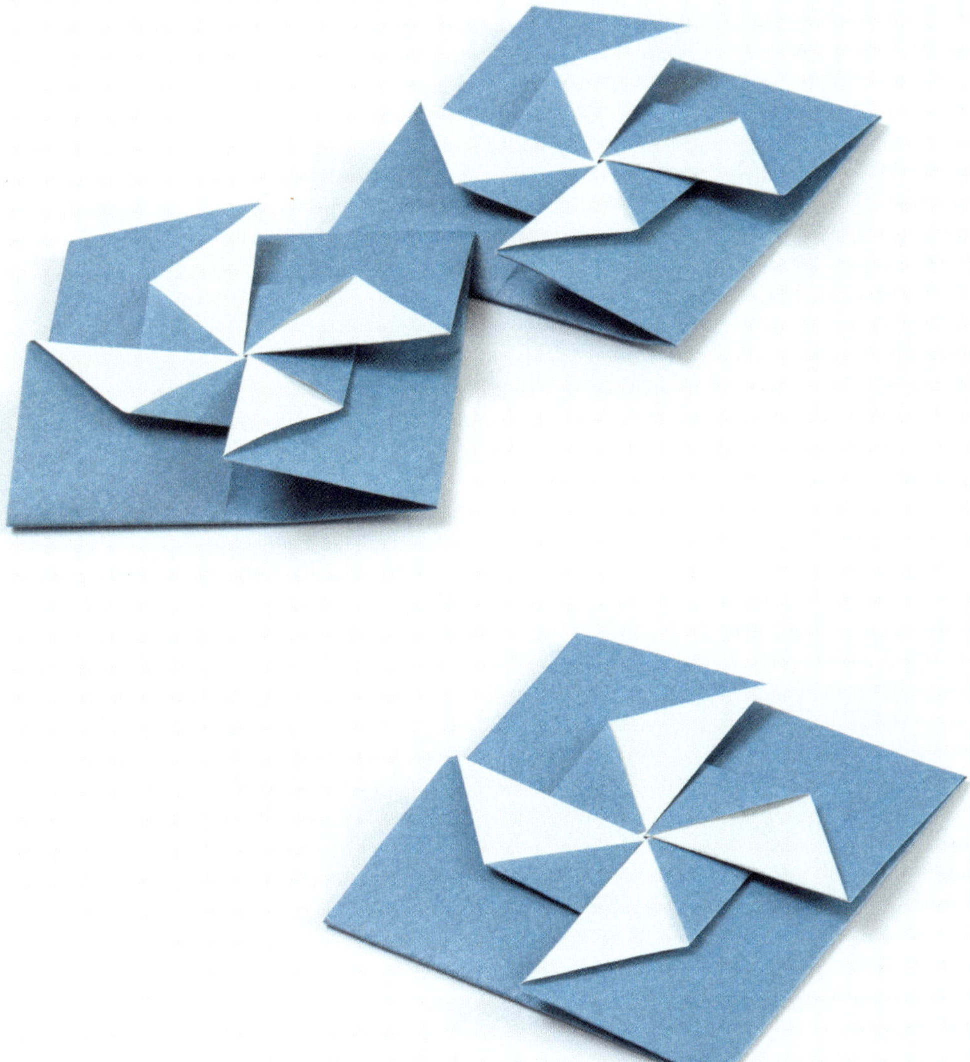

UMSCHLAG

Da es in Japan nach Möglichkeit vermieden wird, Bargeld in offener Form zu überreichen, gab es früher den Brauch, Trinkgelder und Geldgeschenke in Form von in Papier eingewickelten Münzen auszuhändigen. Das Papier zum Einwickeln der Münzen entwickelte sich schließlich zu einem Umschlag, dem *pochi bukuro*. *Pochi* bedeutet soviel wie «ein bisschen» und bringt damit das Gefühl der Bescheidenheit zum Ausdruck, mit dem das Geschenk überbracht wird. Für die verschiedensten Anlässe gibt es Umschläge, so beispielsweise auch den *shūgi bukuro* zur Hochzeit. Wenn Sie also zu einer solchen eingeladen sind, finden Sie hier eine passende «Verpackung» für Ihr Geldgeschenk.

*1

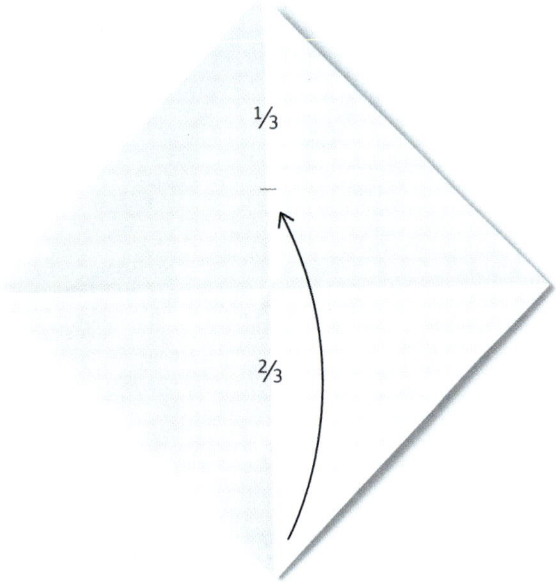

2

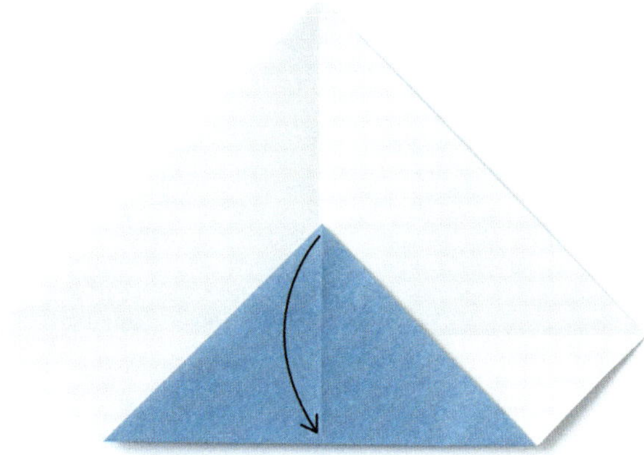

3

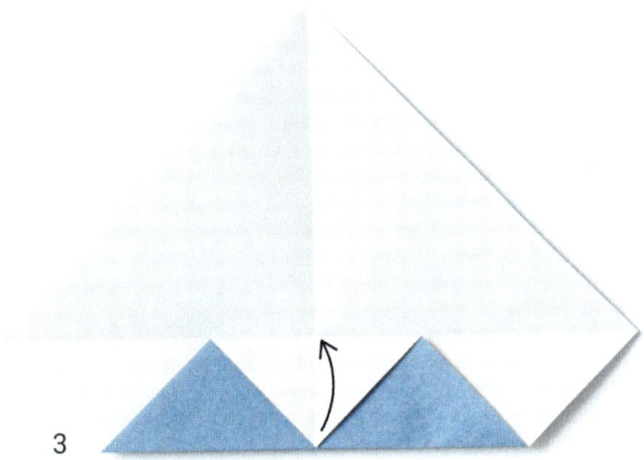

4

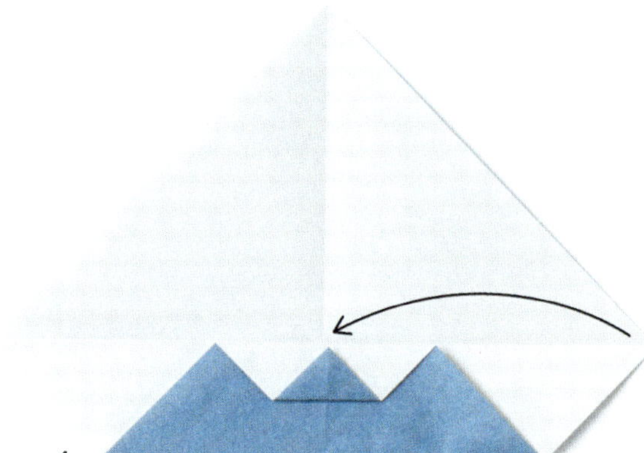

5

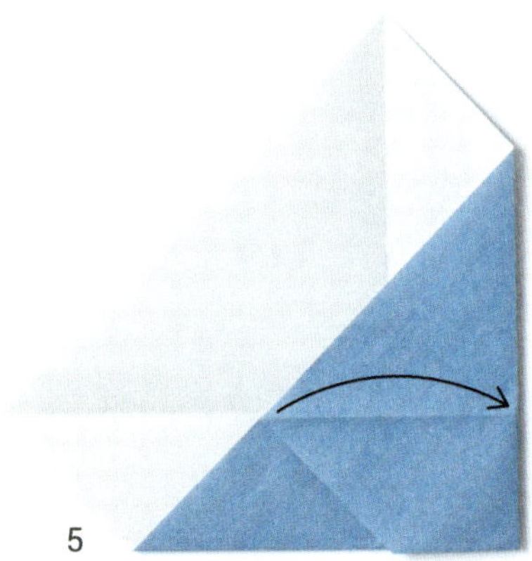

6

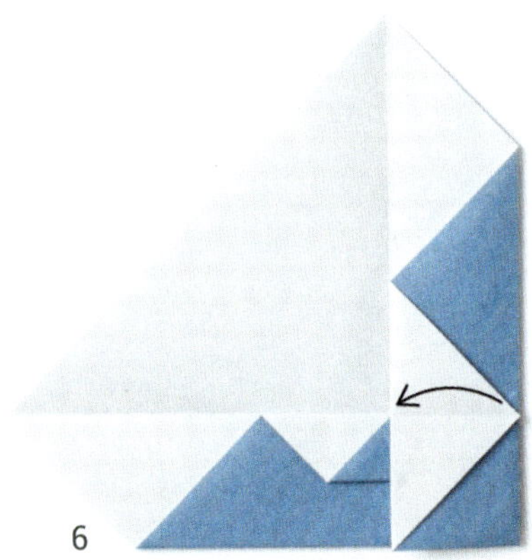

7

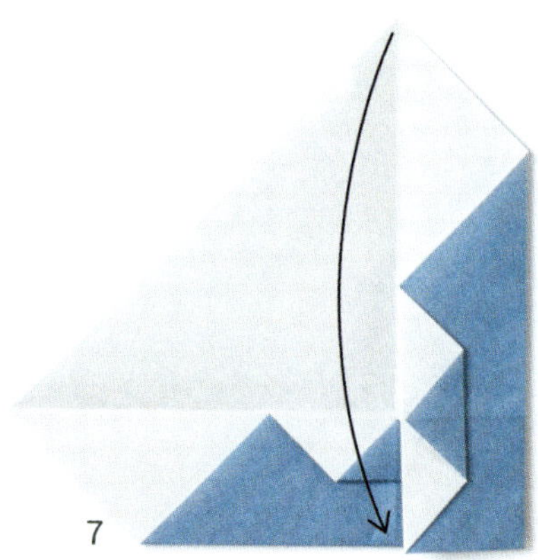

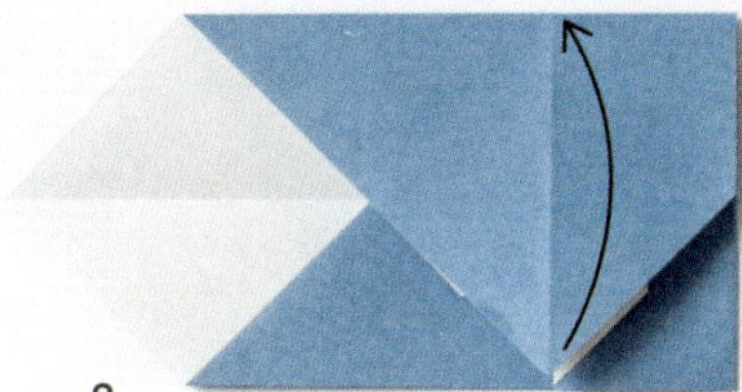
8

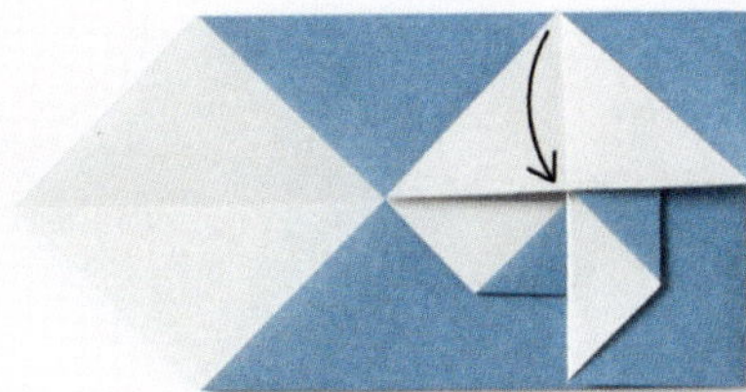
9

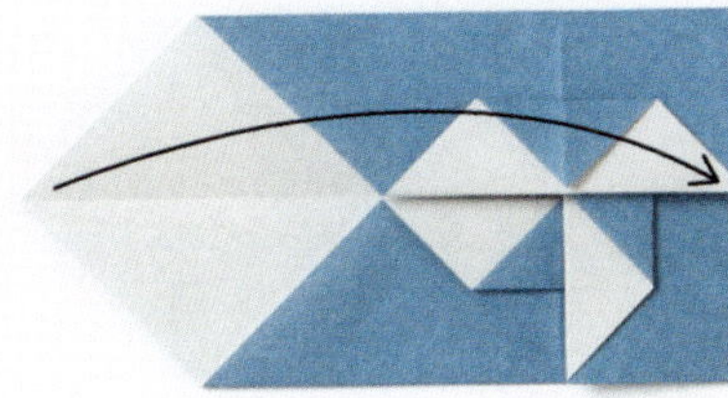
10

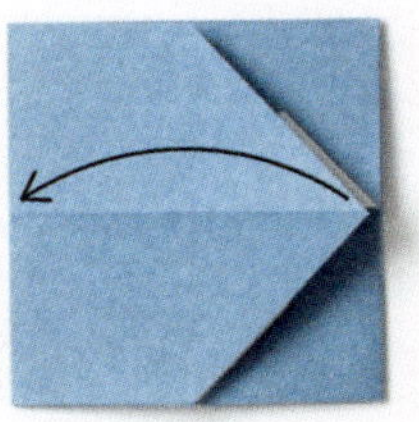
11

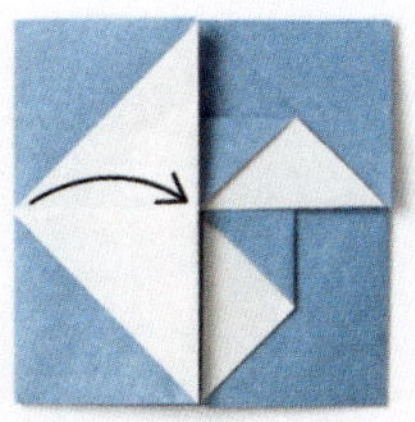
12

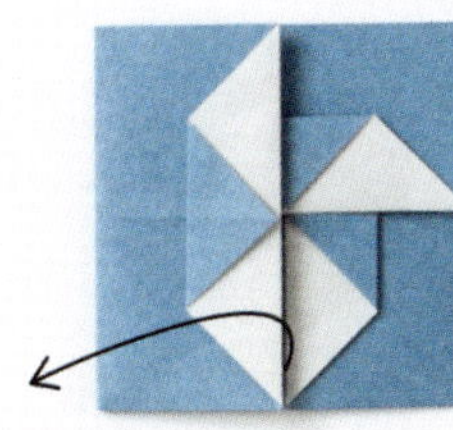
13

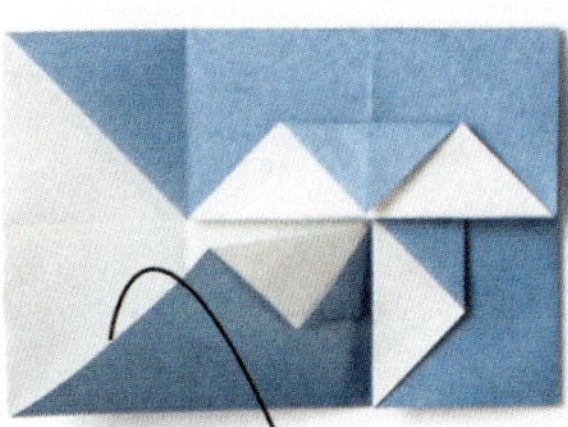
14

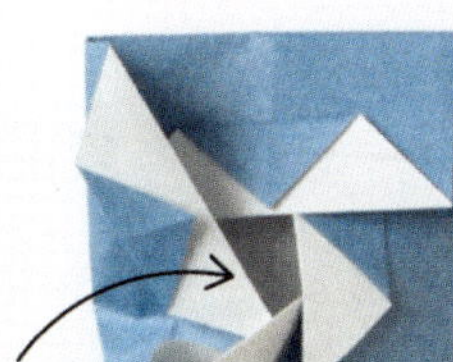
15

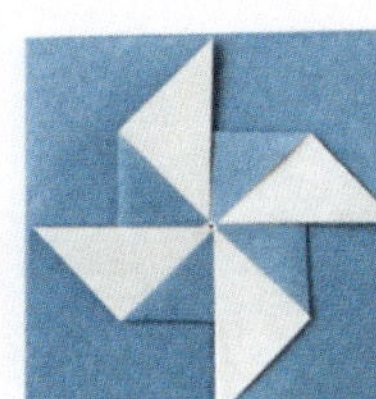
16

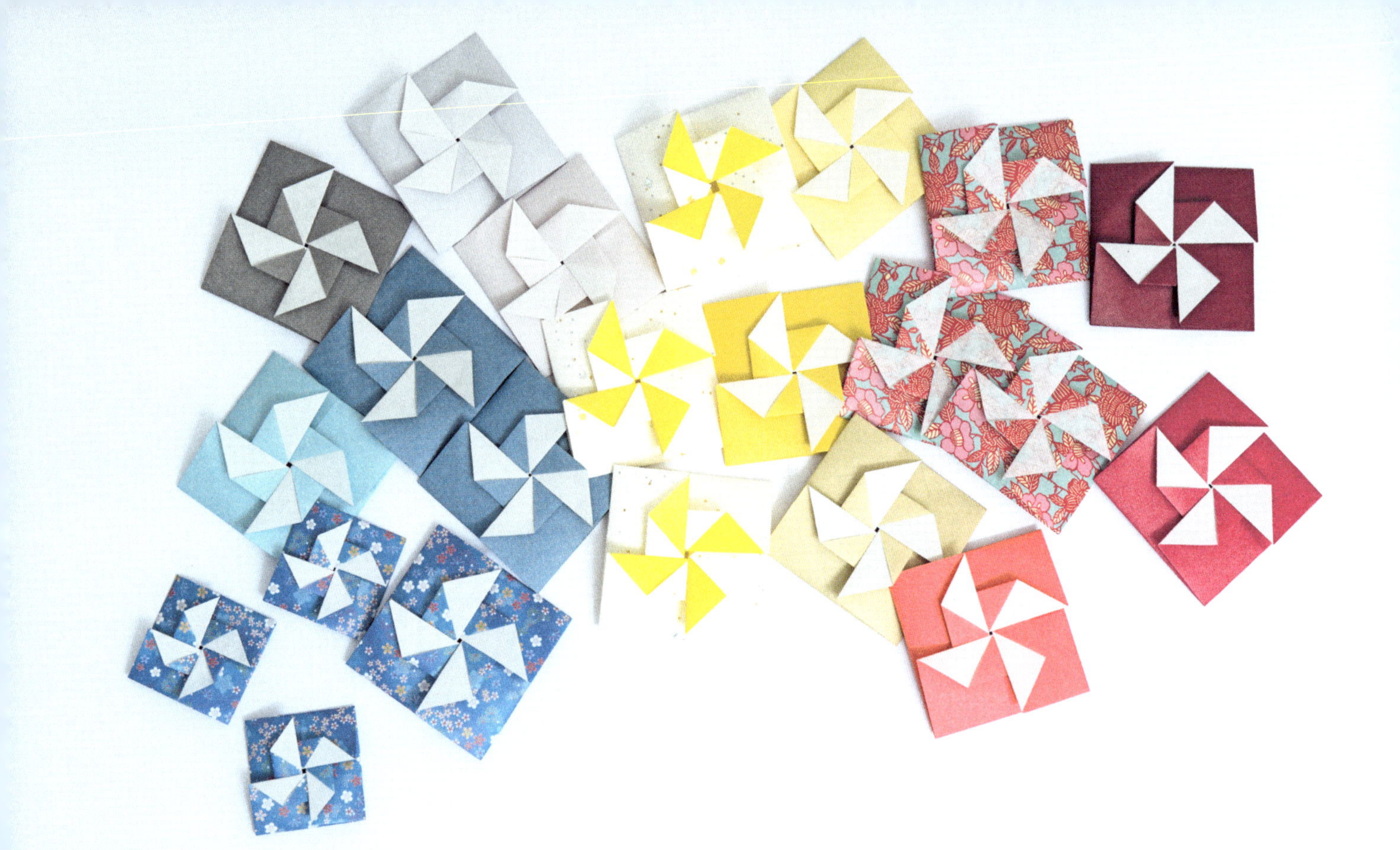

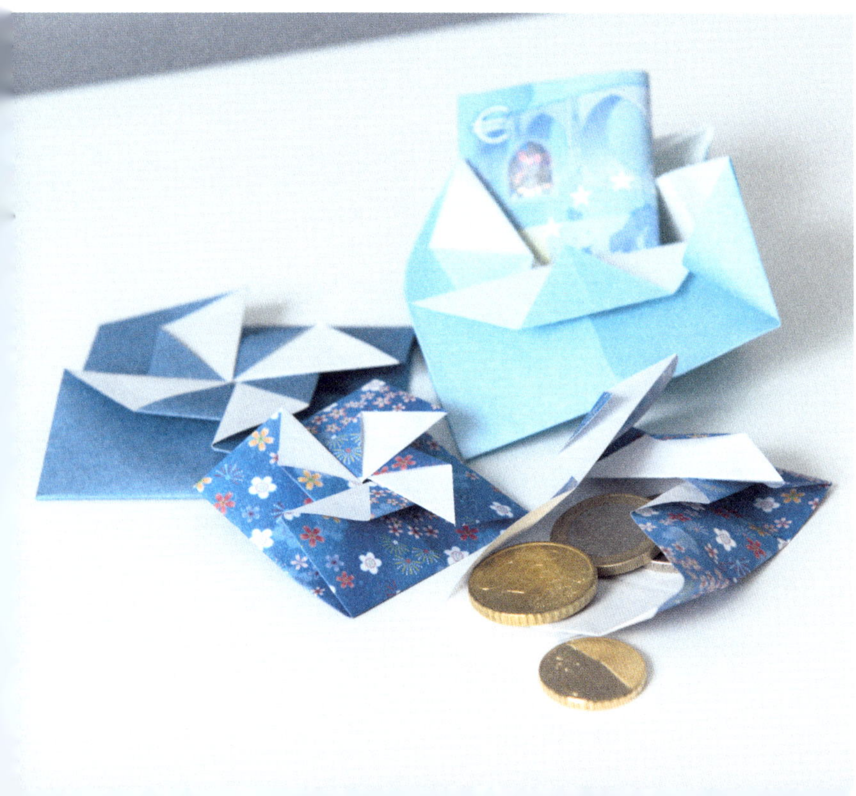

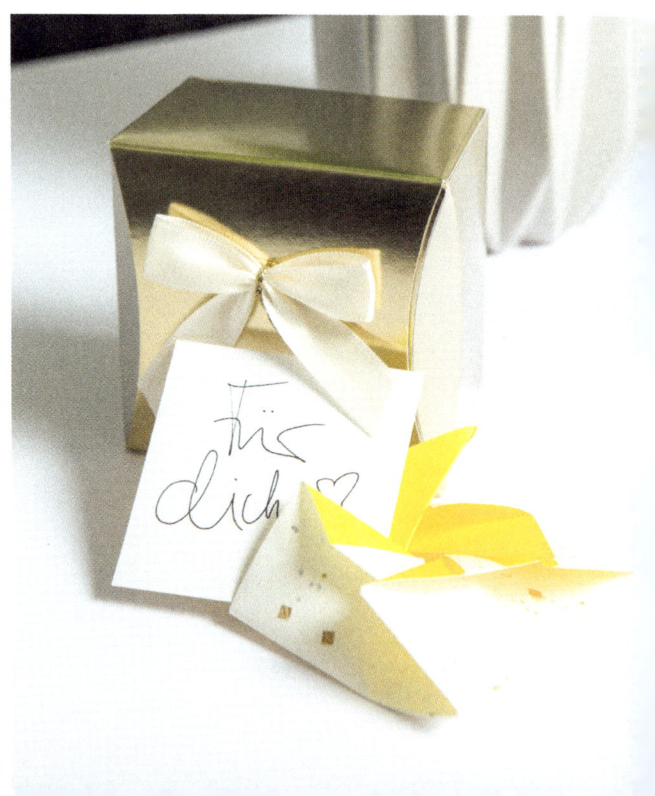
Für dich

ICH HAB DEN BOTEN
UNTERWEGS GETROFFEN, ÖFFNE DEN BRIEF –
DER FRÜHLINGSWIND!

KITŌ

WINDRAD

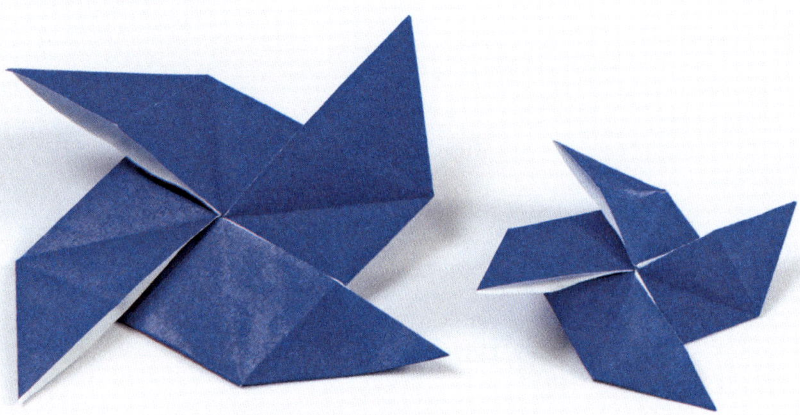

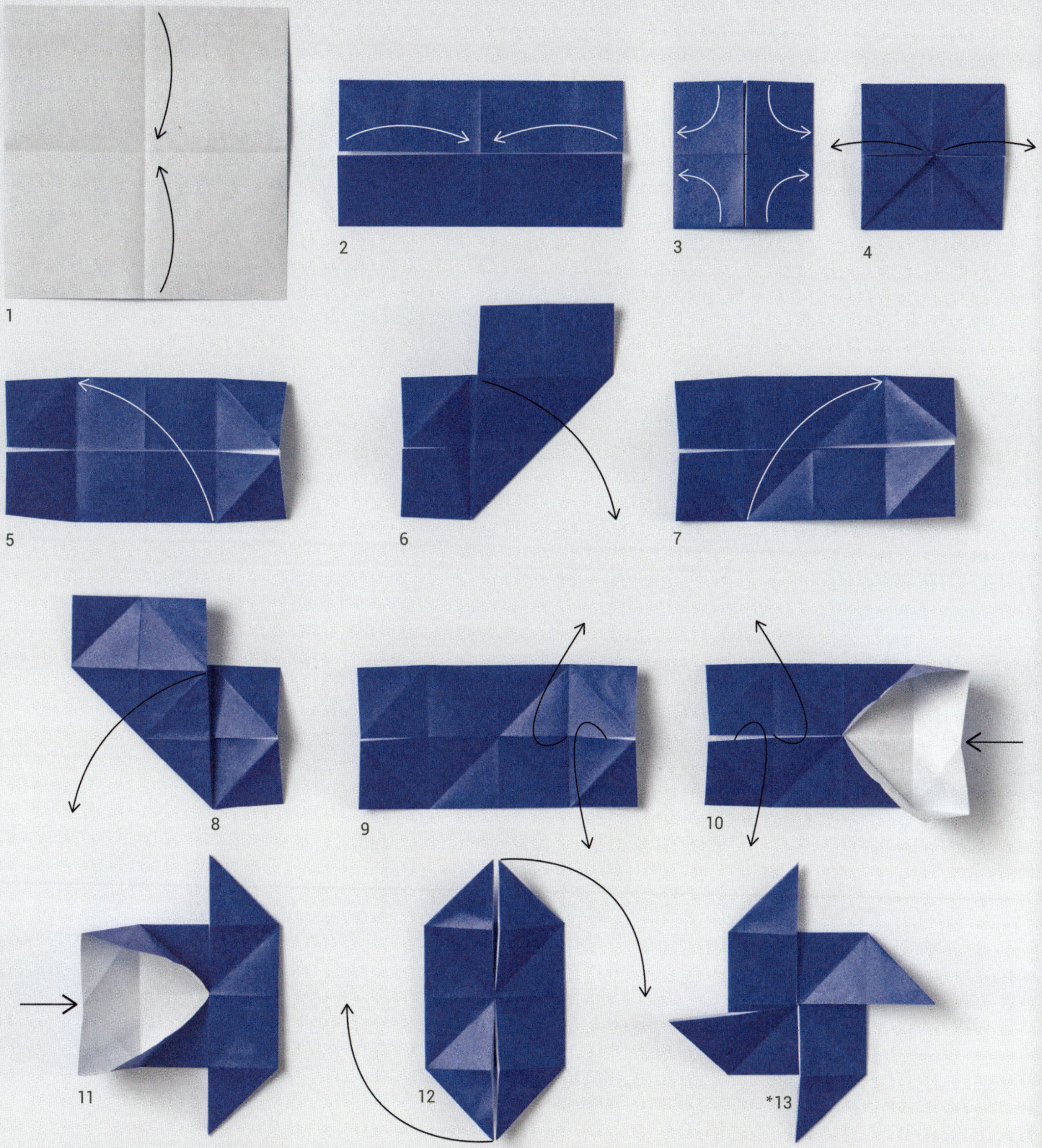
1
2
3
4
5
6
7
8
9
10
11
12
*13

ICH LIEBE DIE SANFTMUT, UND TRETE
ICH ÜBER DIE SCHWELLE EINER EINSAMKEIT,
ÖFFNE ICH DIE AUGEN UND LASSE SIE ÜBERLAUFEN
VON DER SÜSSE IHRES FRIEDENS.
ICH LIEBE DIE SANFTMUT ÜBER
ALLEN DINGEN DIESER WELT.

ICH FINDE IN DER BERUHIGUNG DER DINGE
EIN GROSSES UND EIN STUMMES LIED.
DIE AUGEN ZUM HIMMEL WENDEND,
GEWAHRE ICH IM ERSCHAUERN DER WOLKEN,
IM VOGEL, DER VORÜBERZIEHT, UND IM WIND
DIE GROSSE SÜSSE DER SANFTMUT.

PABLO NERUDA

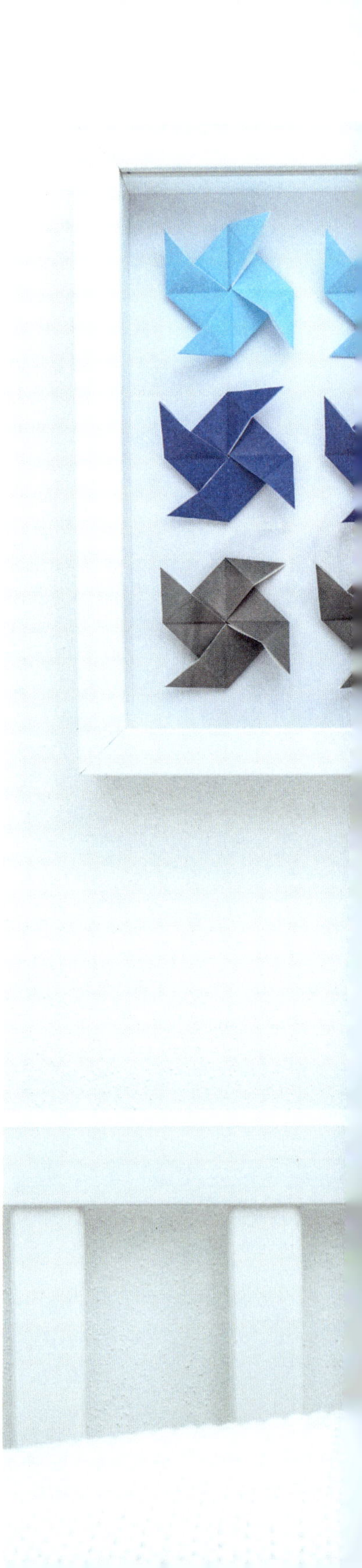

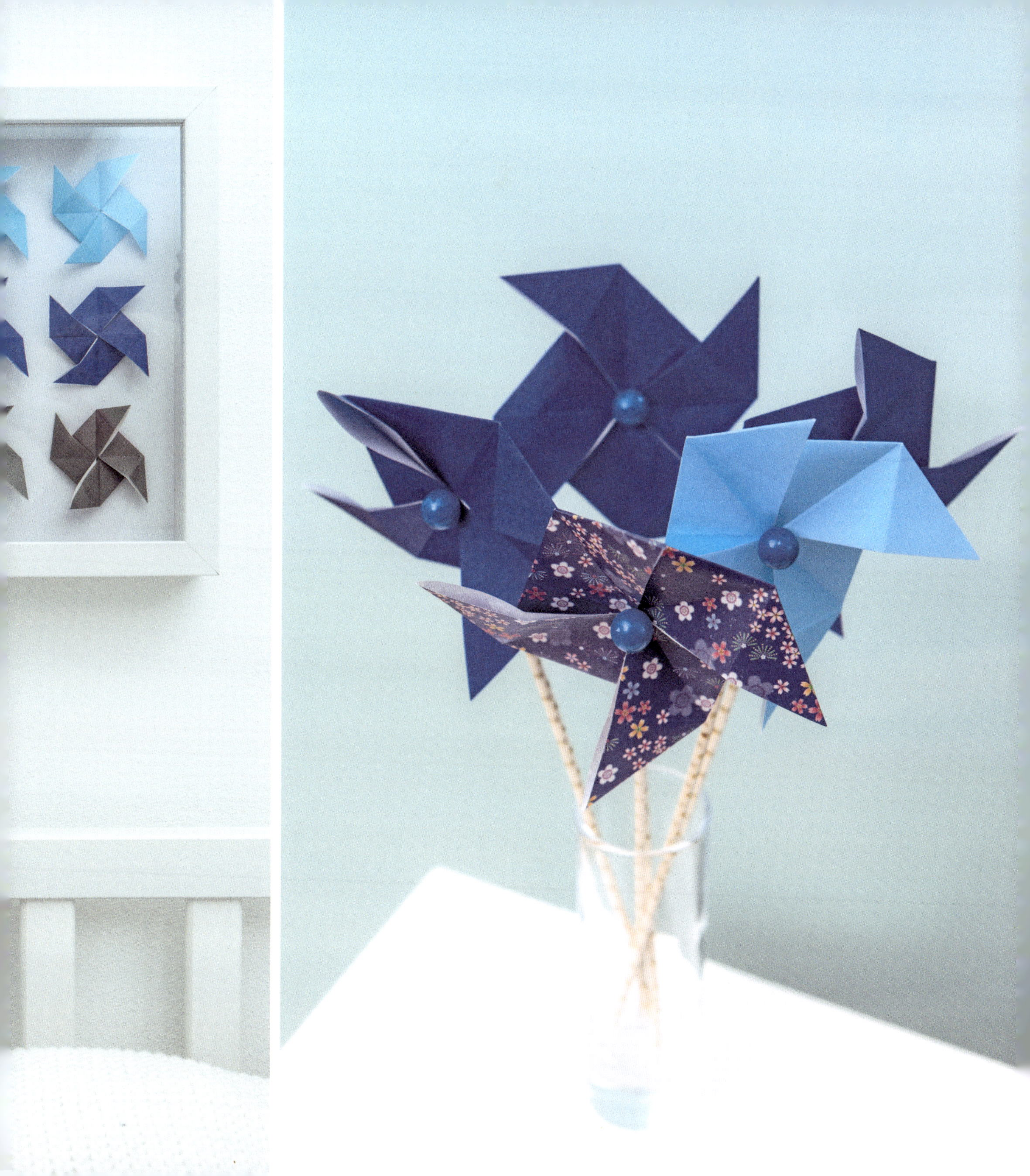

ORNAMENT

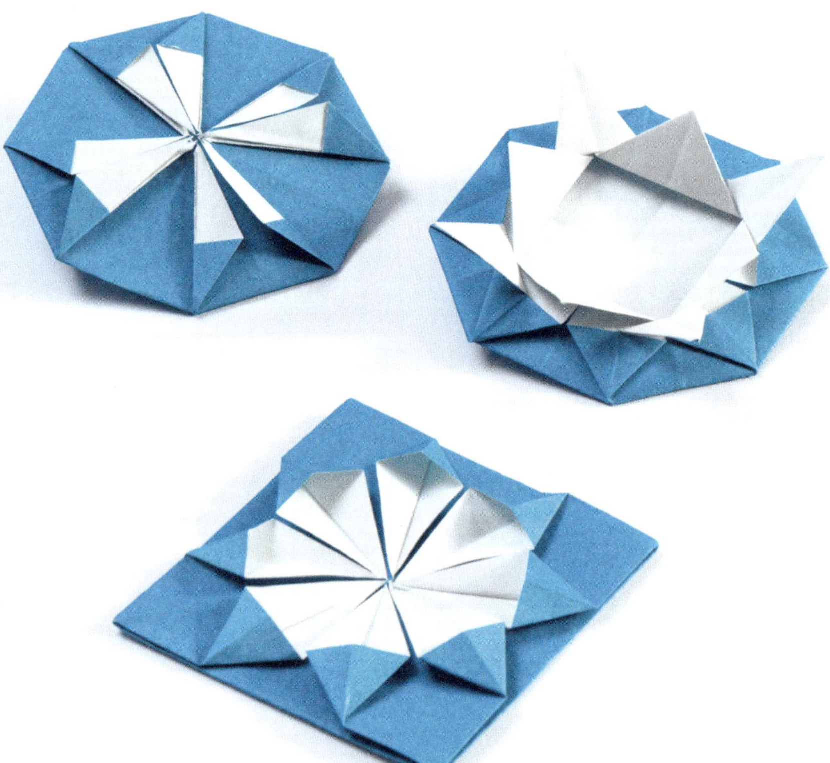

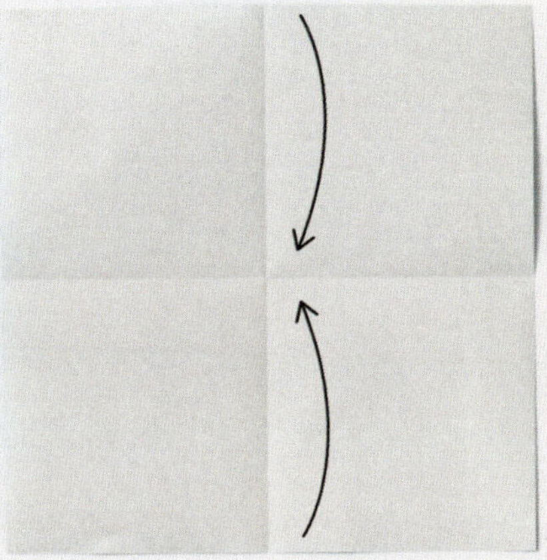

1

WINDRAD

2 – 11

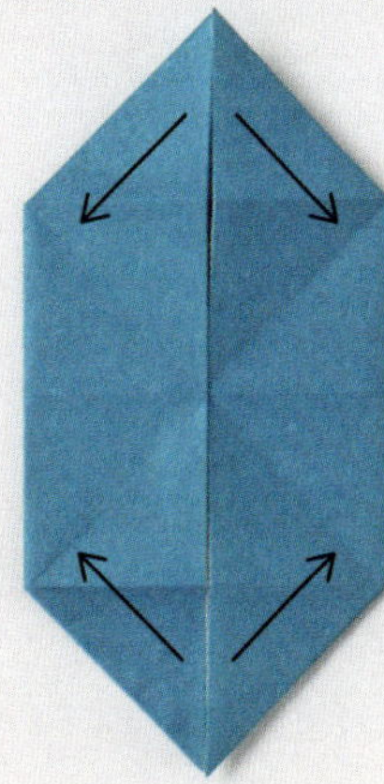

12

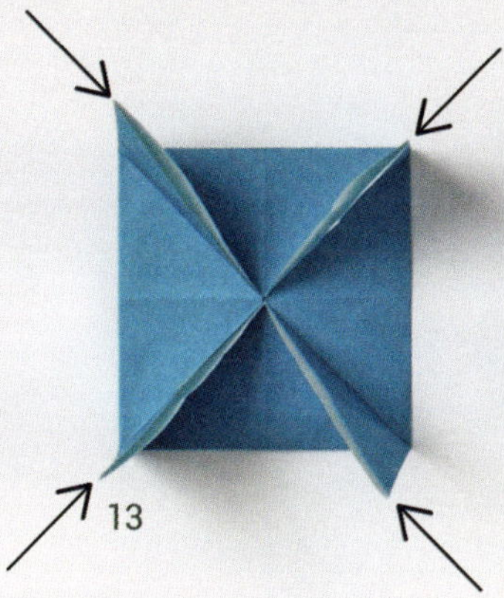

13

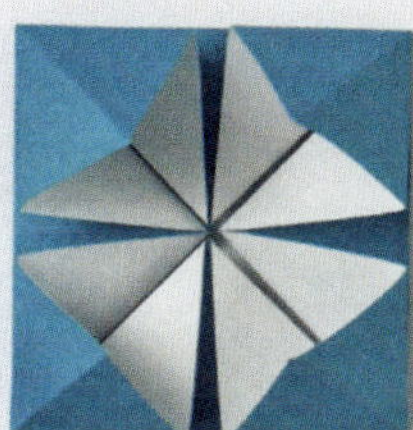

*14

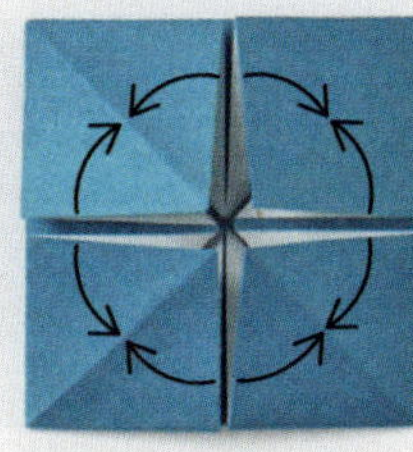

15

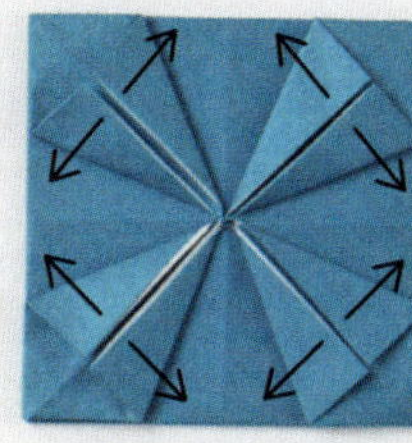

16

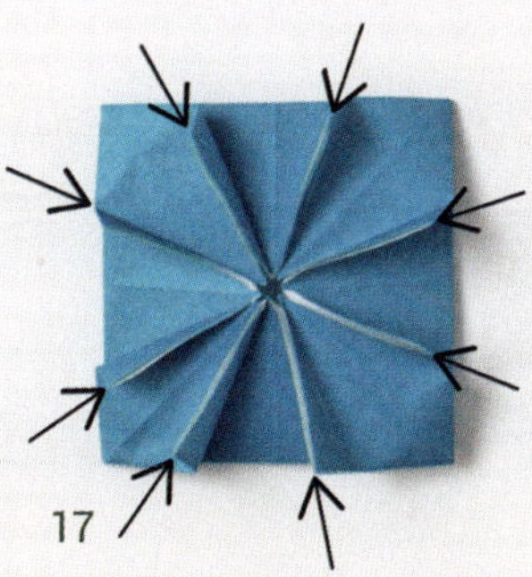

17

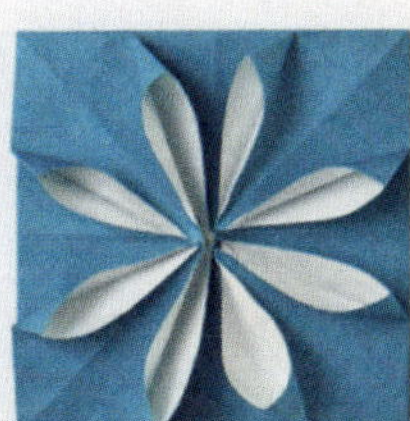

18

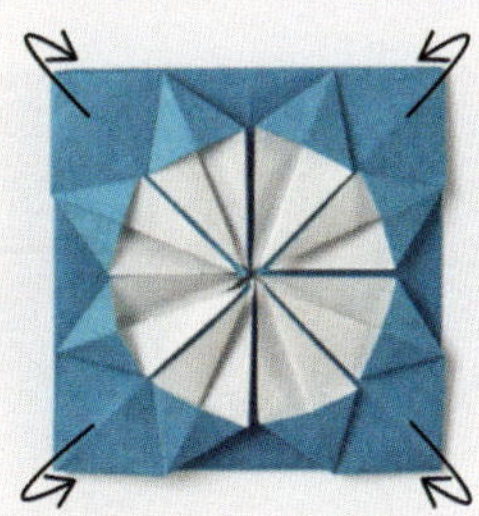

19

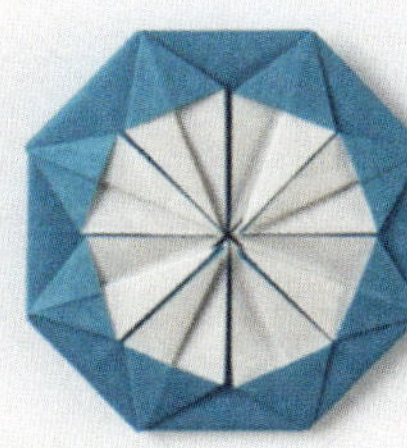

20

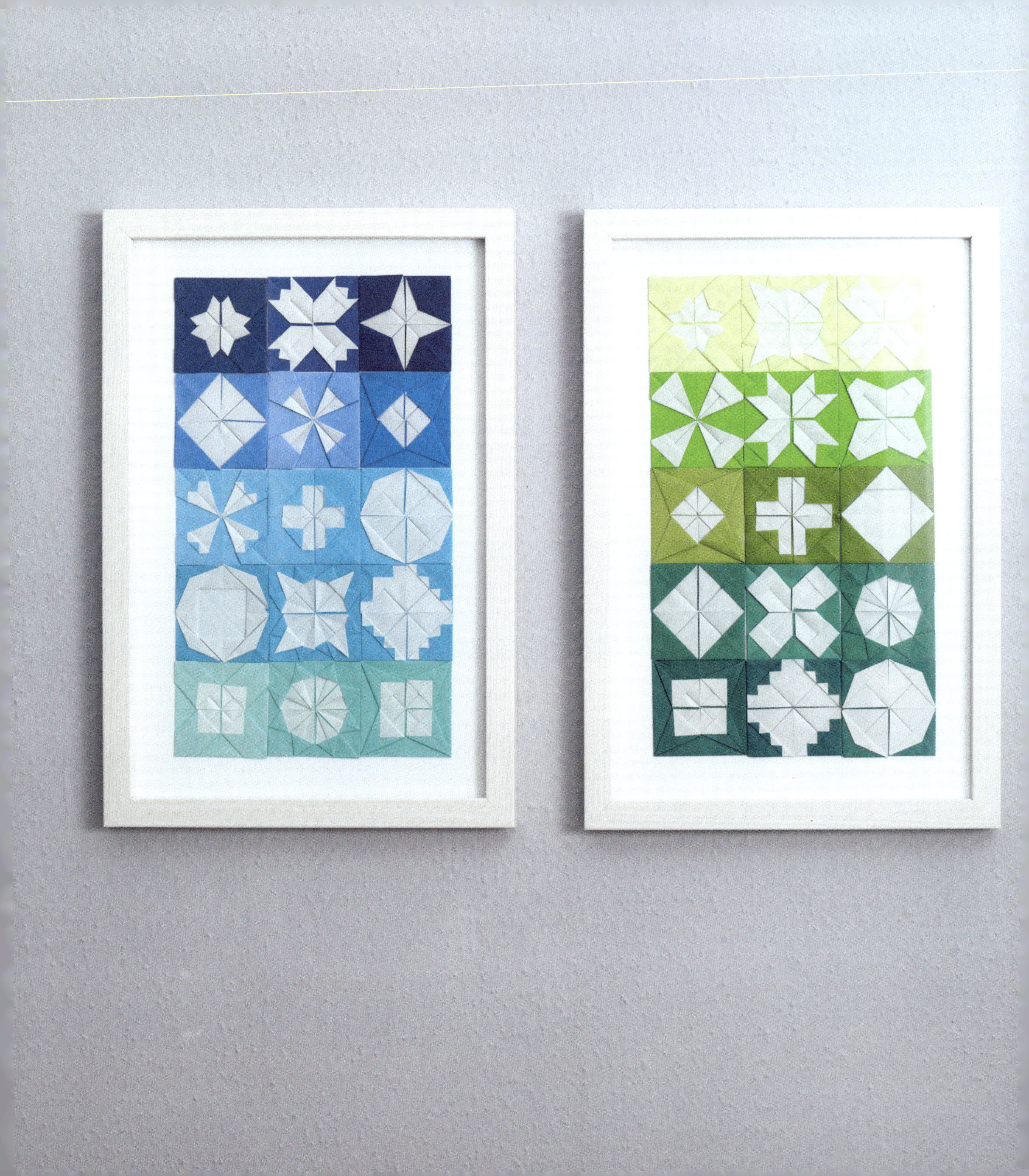

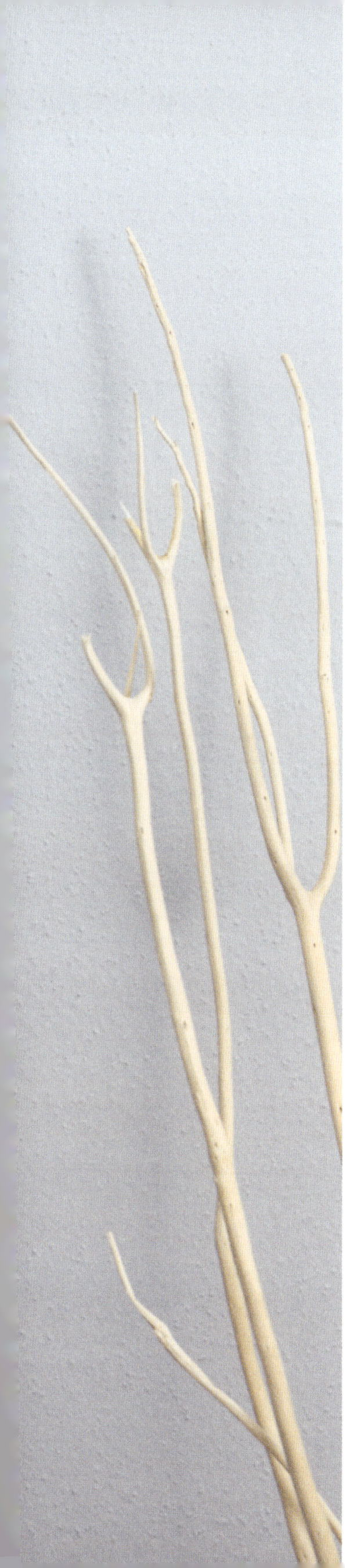

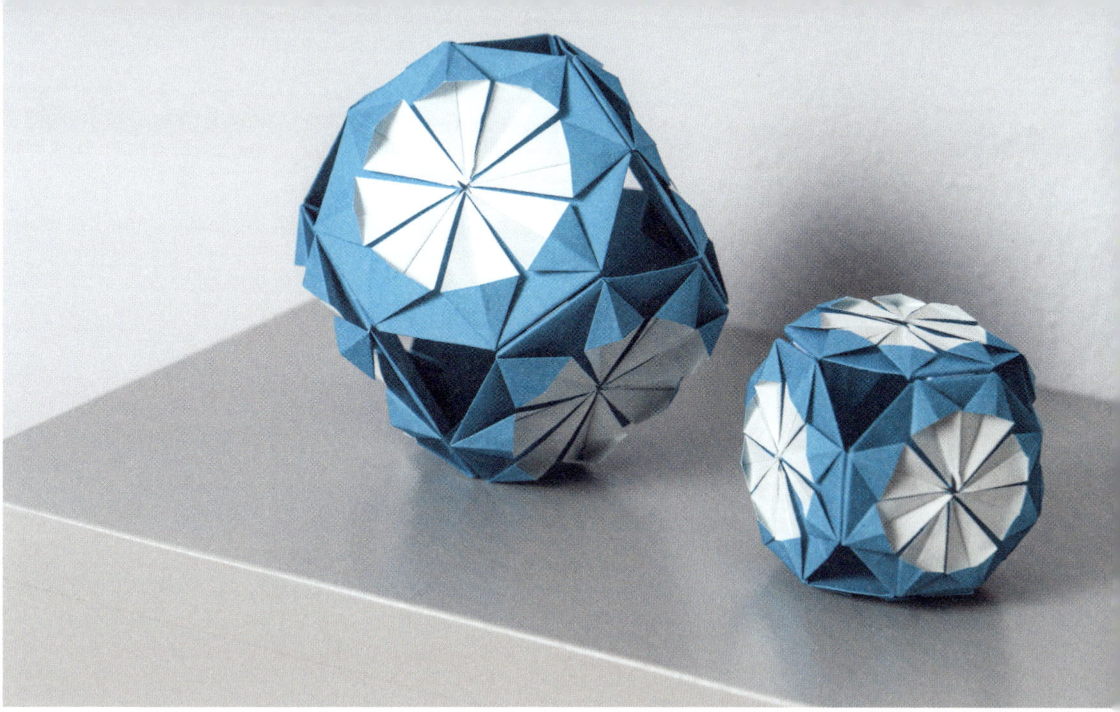

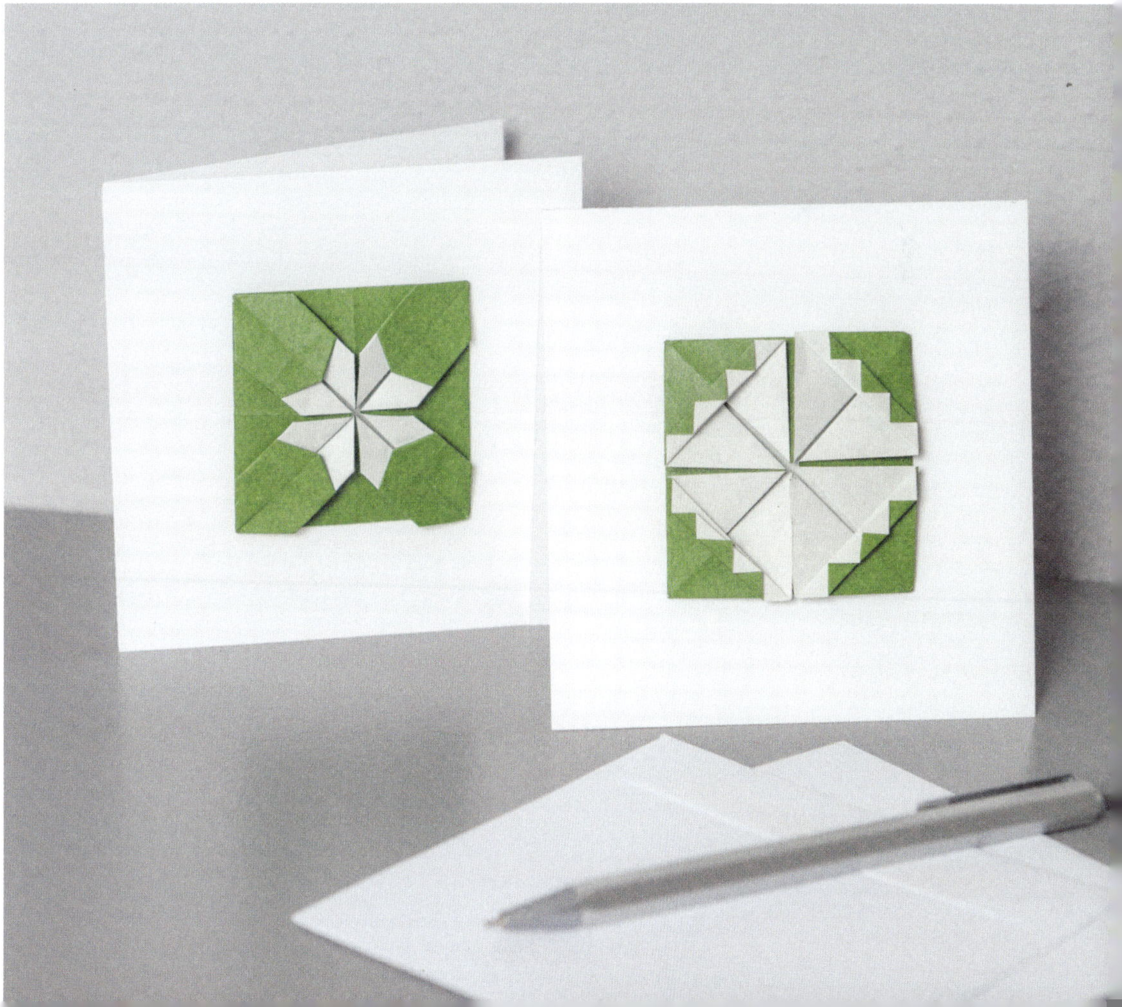

ES SIND DIE GEGENSÄTZE, DIE UNS LEHREN,
DIE WELT ZU ERKENNEN.
WER DAS DUNKEL NICHT GESEHEN HAT,
KANN DAS LICHT NICHT WAHRNEHMEN.

JAPANISCHE WEISHEIT

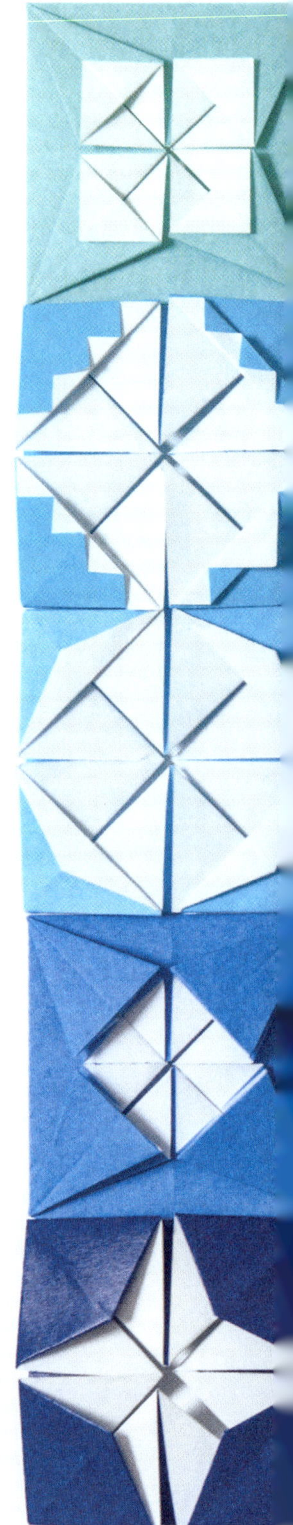

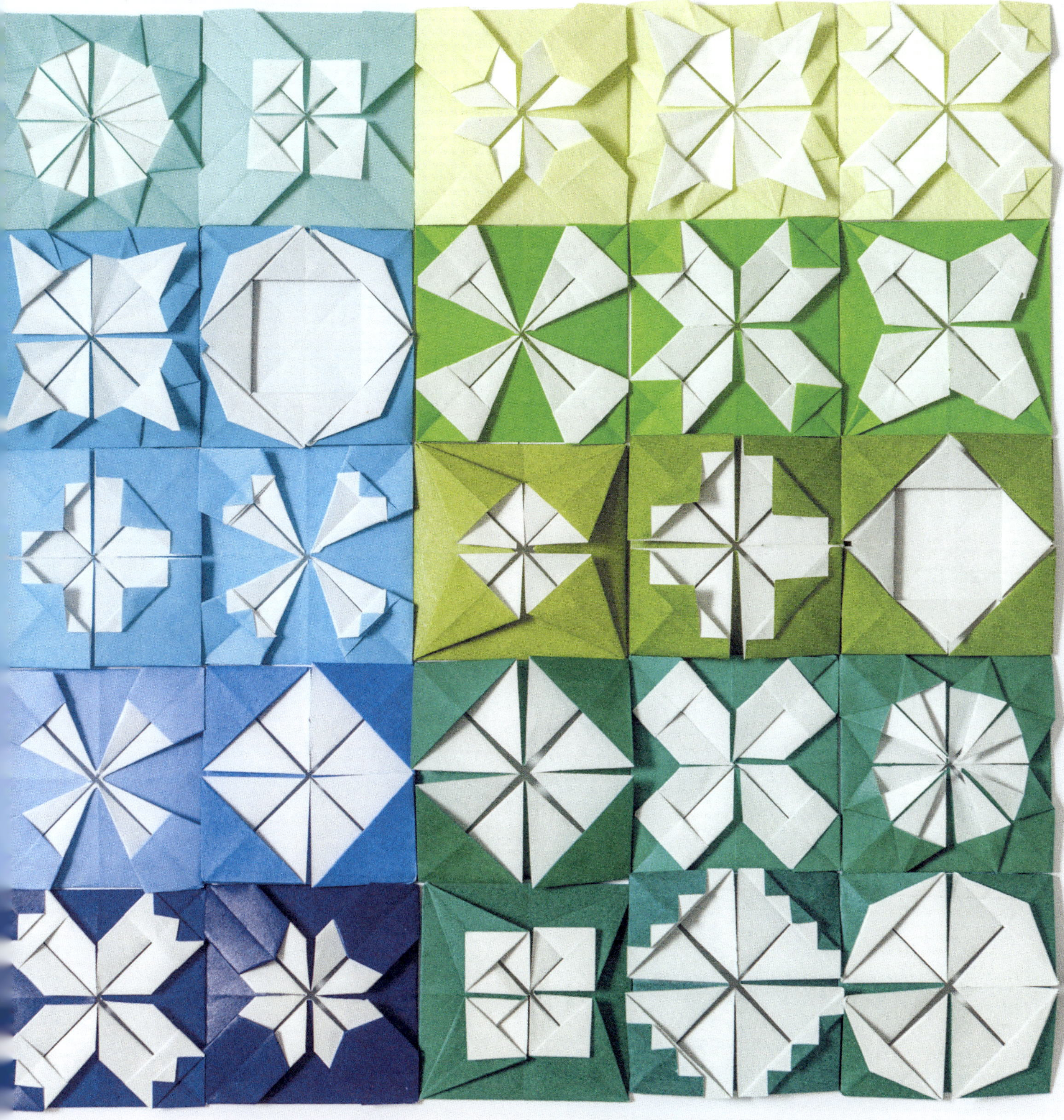

DIE SCHRITTE DES ERSEHNTEN –
WIE FERN SIE SIND
AUF DEN GEFALLENEN BLÄTTERN.

YOSA BUSON

BLATT

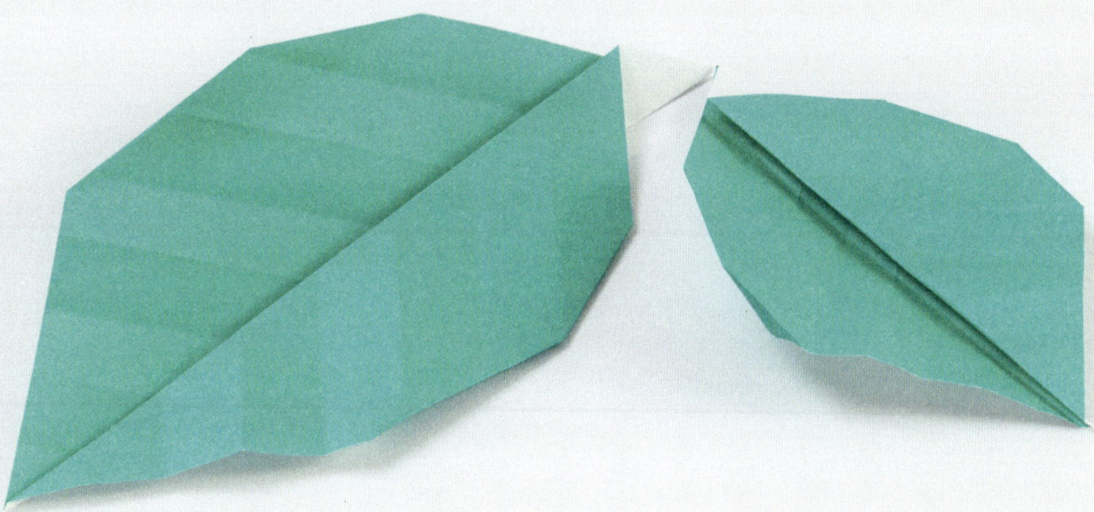

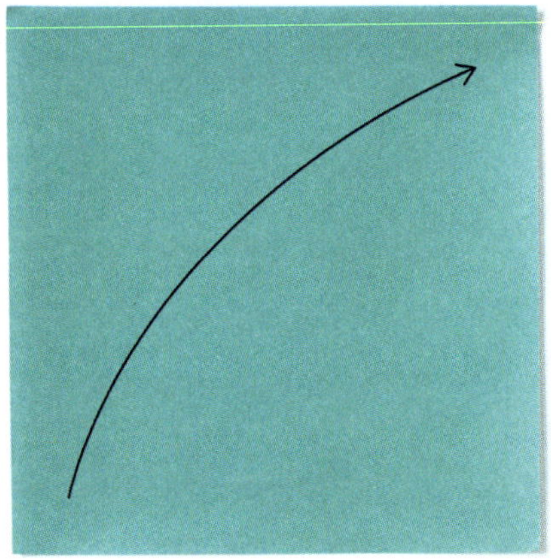
1

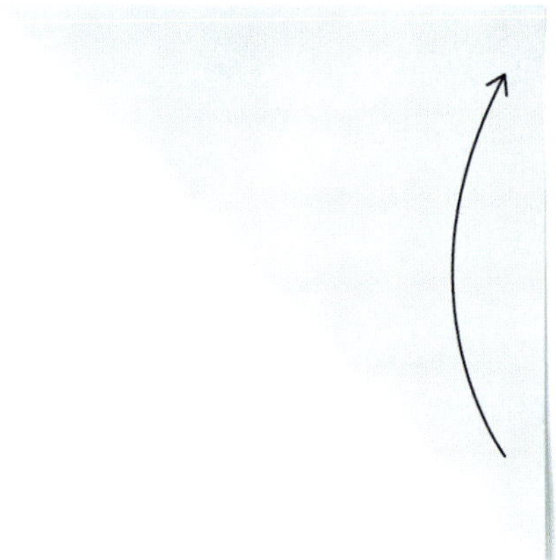
2

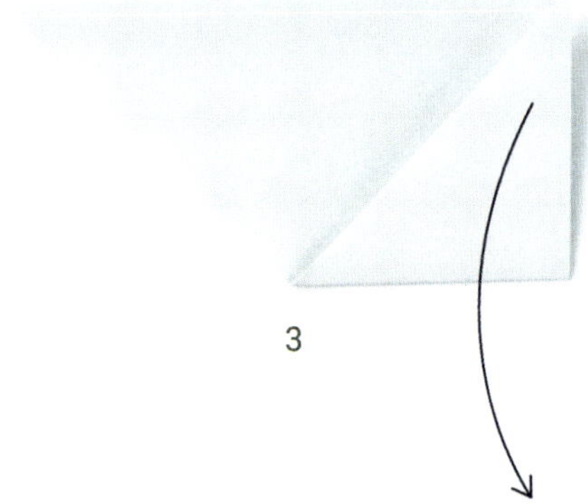
3

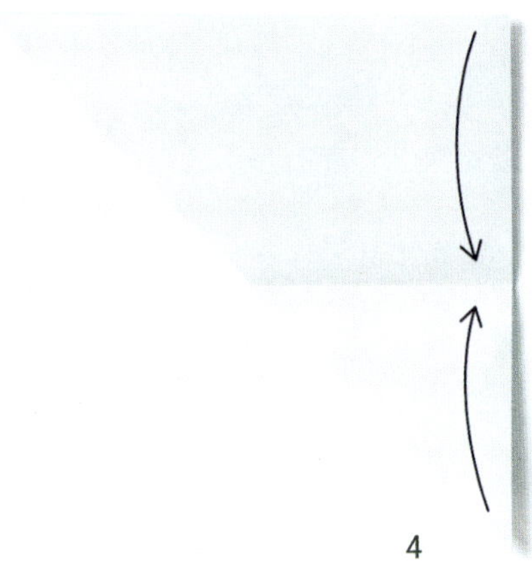
4

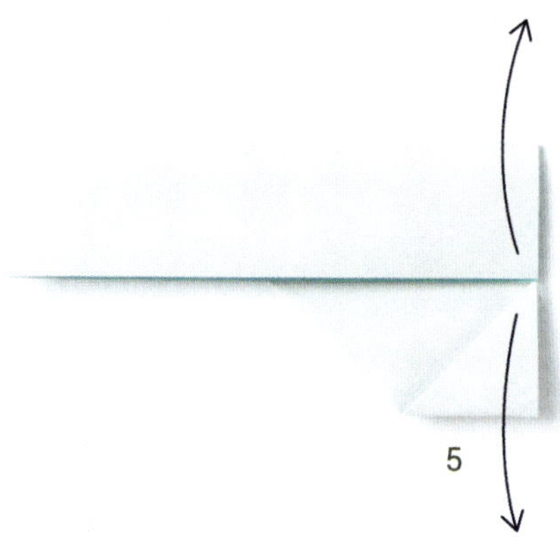
5

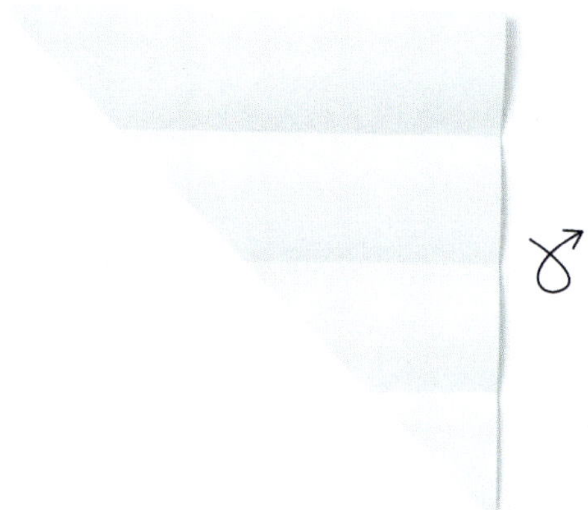
6

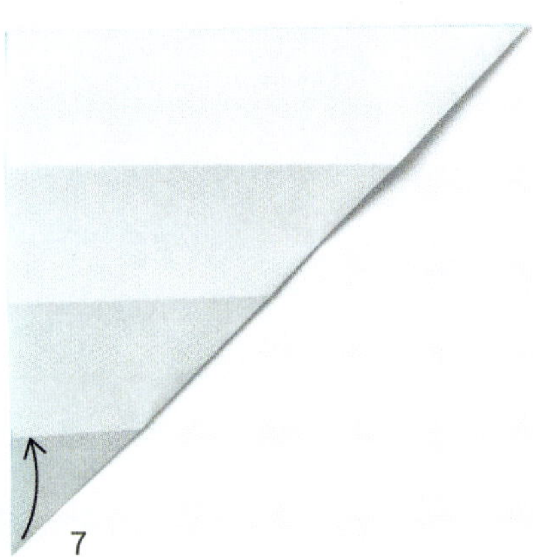
7

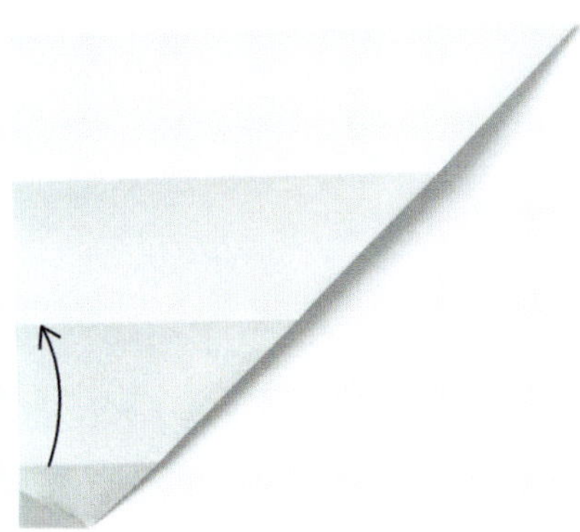
8

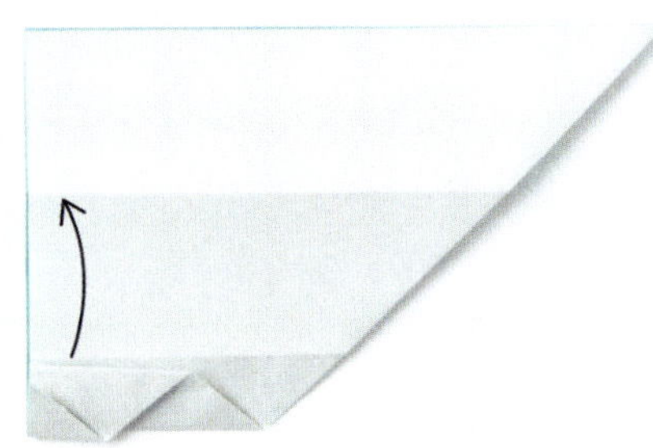
9

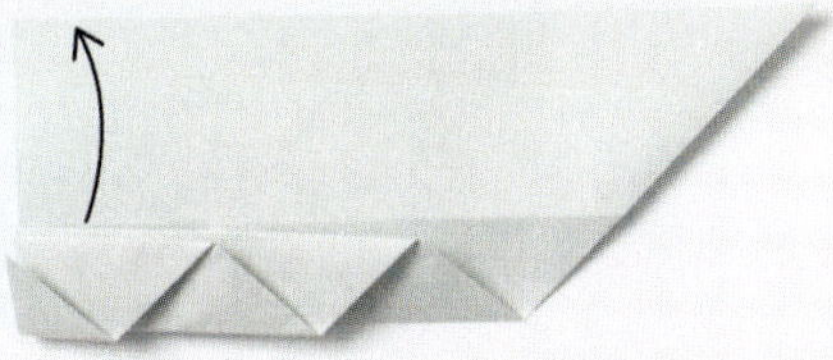

10

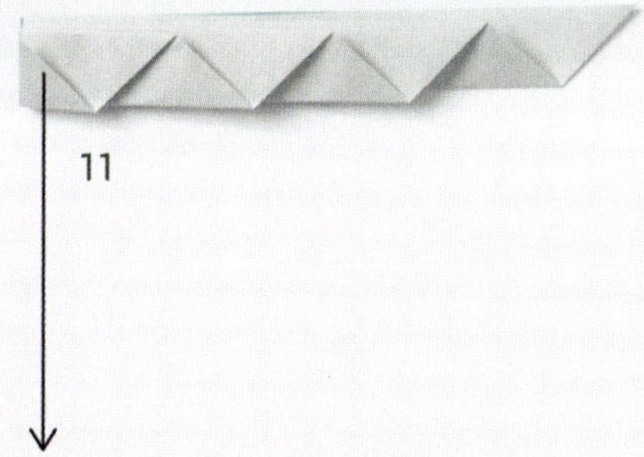

11

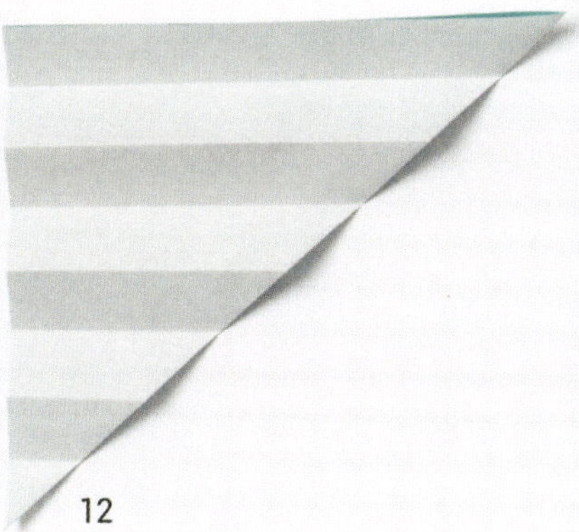

12

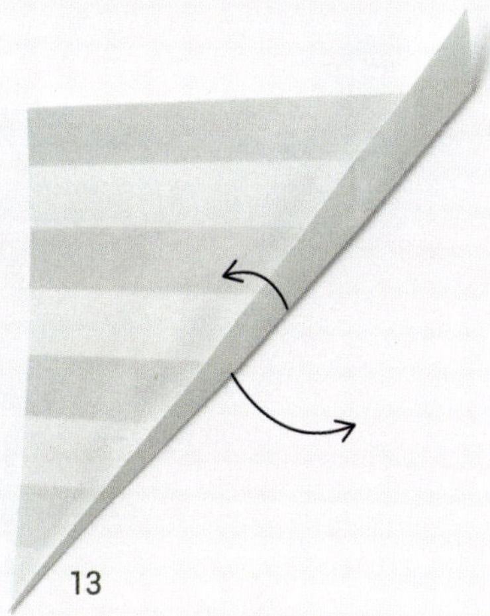

13

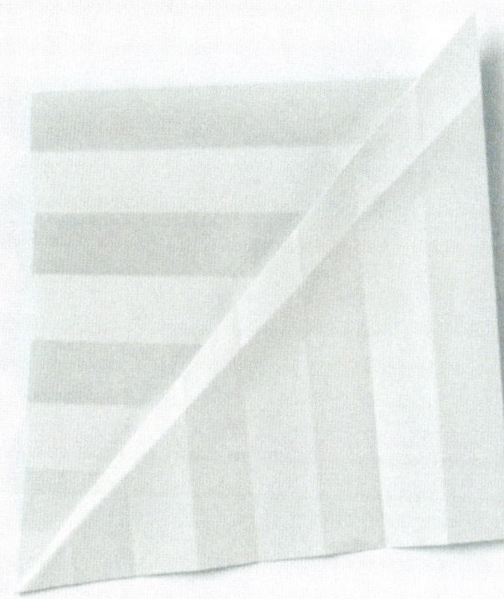

14

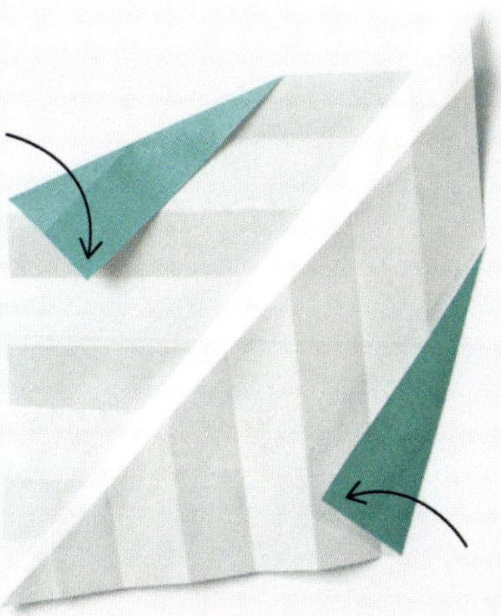

15

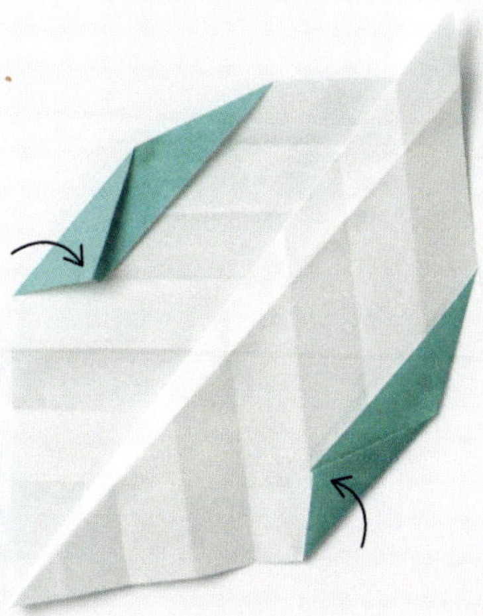

16

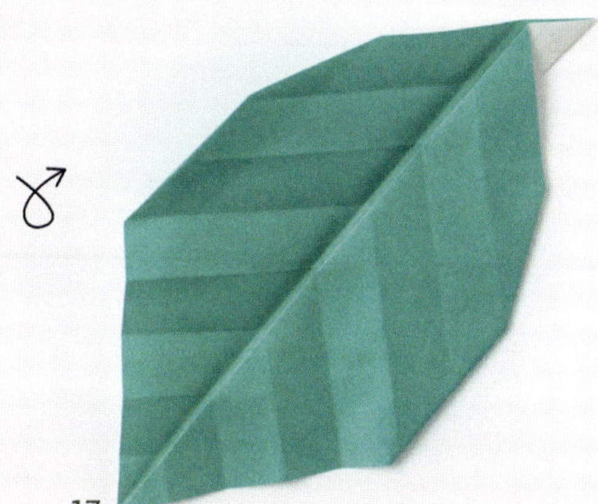

17

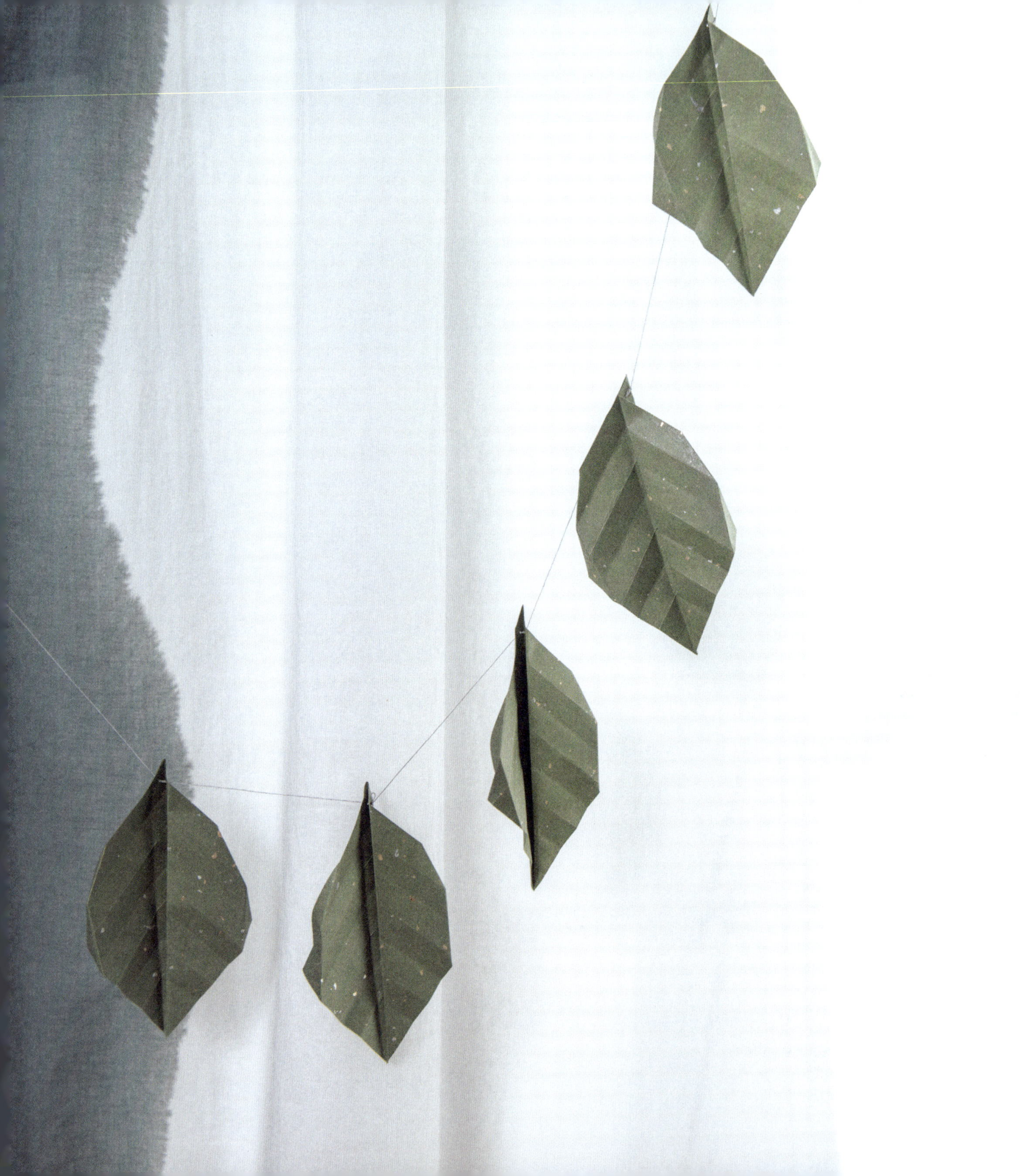

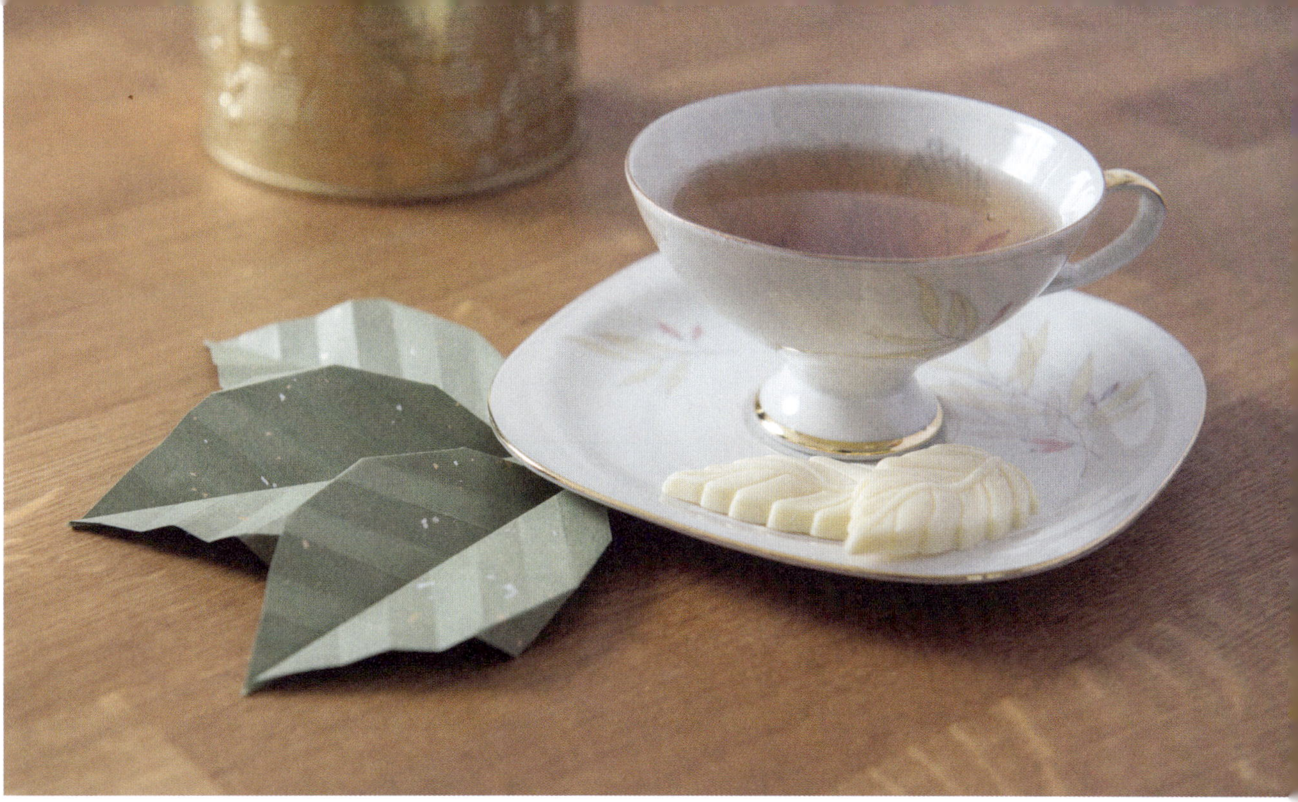

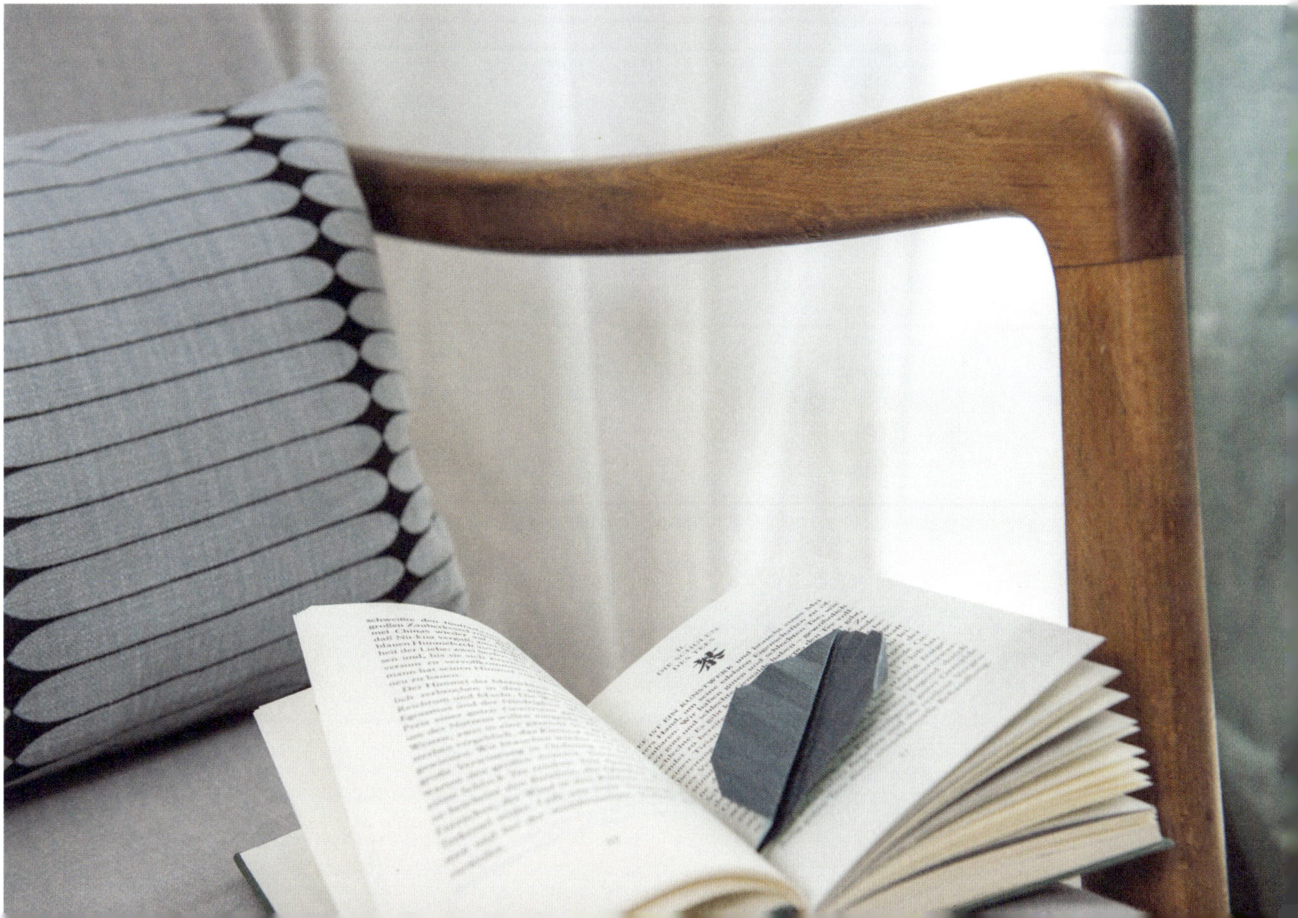

BAUM

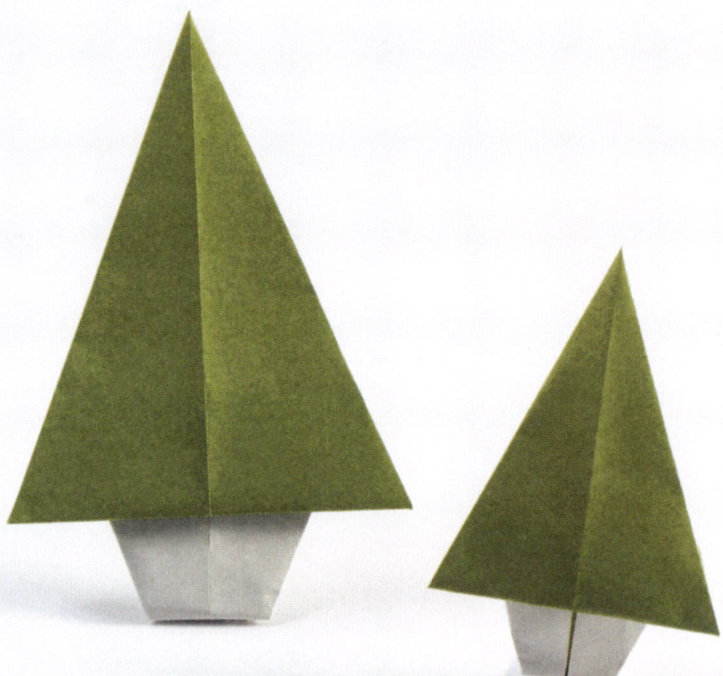

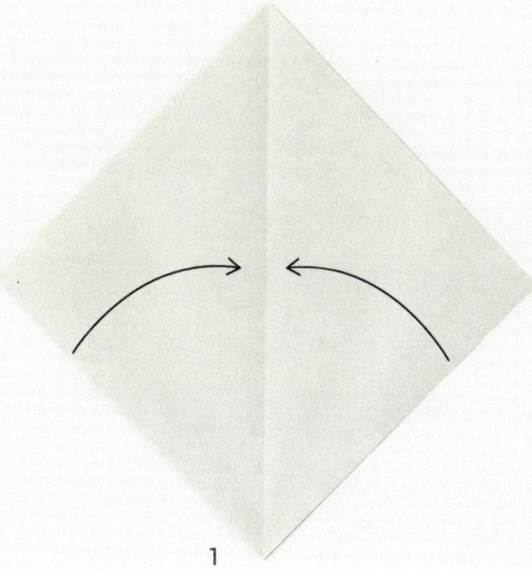
1

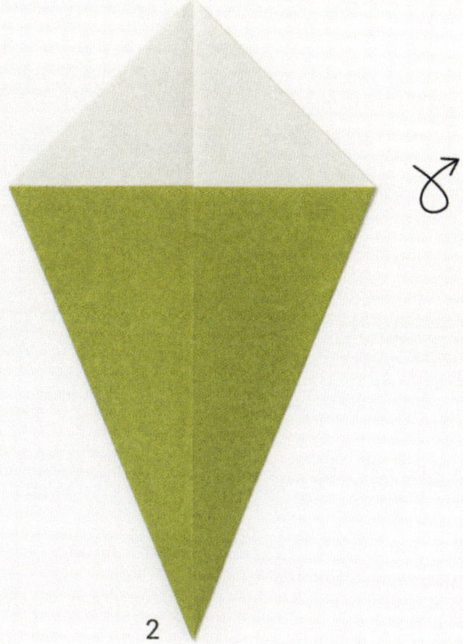
2

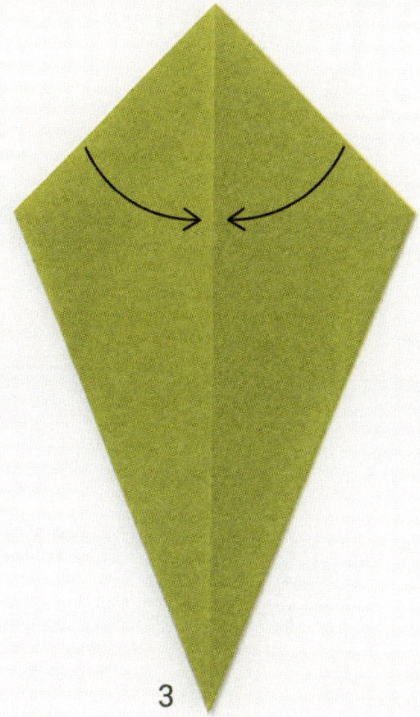
3

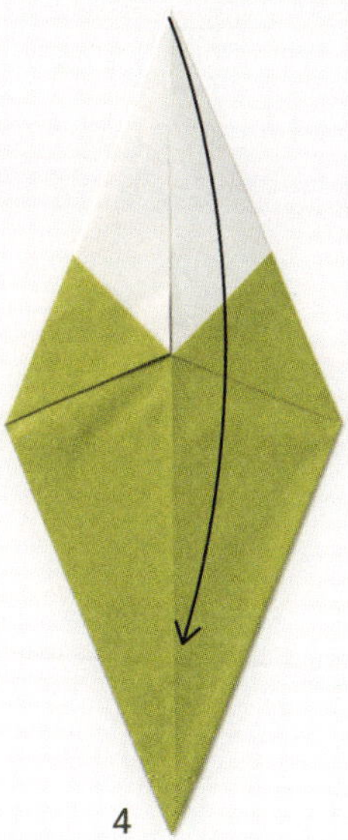
4

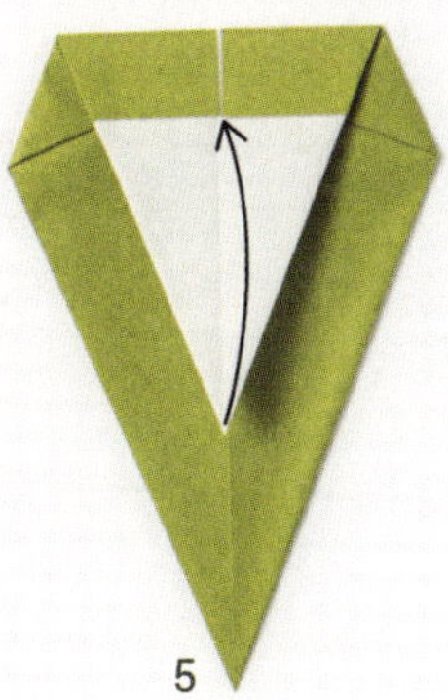
5

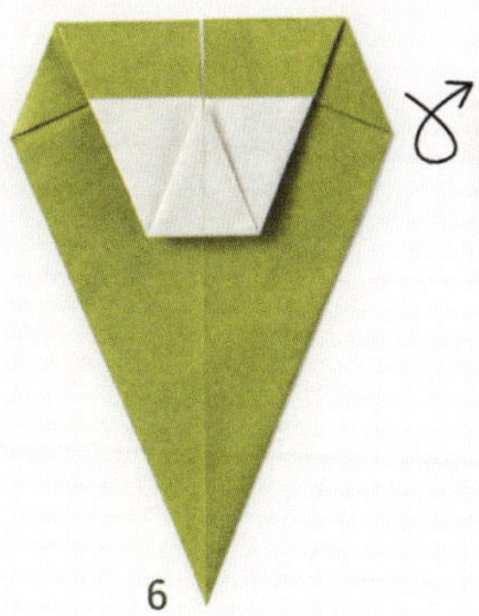
6

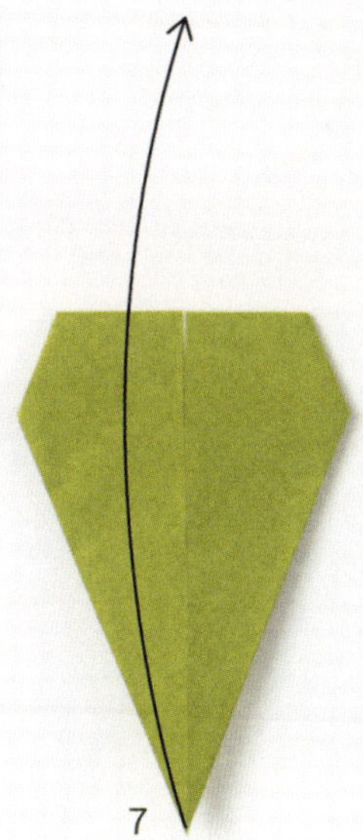
7

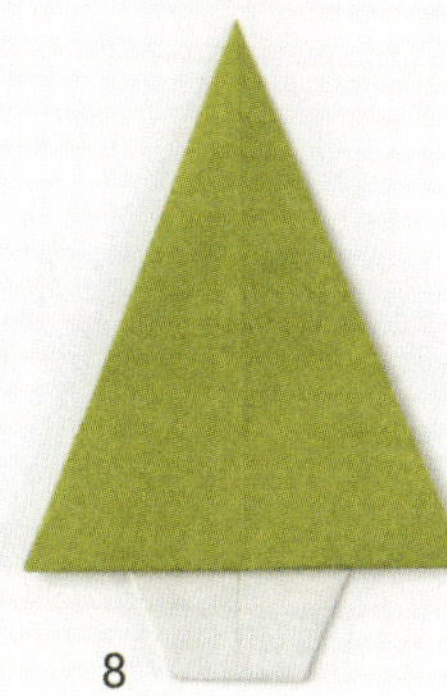
8

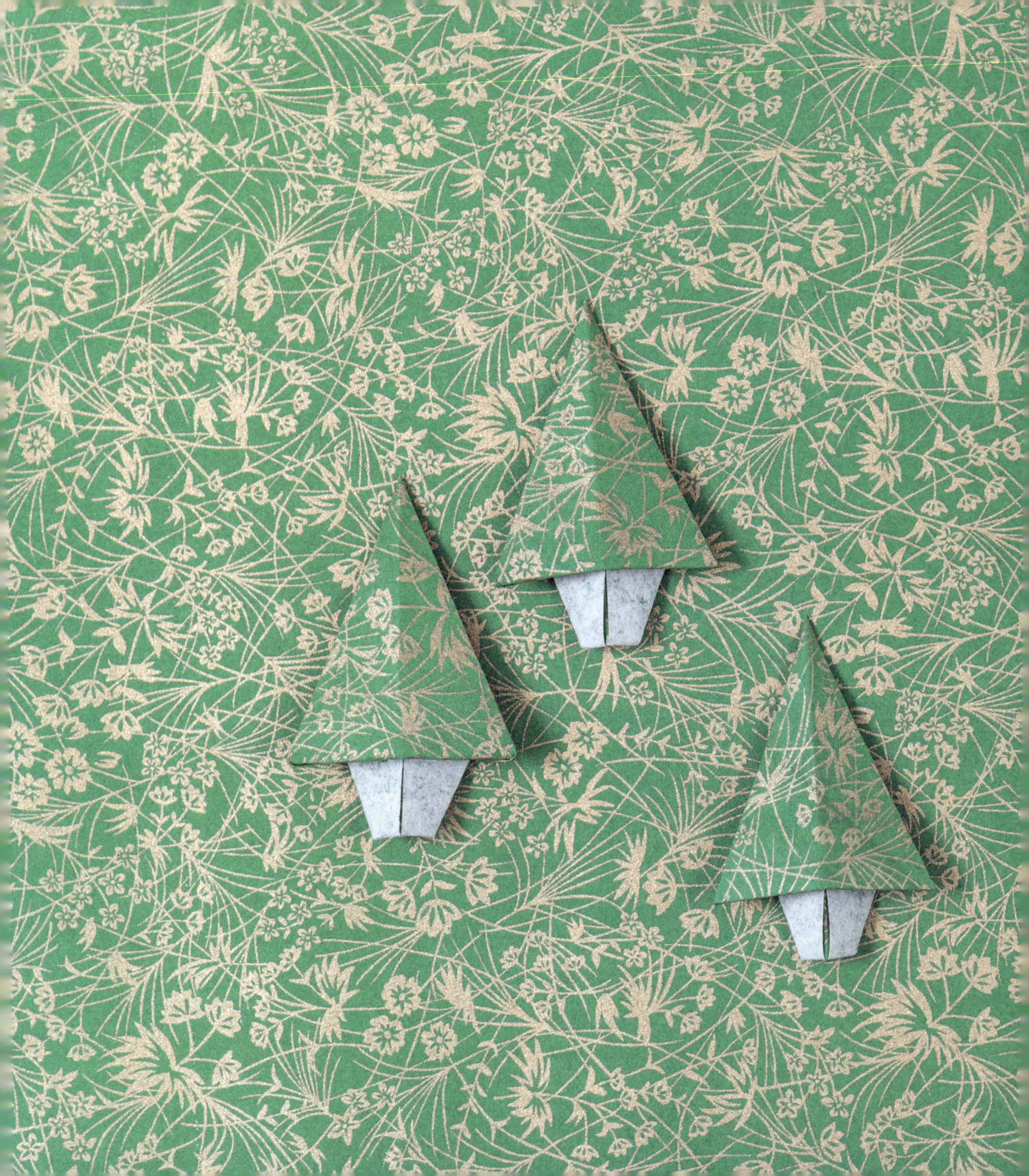

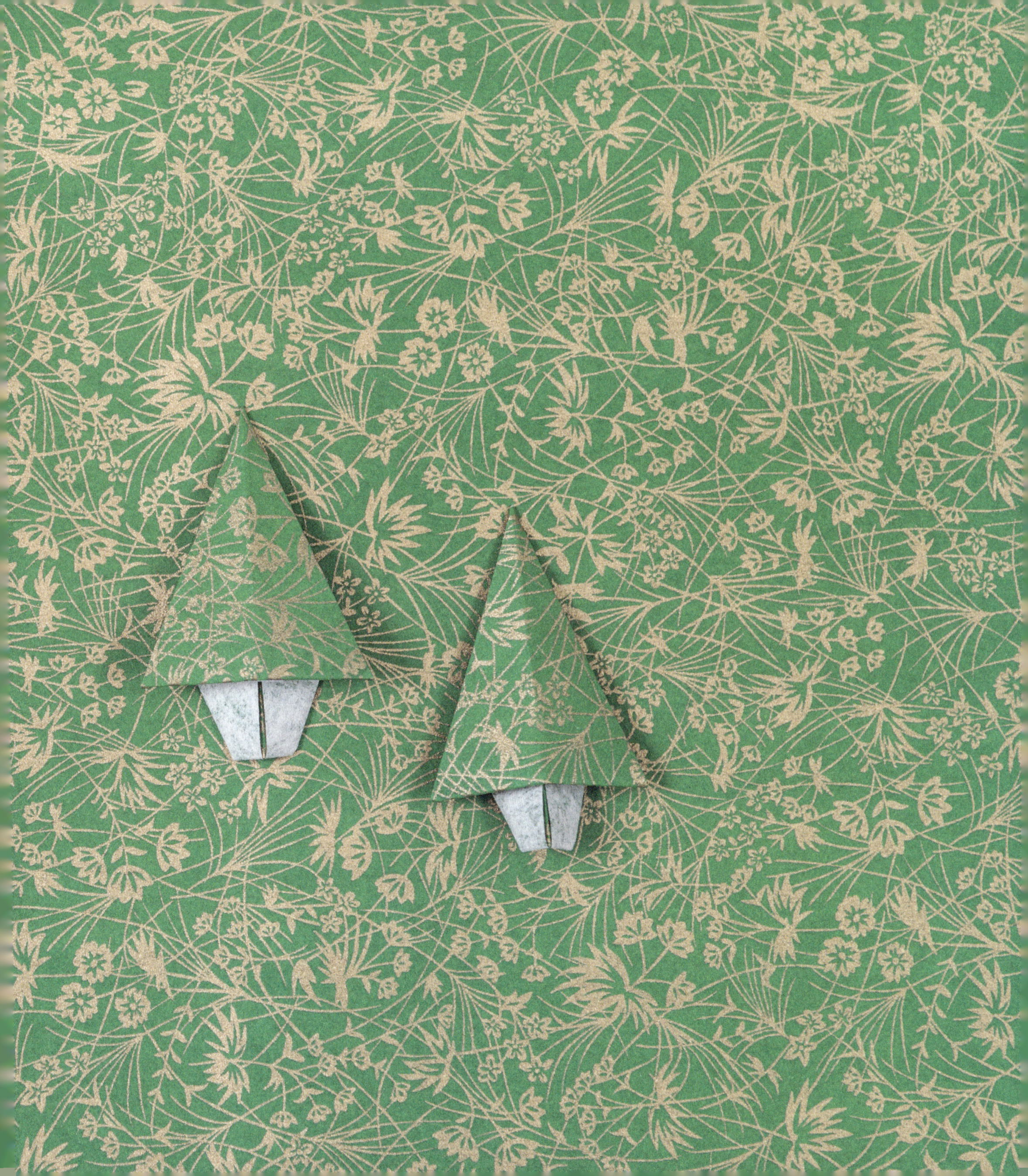

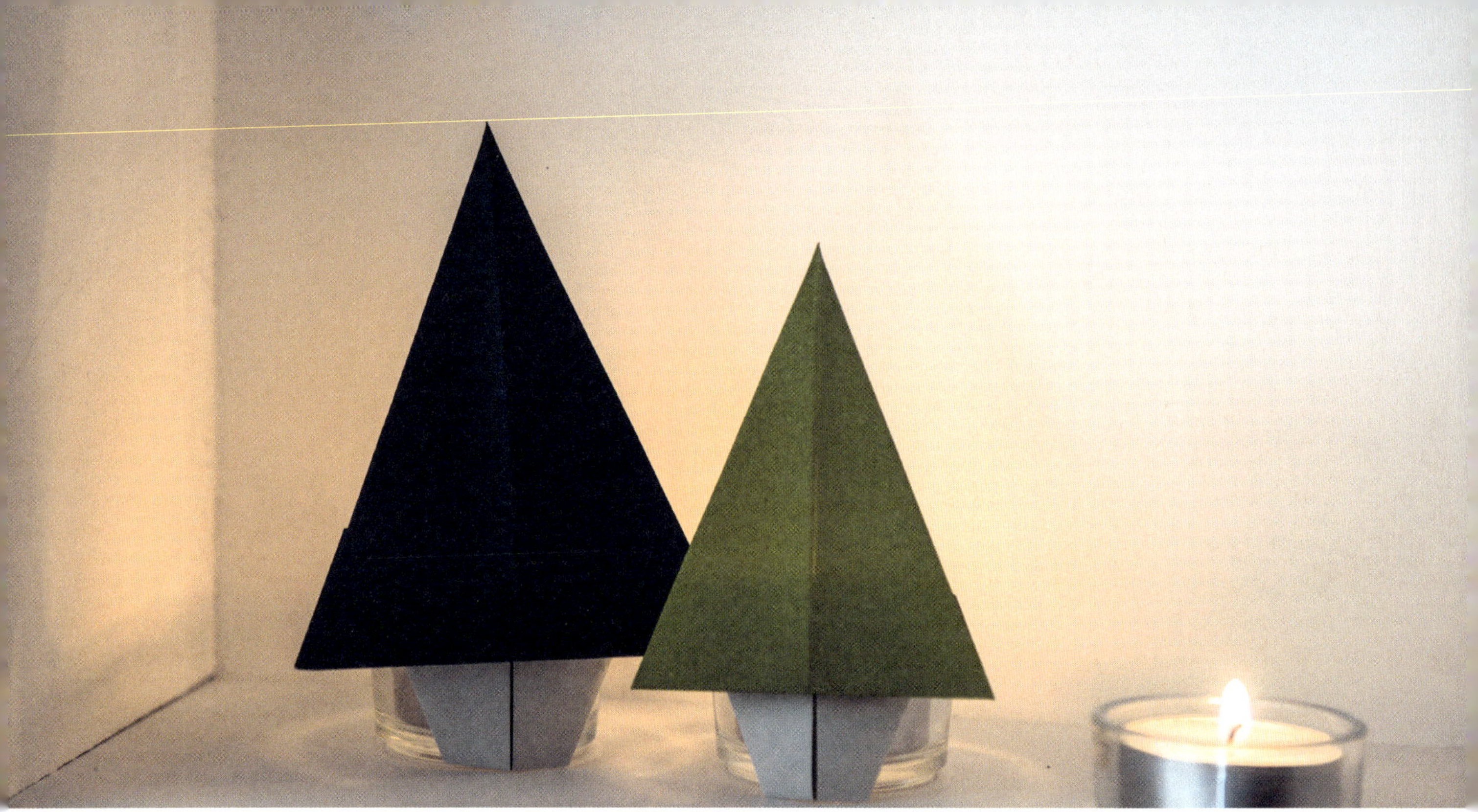
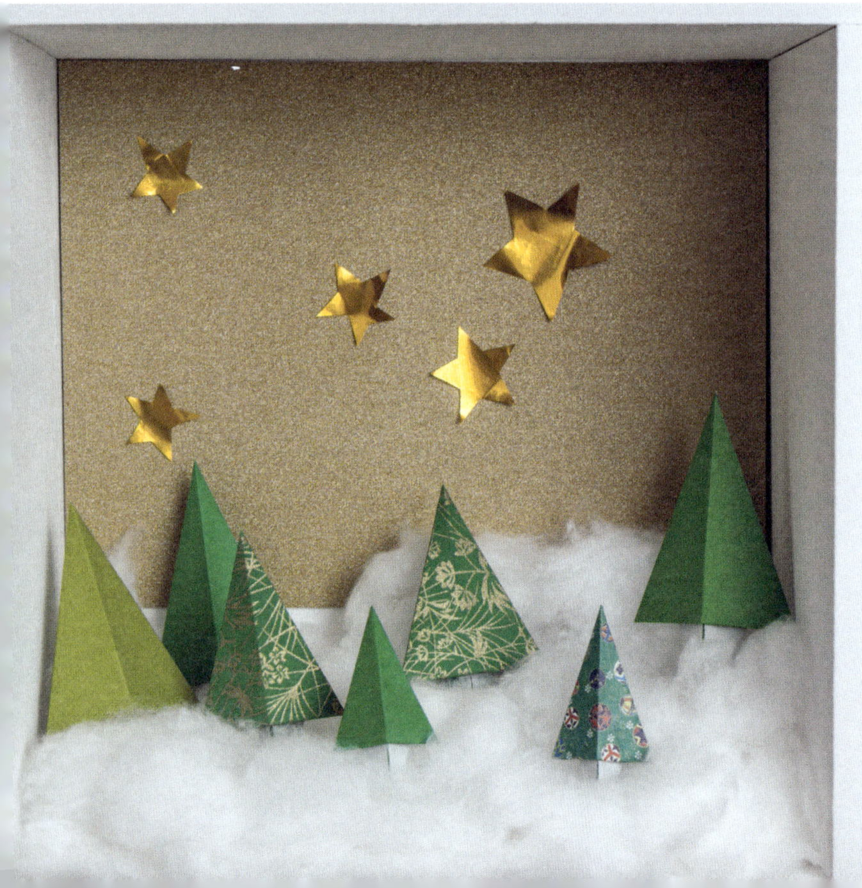
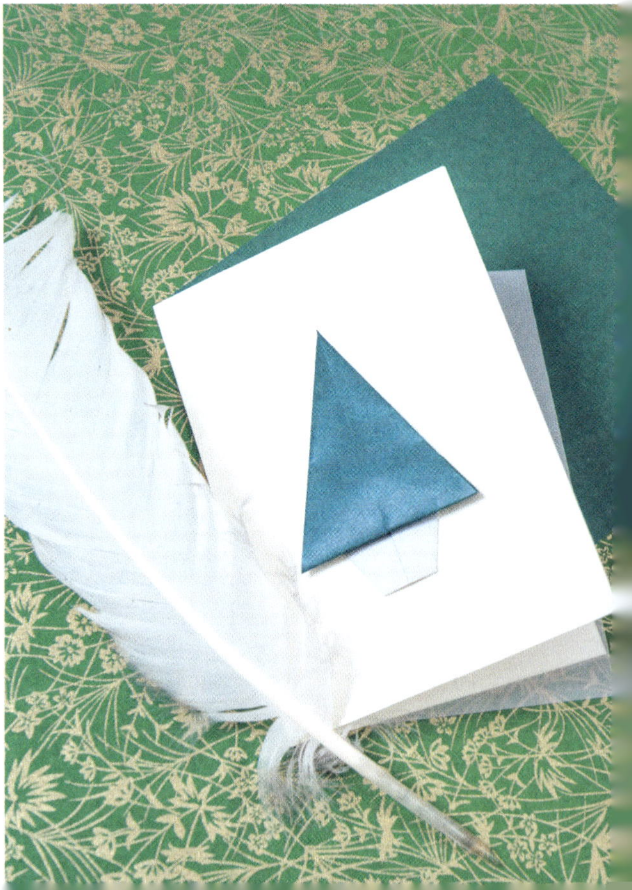

LANGSAM ZIEHT DER RAUCH
DURCH DEN ROST DER BÄUME
WOHER WEISST DU, WER DU BIST?

JEAN-CLAUDE LIN

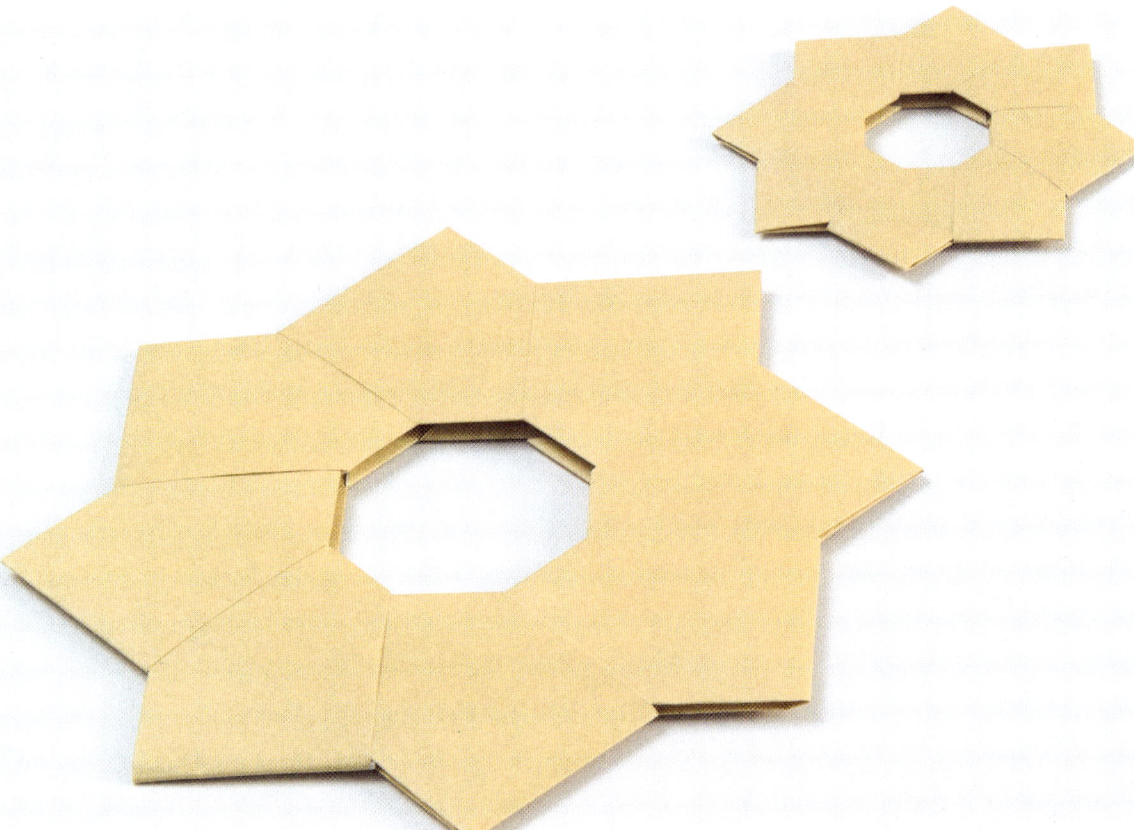

STERN

Tanabata, auf Japanisch «siebenter Abend», bezeichnet den sieben Tage alten Mond des siebten Mondes im Jahr. Heutzutage wird das Sternenfest an jedem 7. Juli in Japan gefeiert. Der Legende nach treffen sich an diesem Abend die Liebenden Orihime und Hikoboshi, eine Weberin und ein Rinderhirte, die vom Himmelsgott an die beiden Ufer der Milchstraße verbannt wurden und sich nunmehr ein einziges Mal im Jahr sehen. Es ist Brauch, am Vorabend des Festes Wünsche auf bunte Papierstreifen, sogenannte *tanzaku*, zu schreiben und an Bambuszweige zu hängen.

*1

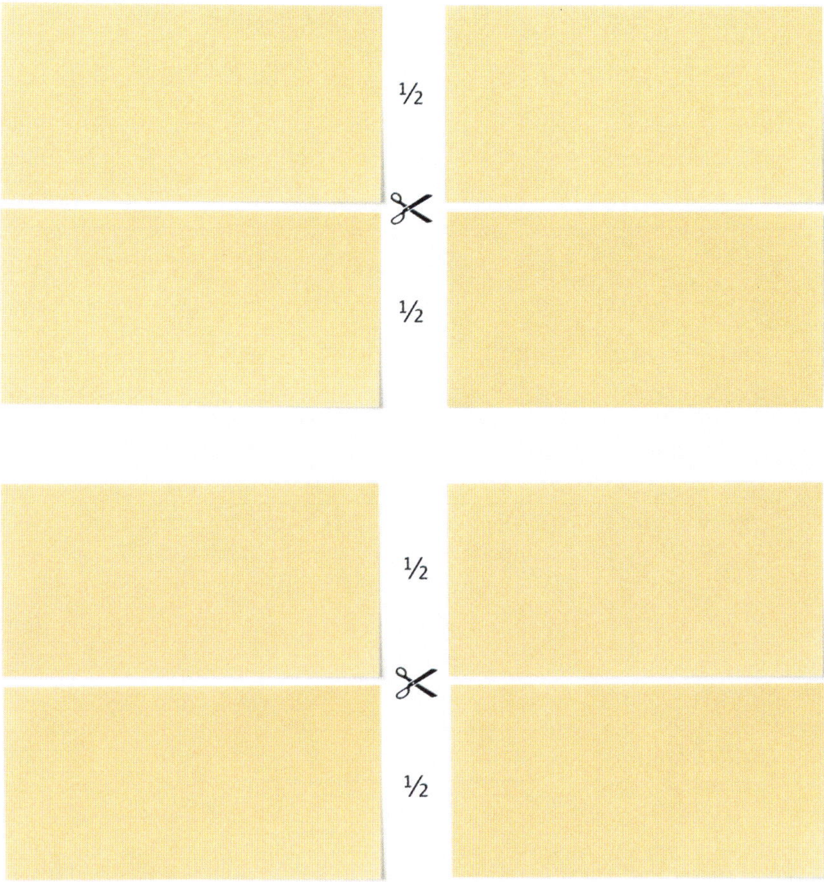

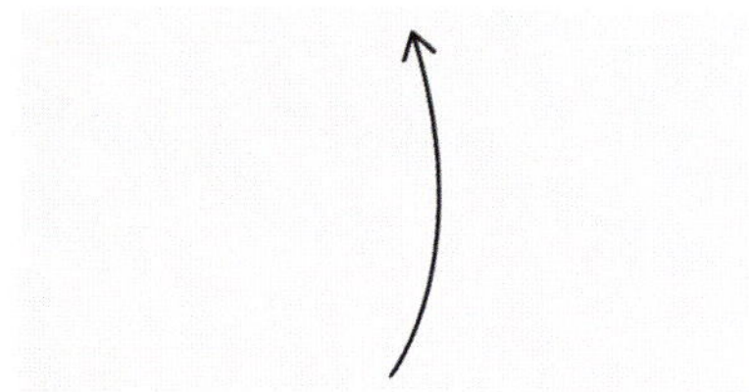

2

3

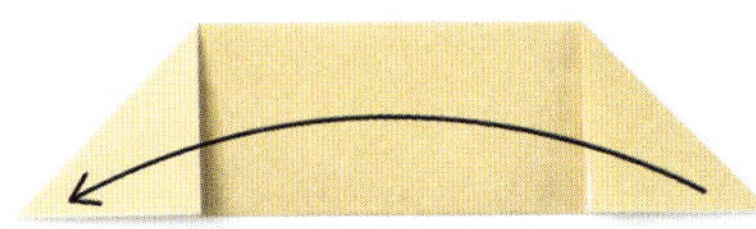

4

5

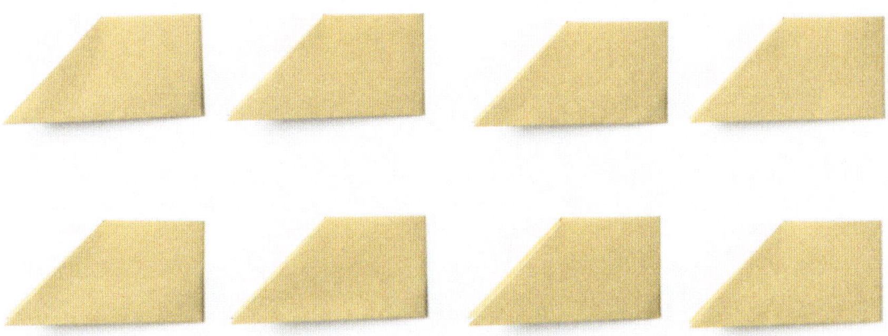

6

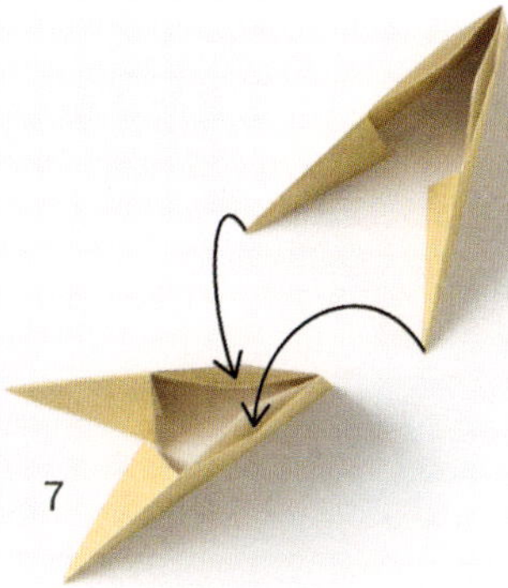

7

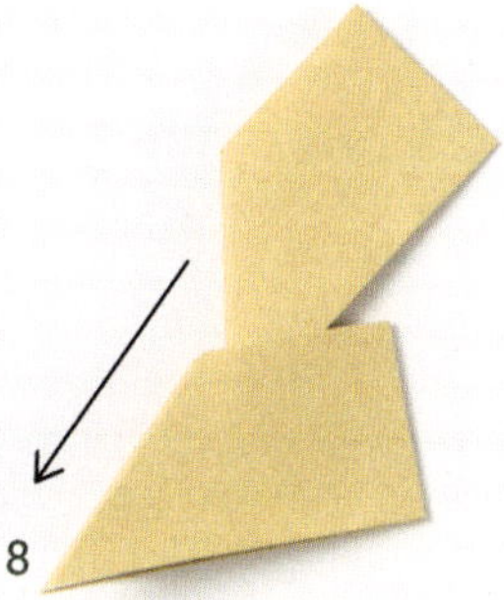

8

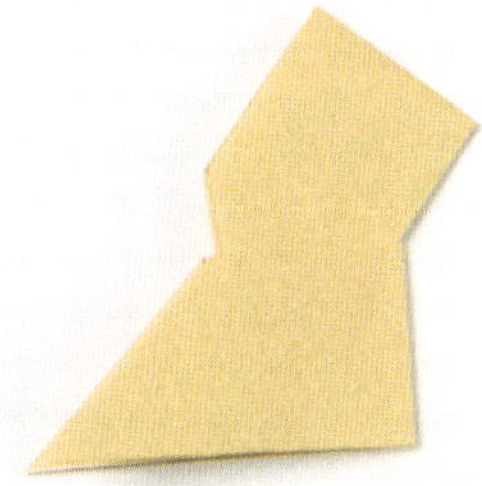

9

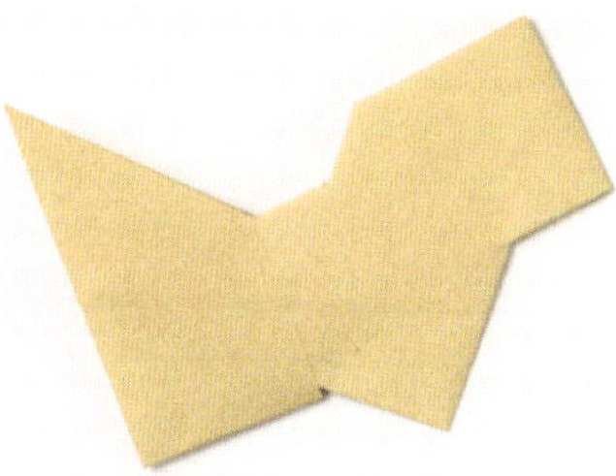

10

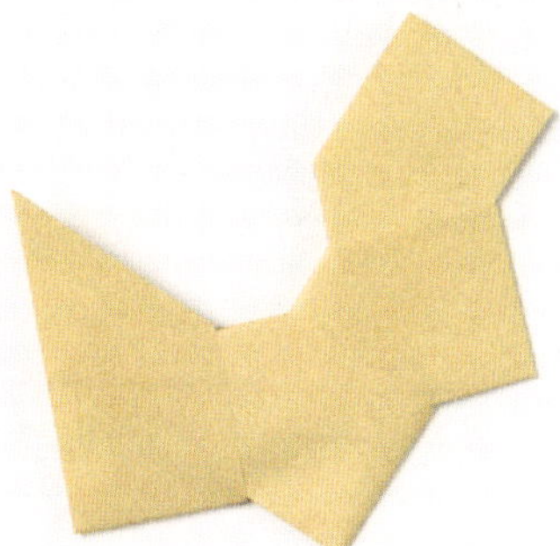

11

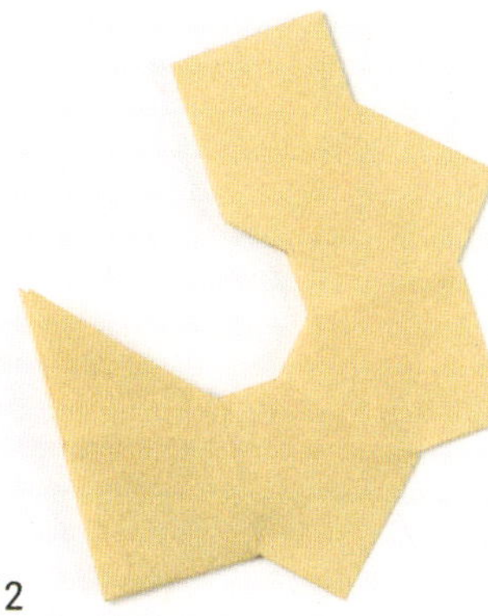

12

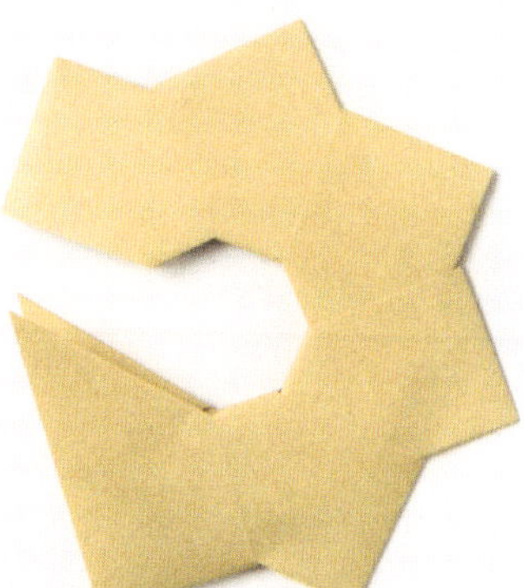

13

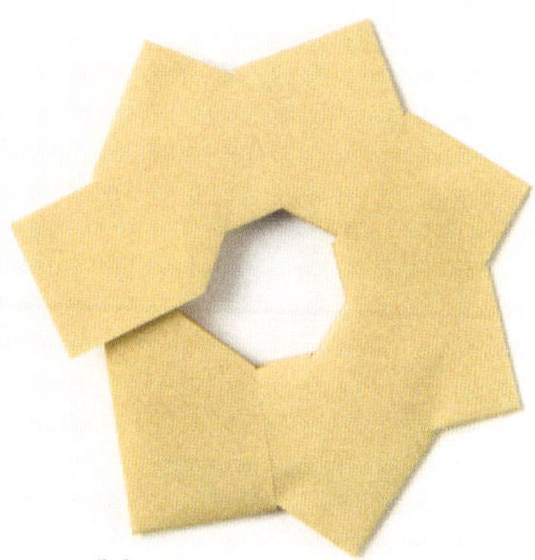

14

15

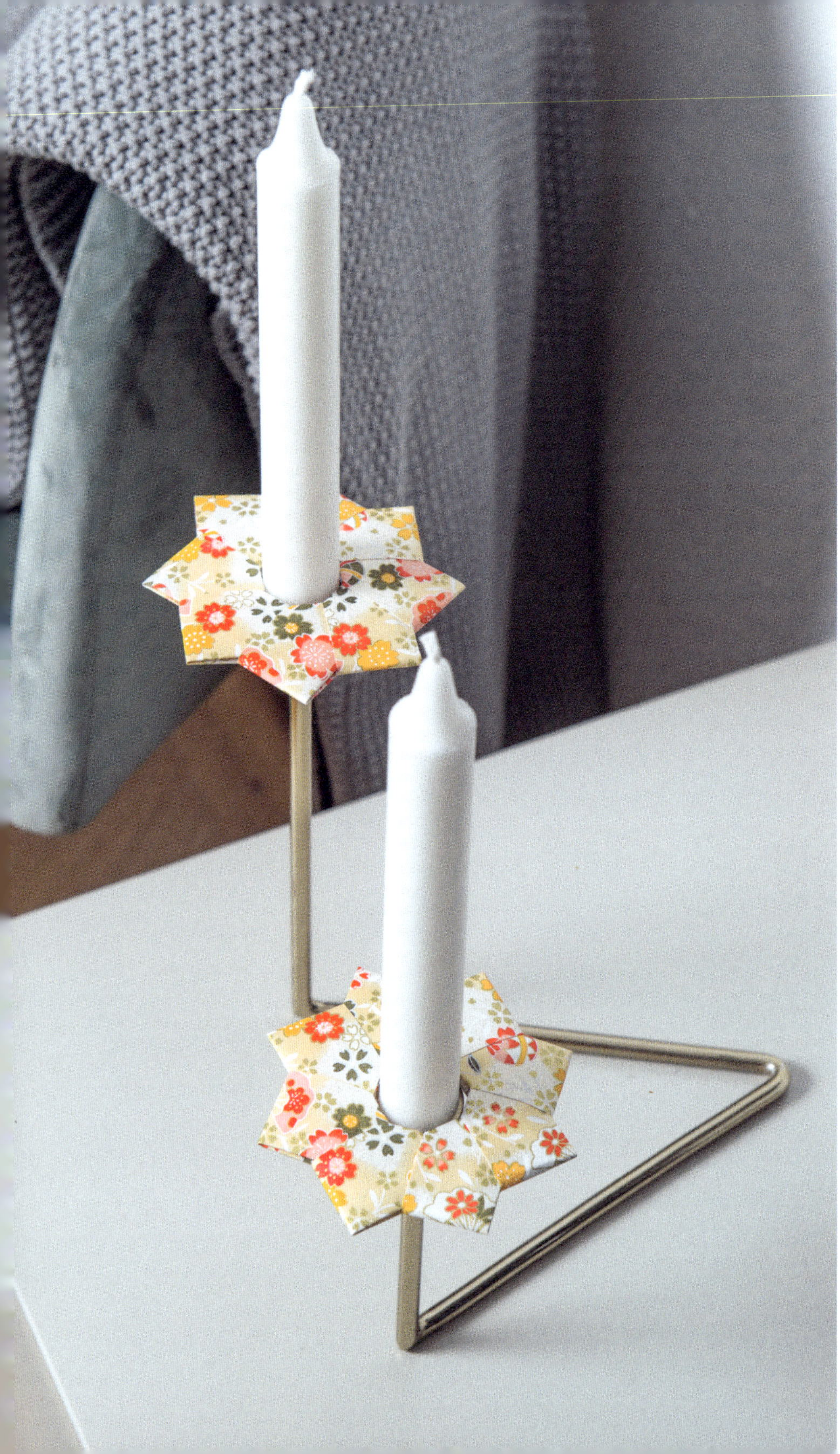
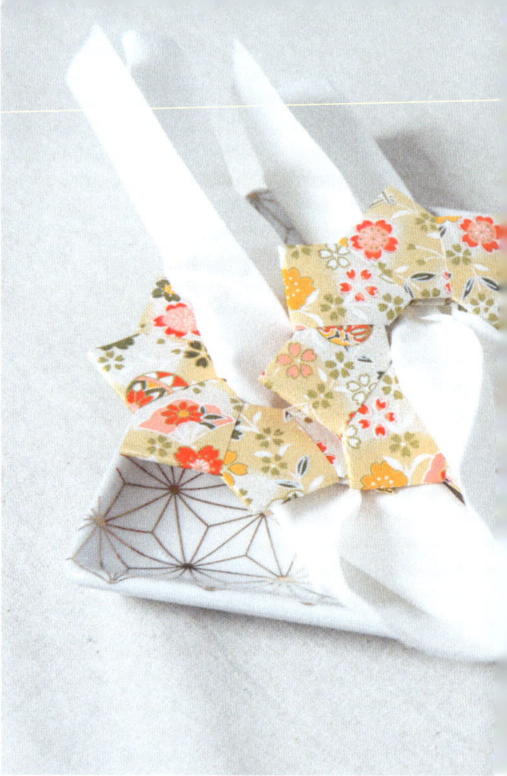
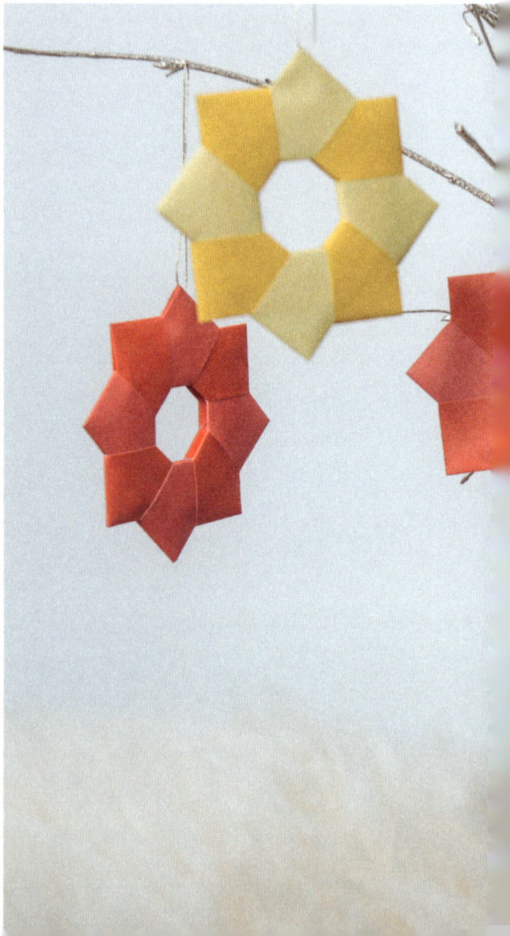

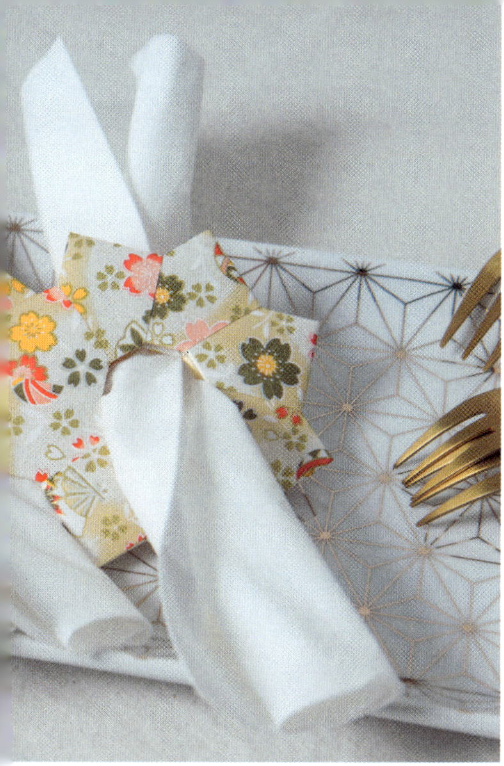

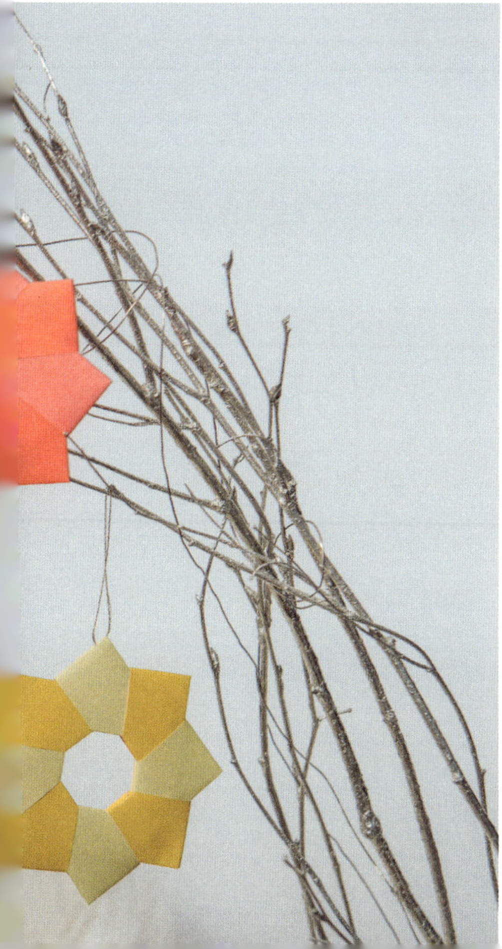

EINSAMKEIT –

NACH DEM FEUERWERK

EINE STERNSCHNUPPE.

SHIKI MASAOKA

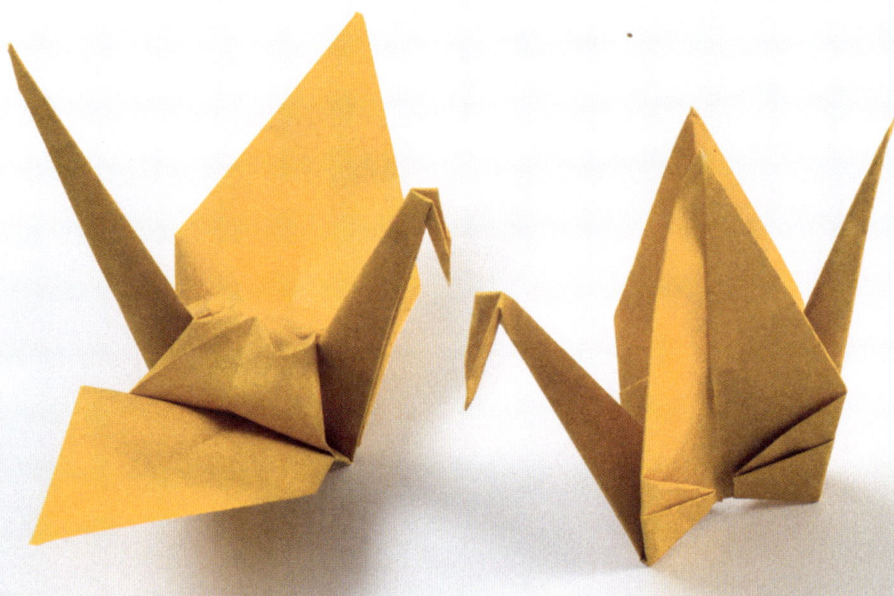

KRANICH

Der Kranich ist sicherlich eine der bekanntesten Origami-Figuren sowie Thema des ältesten Buches zur Faltkunst, welches 1797 unter dem Titel *Hiden Senbazuru Orikata* in Japan erschien. Zuvor wurden die Faltanleitungen von Generation zu Generation weitergegeben, ohne dass es entsprechende Aufzeichnungen gab.
Im alten Japan galt der Kranich als heiliger Vogel, und er ist noch heute Symbol für Glück und ein langes Leben.
Eine japanische Legende besagt, dass derjenige, der tausend Origami-Kraniche, *senbazuru,* faltet, von den Göttern einen Wunsch erfüllt bekomme. So faltete auch Sadako Sasaki, eine junge Schülerin, die zu einer der weltweit bekanntesten *Hibakusha* (Überlebende der Atombombenabwürfe auf Hiroshima und Nagasaki) wurde, in der Hoffnung auf Heilung Papierkraniche in ihrem Krankenbett. Leider vergebens. Seit ihrem Tod 1955 symbolisiert der Kranich ebenso wie die Taube den Frieden und gilt als Zeichen gegen den Besitz und Einsatz von Atomwaffen.

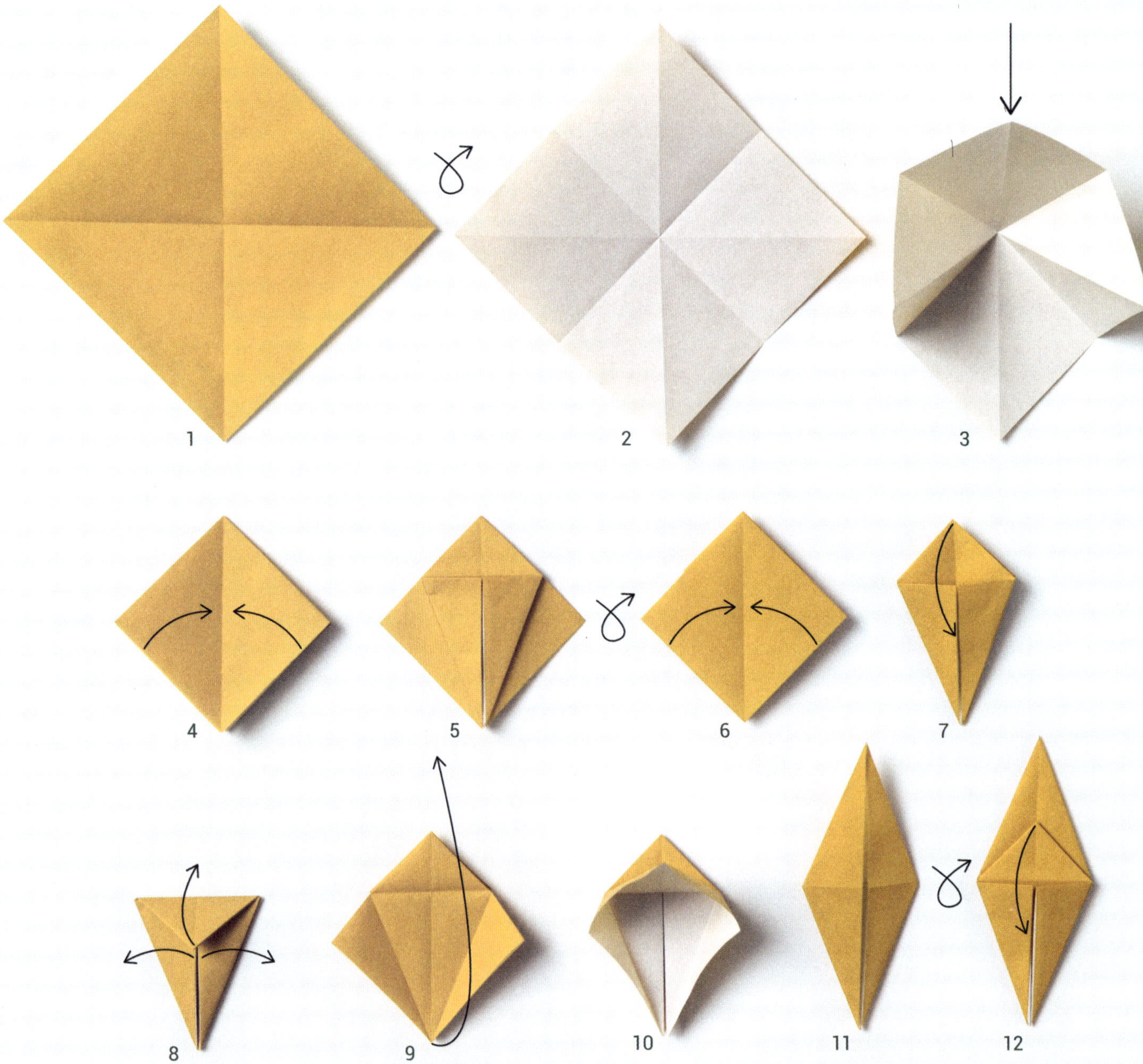
1
2
3
4
5
6
7
8
9
10
11
12

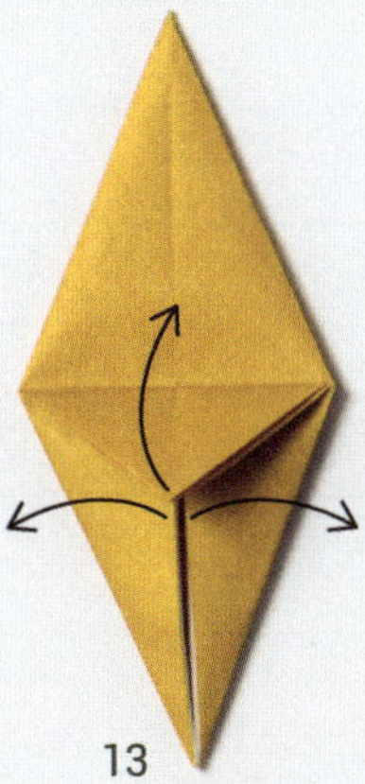

13

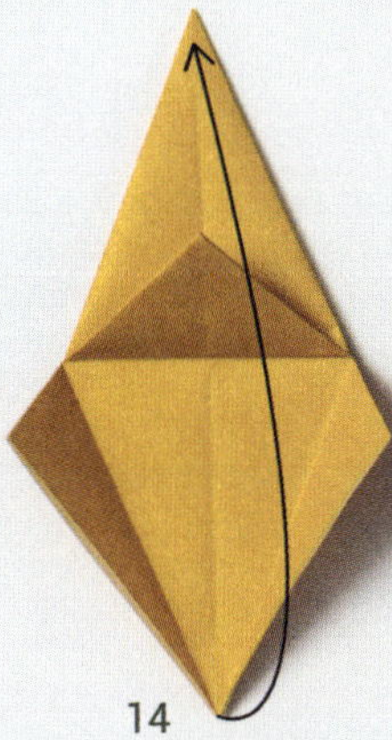

14

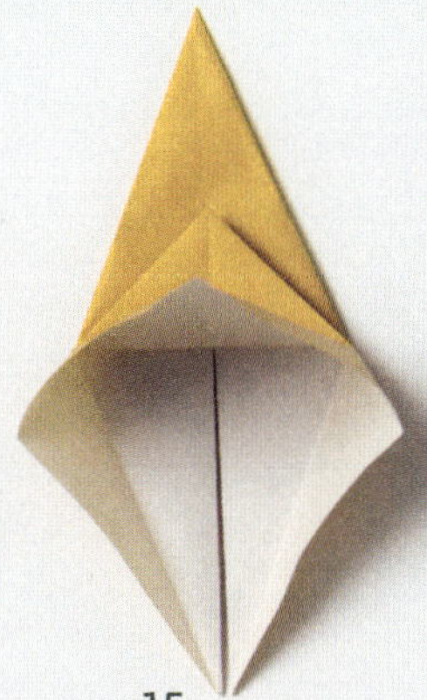

15

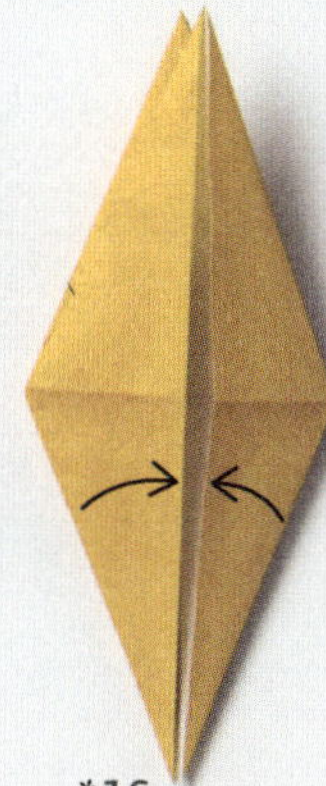

*16

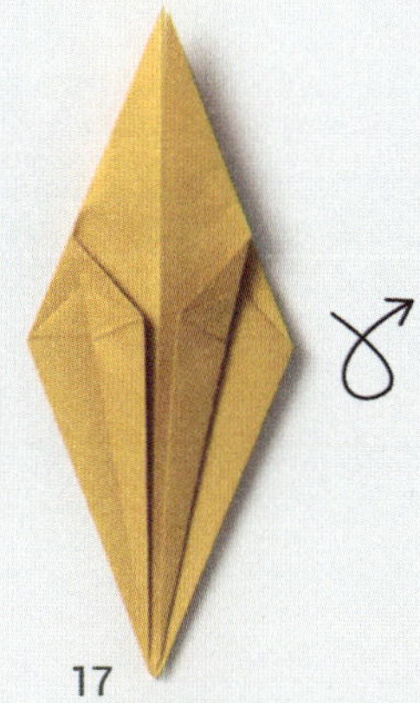

17

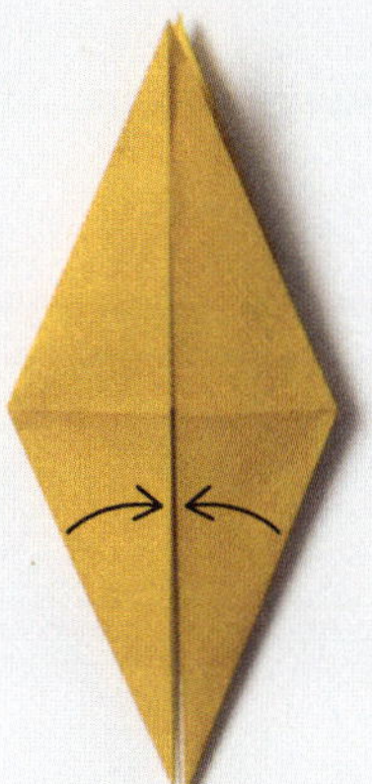

18

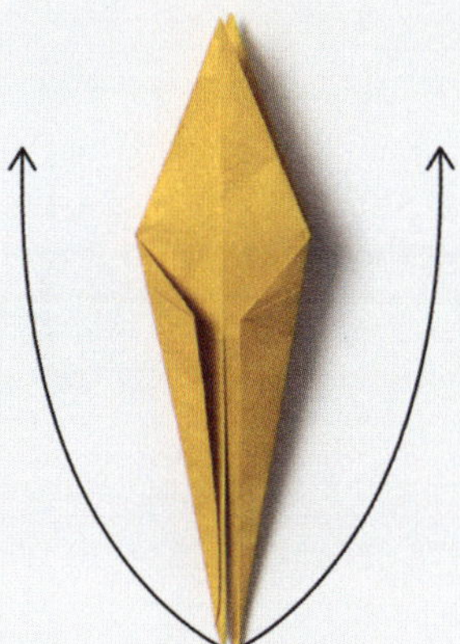

19

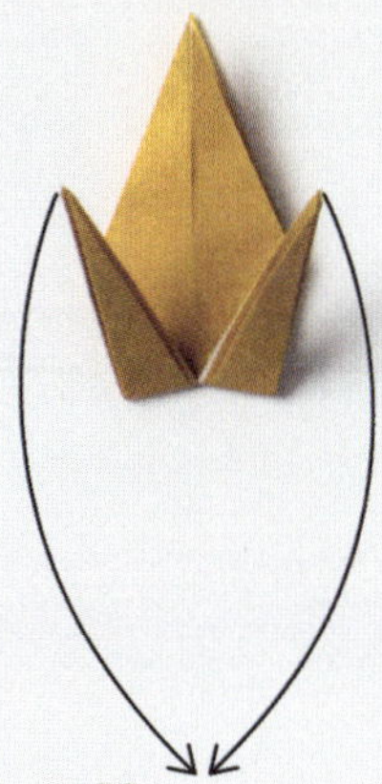

20

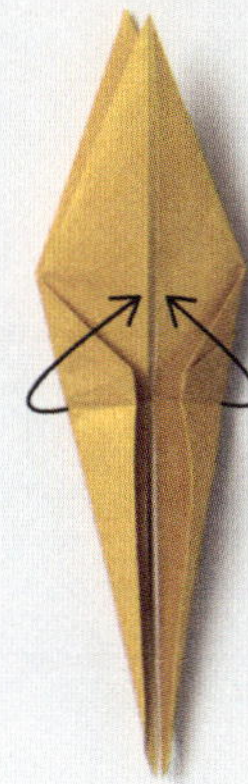

21

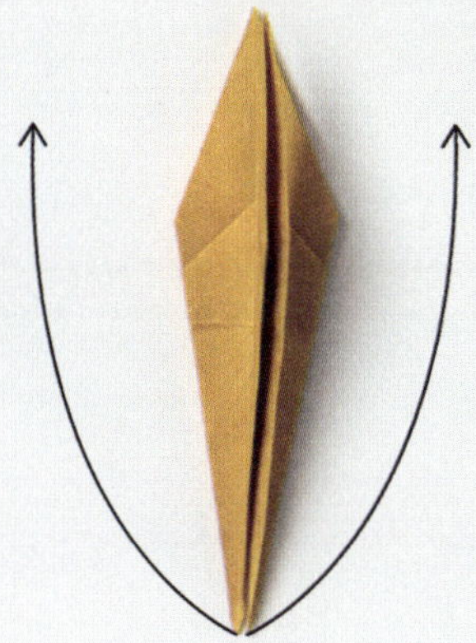

22

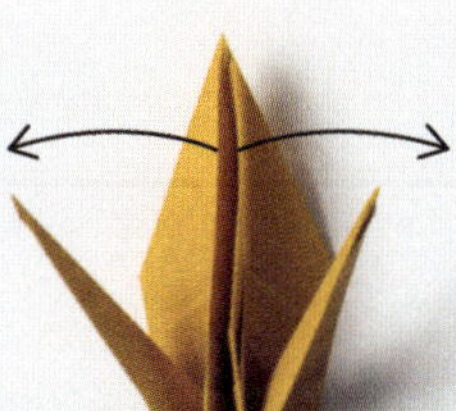

23

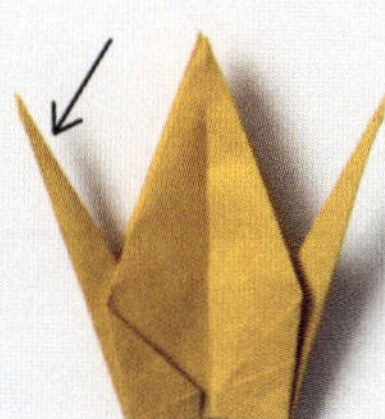

24

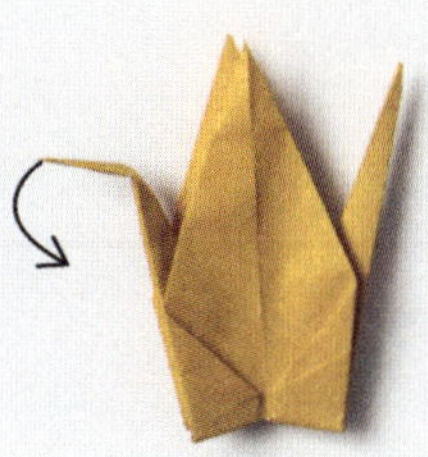

25

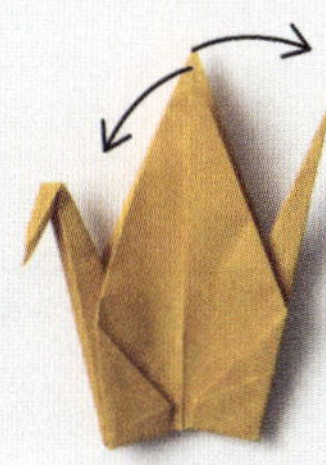

26

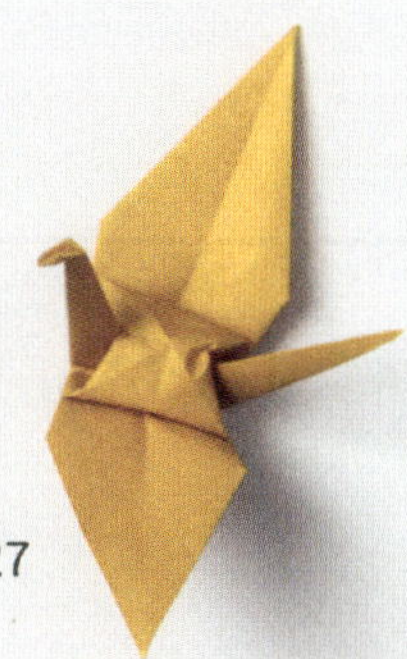

27

KEIN KRANICH BAUT SEIN NEST
AUF EINEM ABGESTORBENEN BAUM.

JAPANISCHE WEISHEIT

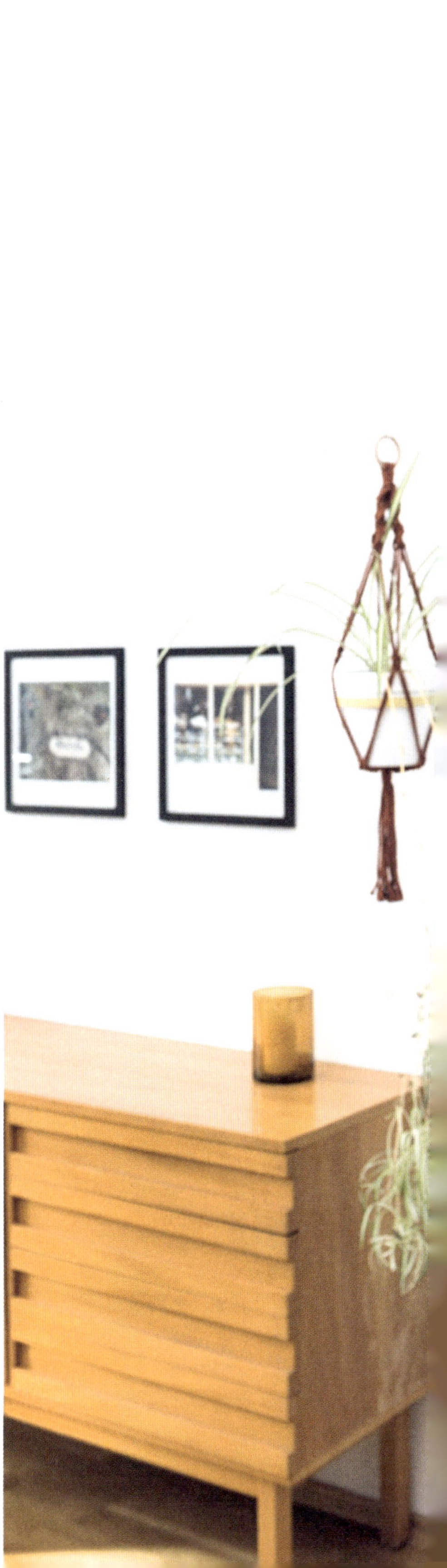

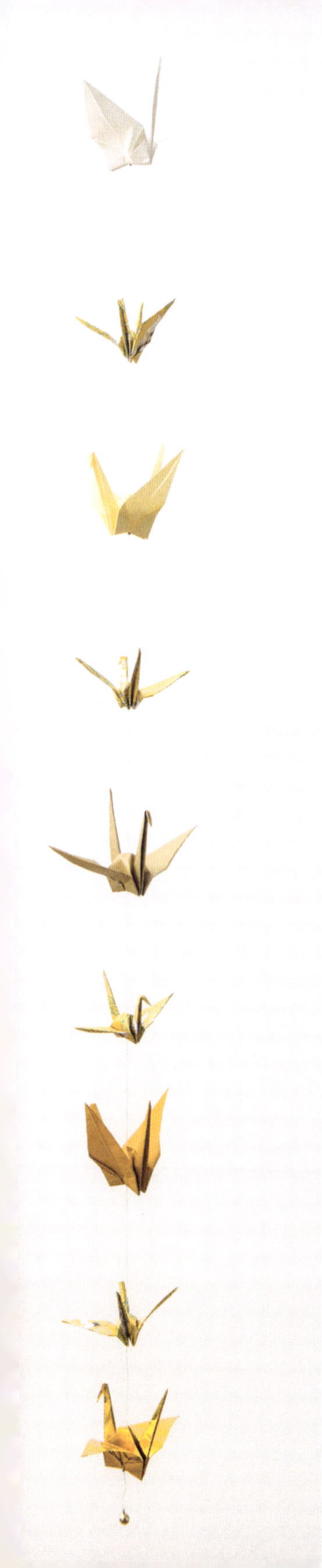

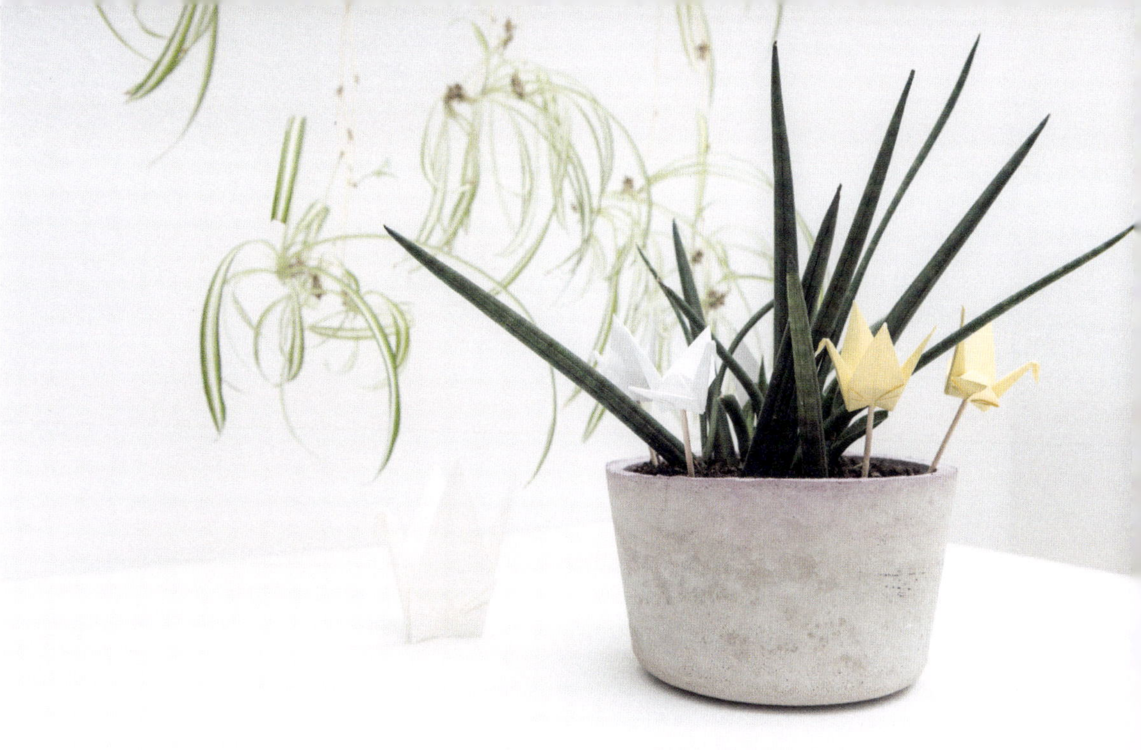

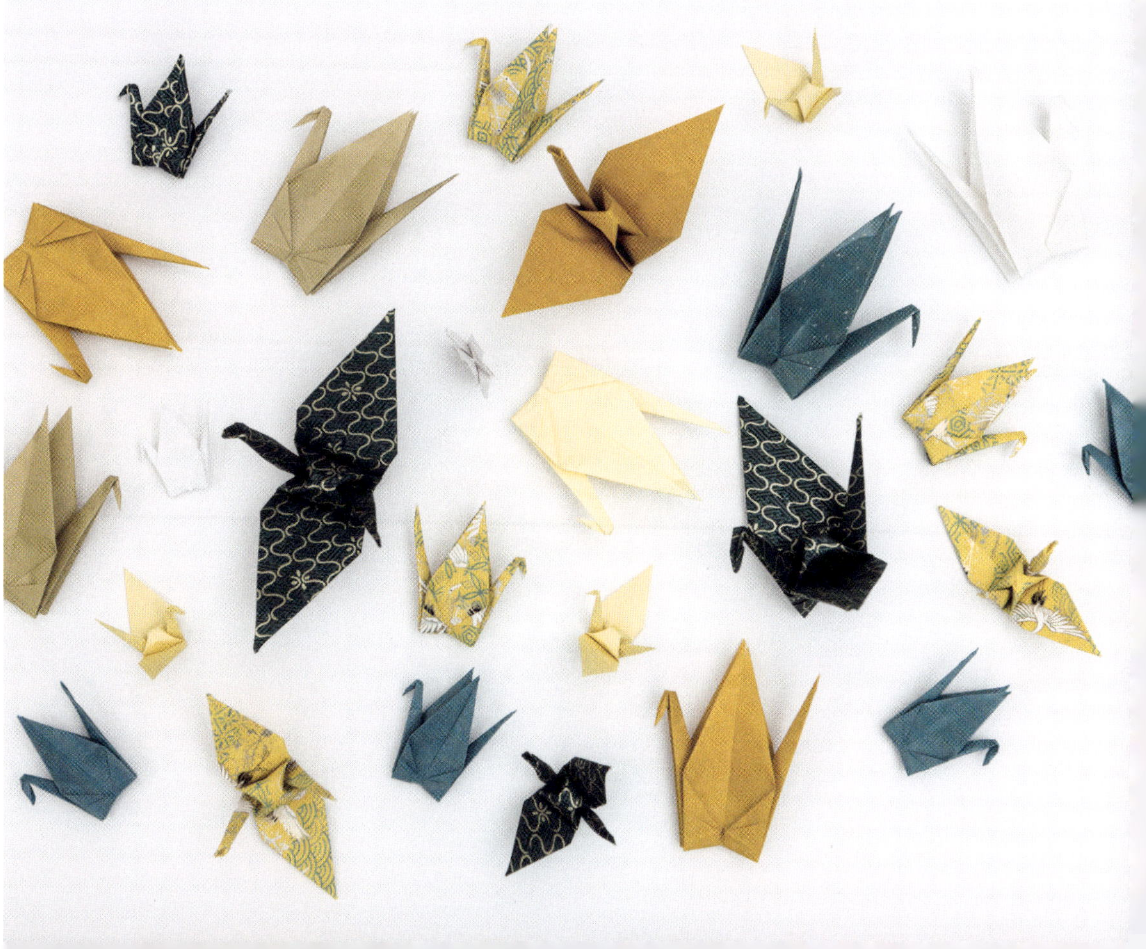

PYRAMIDE

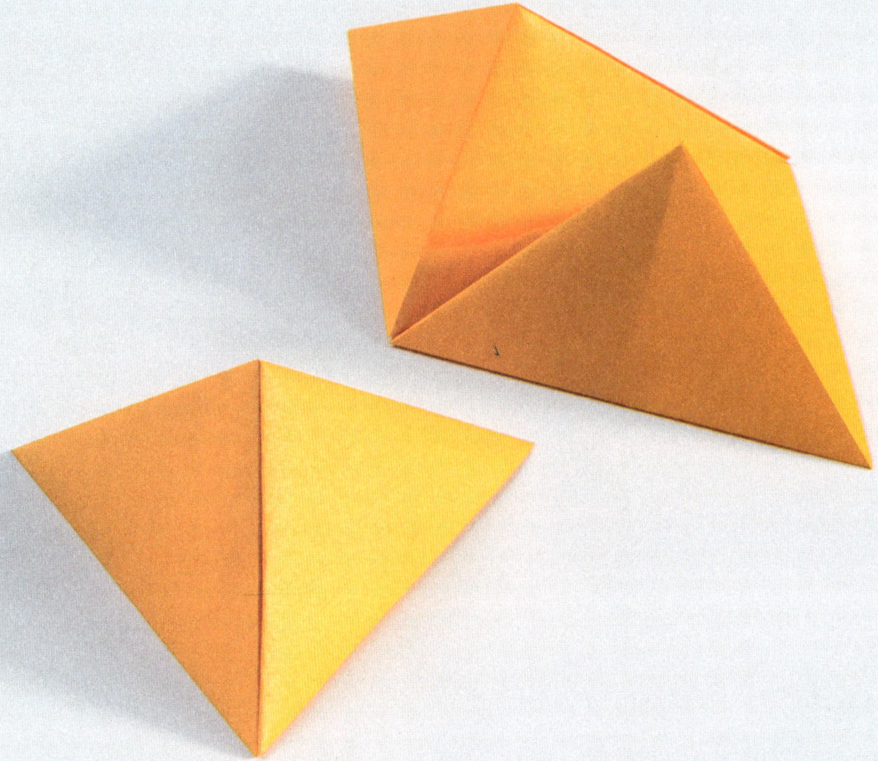

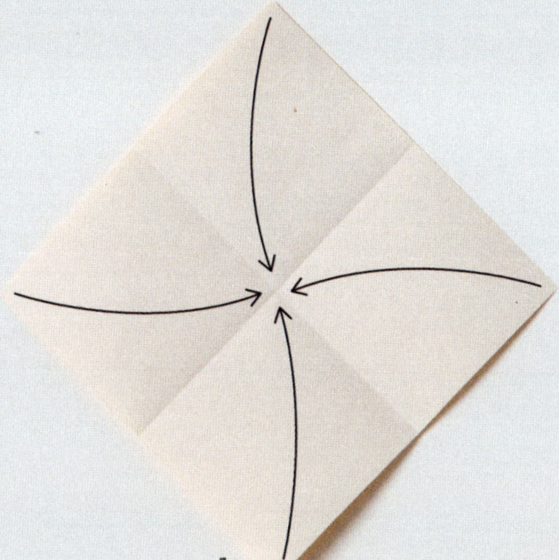

1

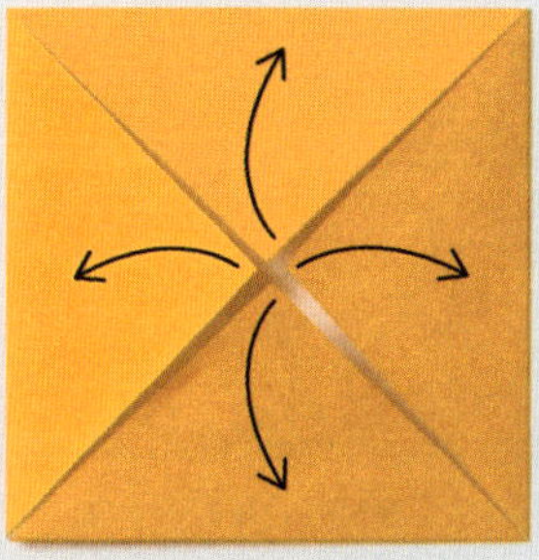

2

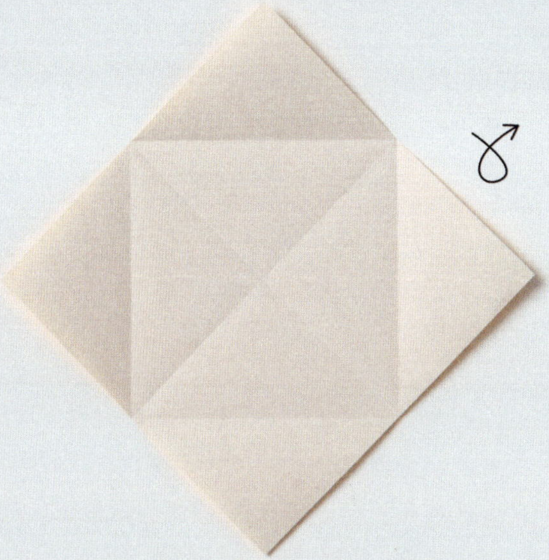

3

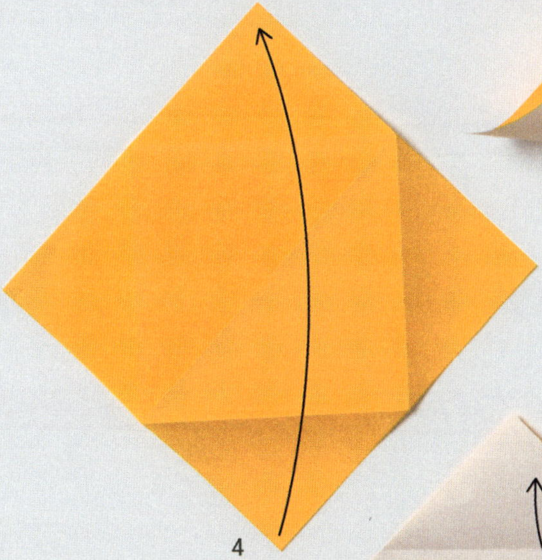

4

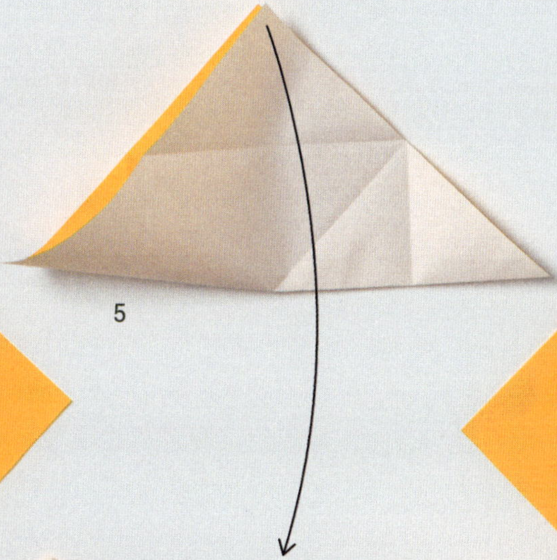

5

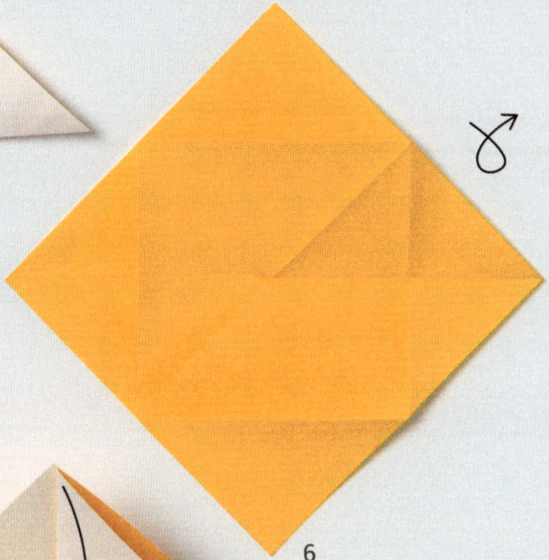

6

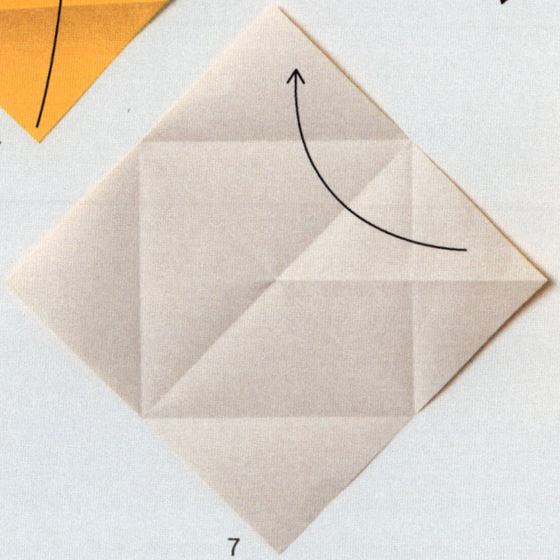

7

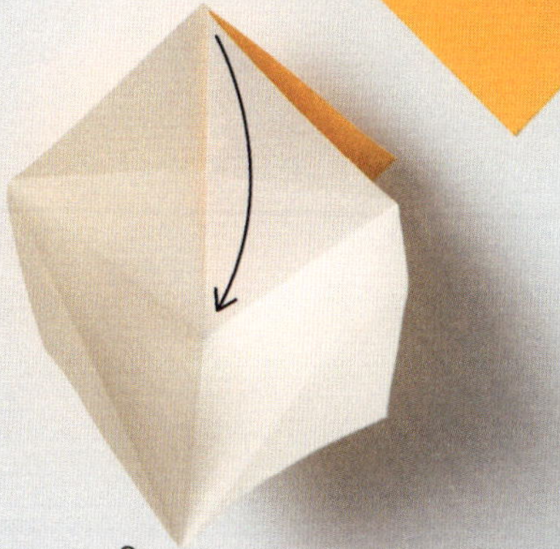

8

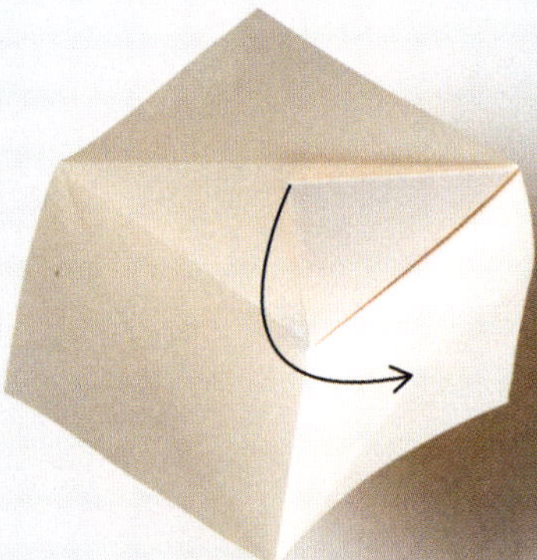
9

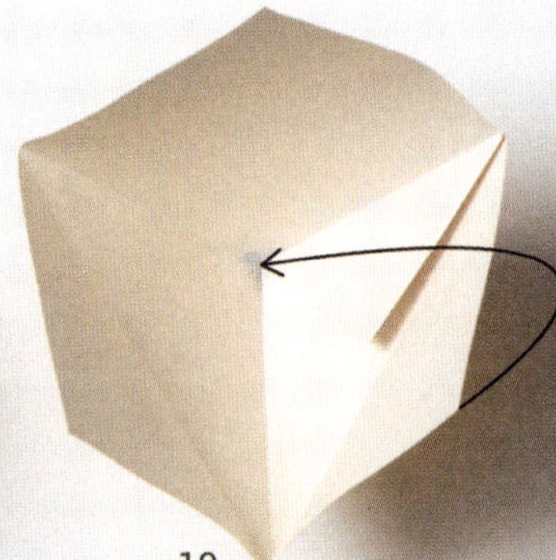
10

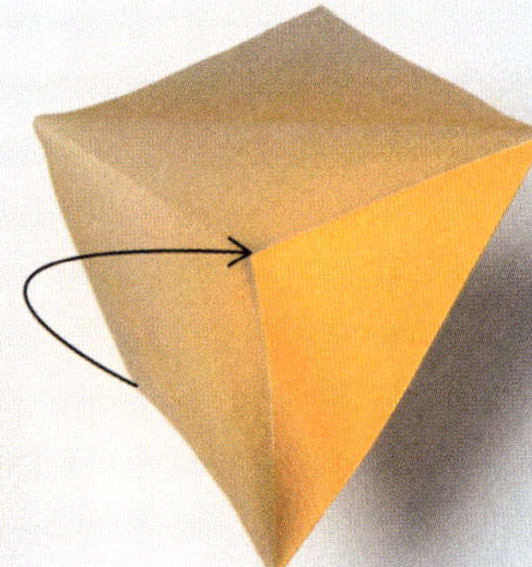
11

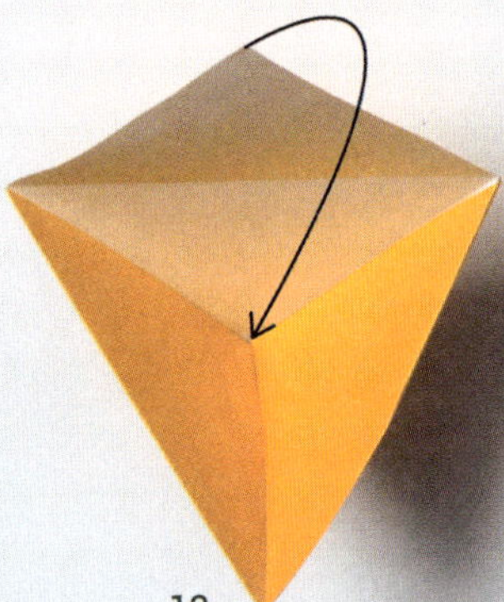
12

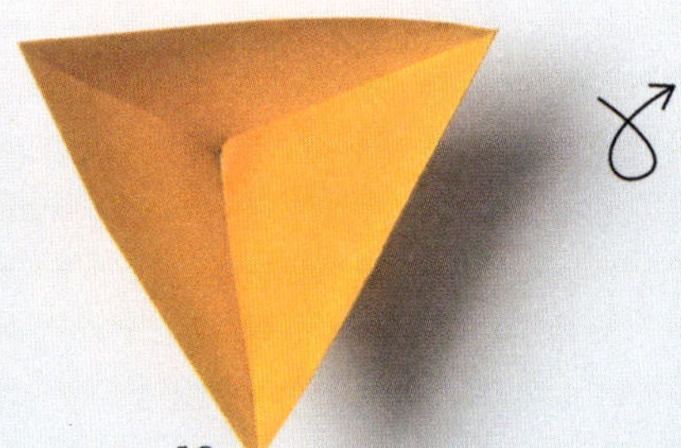
13

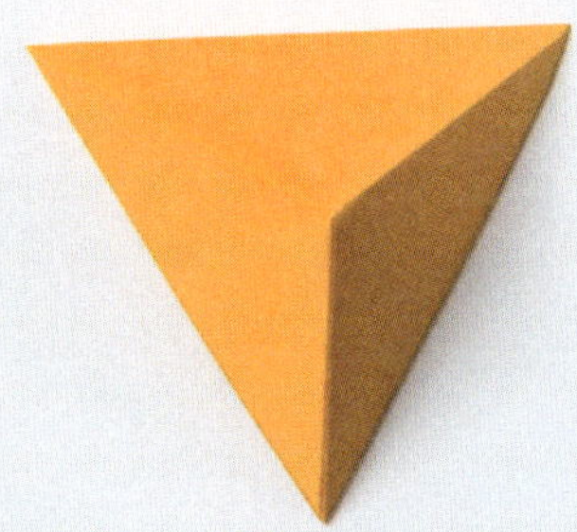
14

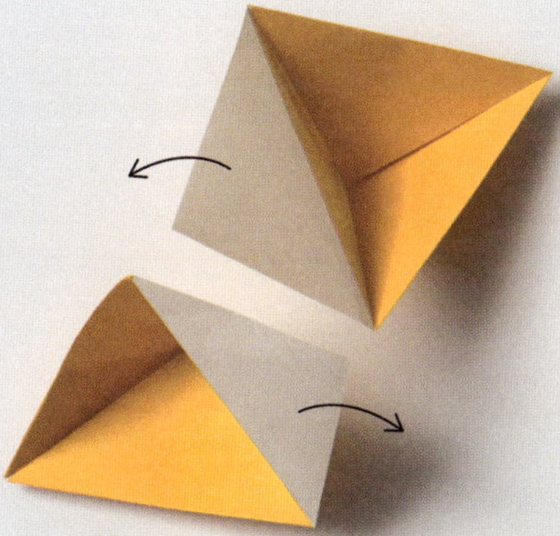

15

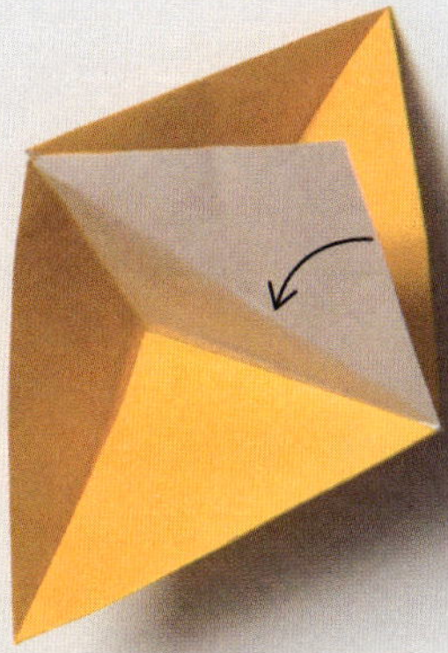

16

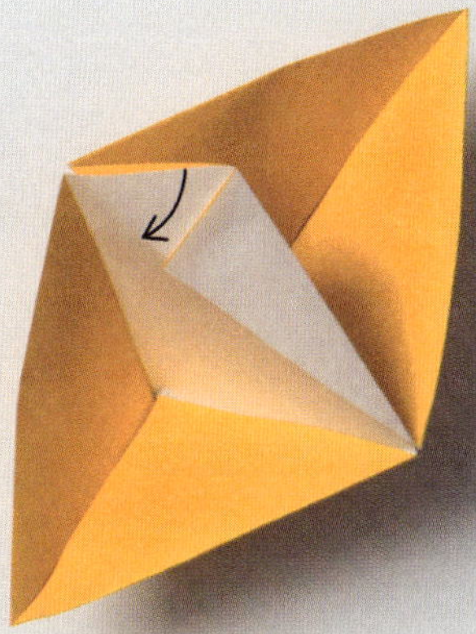

17

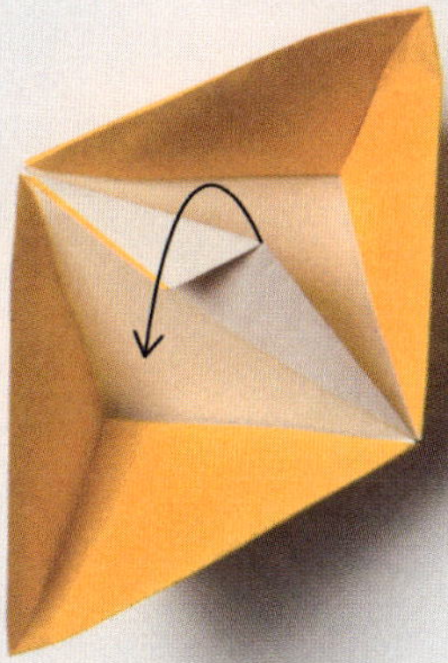

18

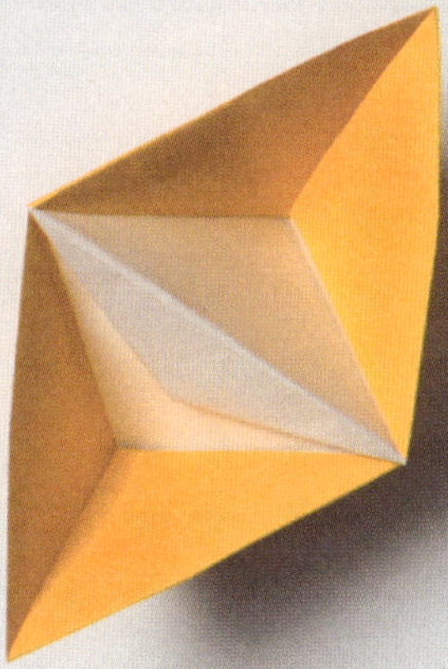

19

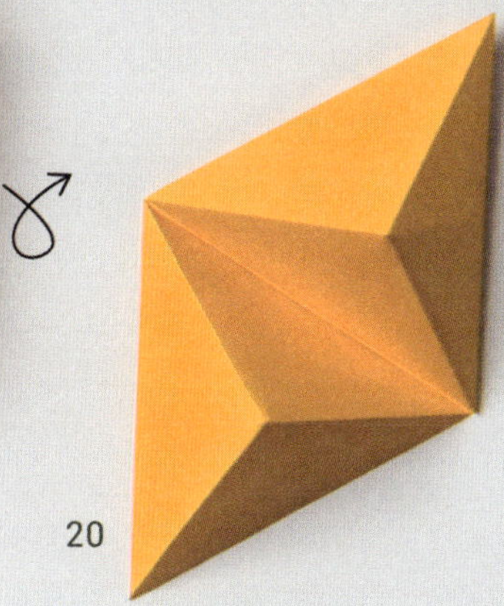

20

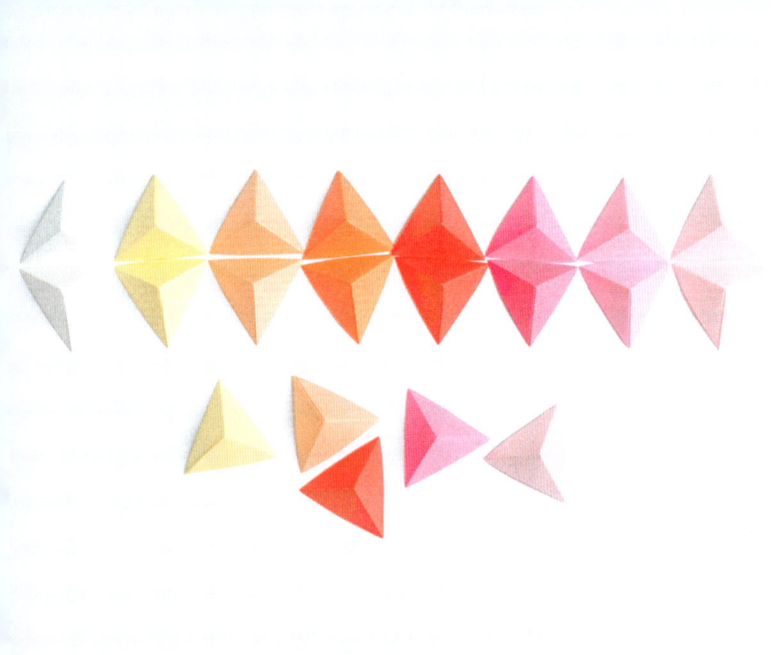

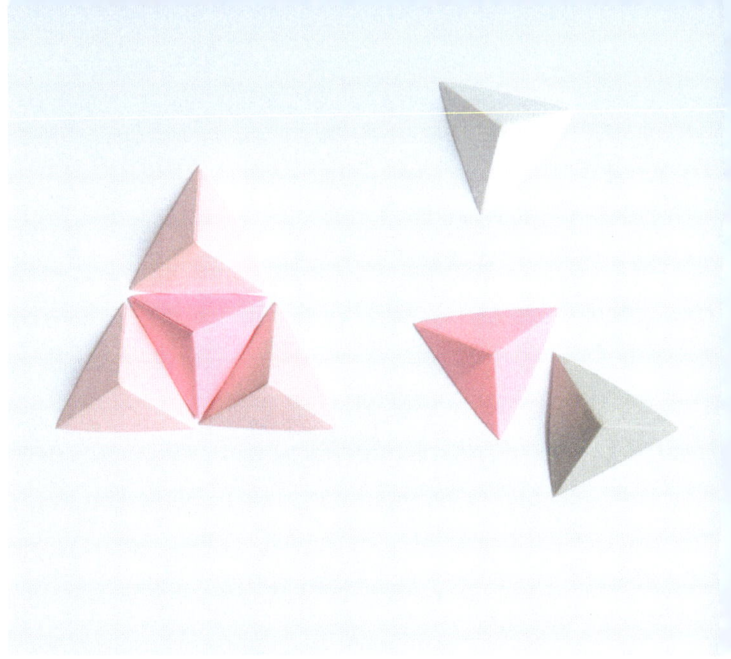

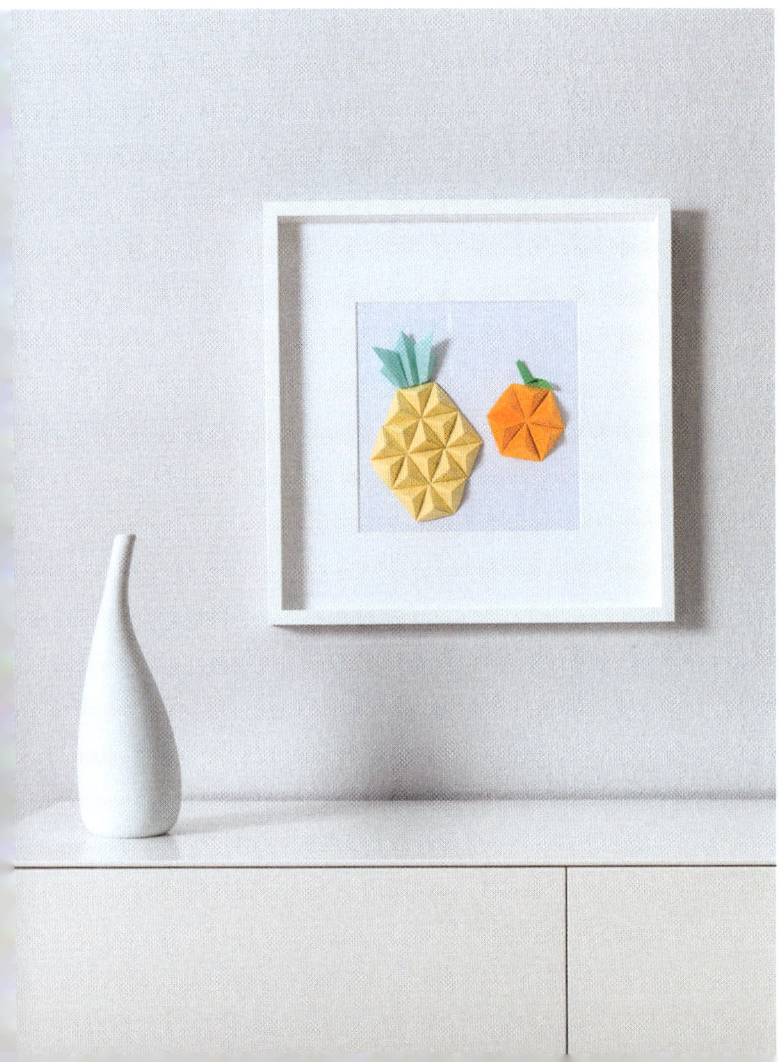

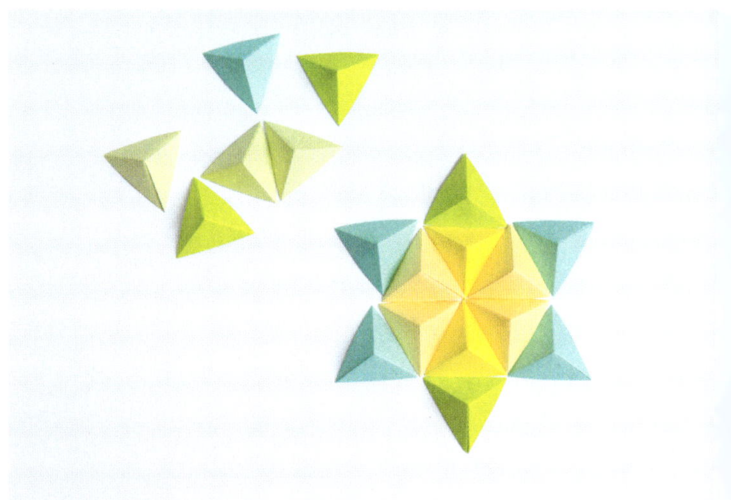

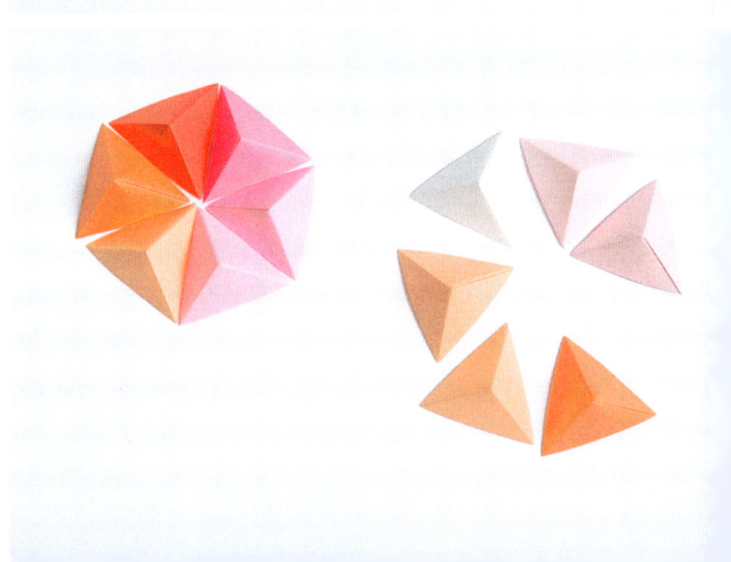

WEISS

«Weiß als solches gibt es nicht. Was es gibt, ist eine Empfänglichkeit dafür, Weiß zu empfinden. Deshalb kann man auch nicht nach Weiß suchen. Stattdessen müssen wir danach suchen, wie wir Weiß empfinden. Dabei werden wir ein Bewusstsein für ein Weiß entwickeln, das etwas weißer ist als das uns bekannte, übliche Weiß. Und dann erst werden wir ein Weiß bemerken, das überraschend vielfältig mit der japanischen Kultur verwoben ist. Wir werden Begriffe wie Stille und Leere verstehen und die ihnen innewohnenden, unterschiedlichen Bedeutungen entdecken. Je enger unsere Beziehung zu Weiß wird, desto leuchtender wird unsere Welt und desto intensiver werden die Schatten.»

Kenya Hara

WÜRFEL

Modulares Origami ist eine Falttechnik, bei der zunächst mehrere Blätter Papier zu einzelnen Modulen gefaltet werden, wobei diese meist identisch gefaltet sind, jedoch von unterschiedlicher Art sein können. Zuletzt werden alle Module zu einer komplexeren Struktur zusammengesetzt. Ein weiteres Beispiel für modulares Origami ist der Blütenball *Kusudama* (Seite 144).

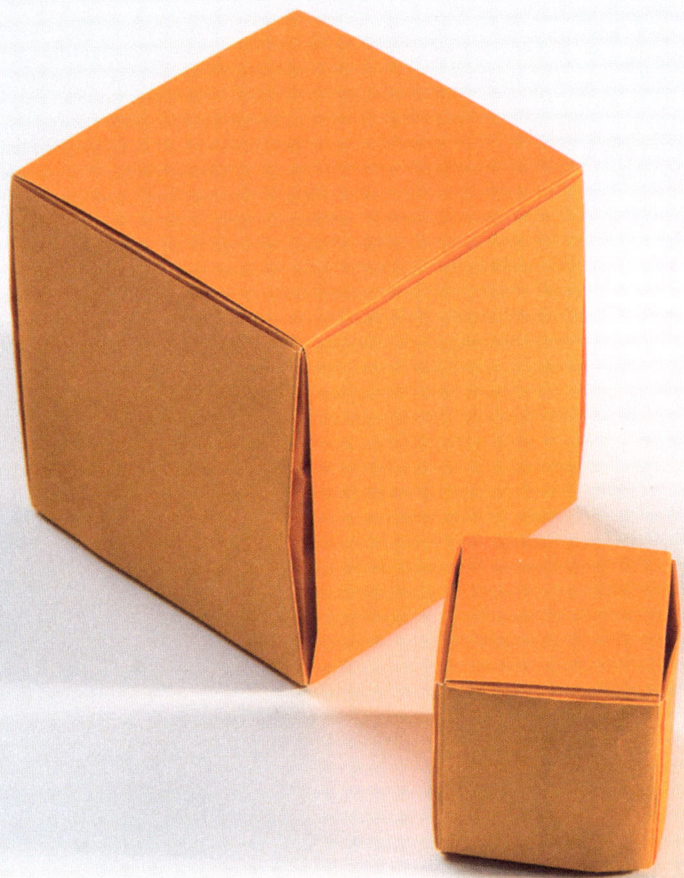

*1

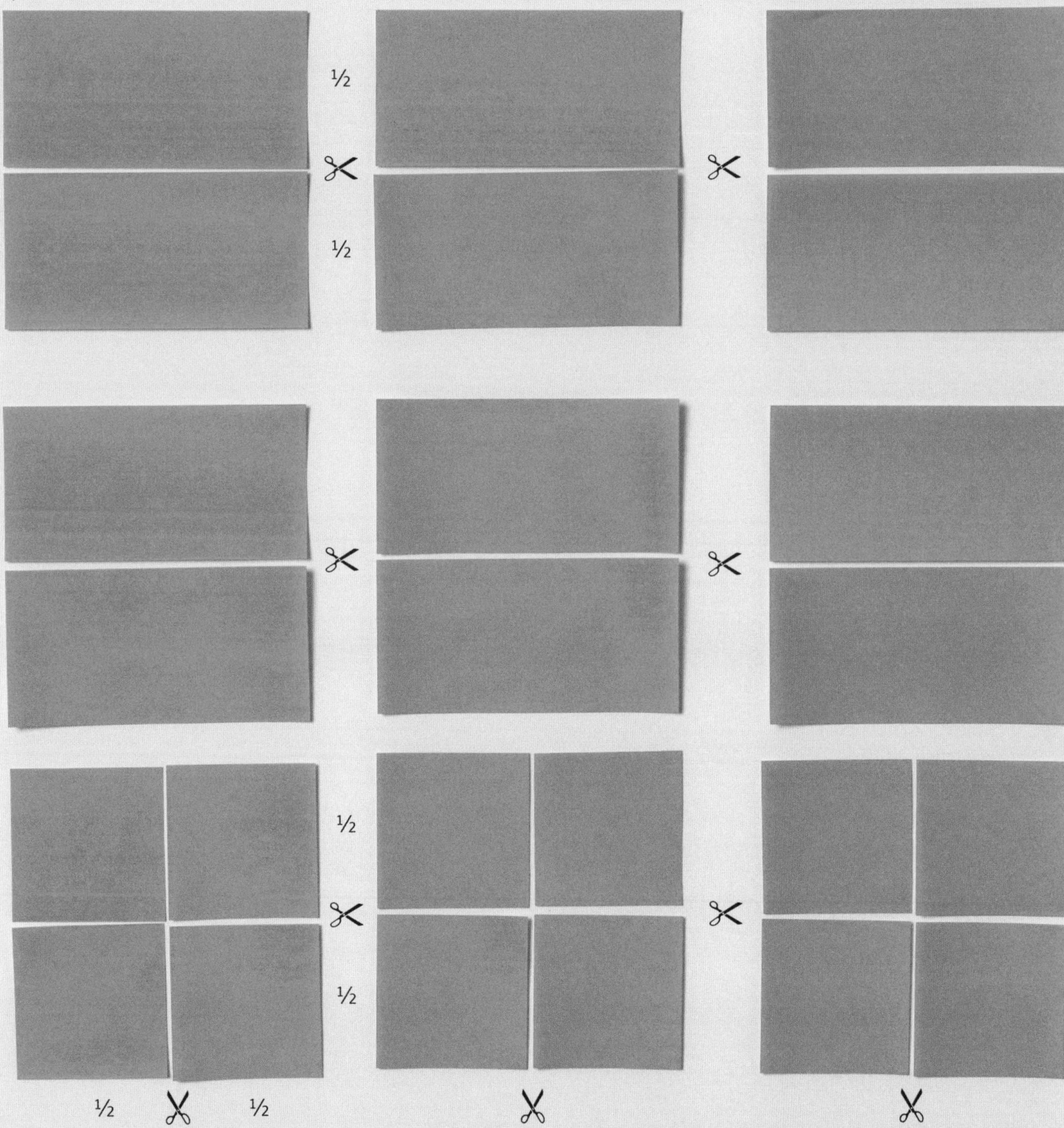

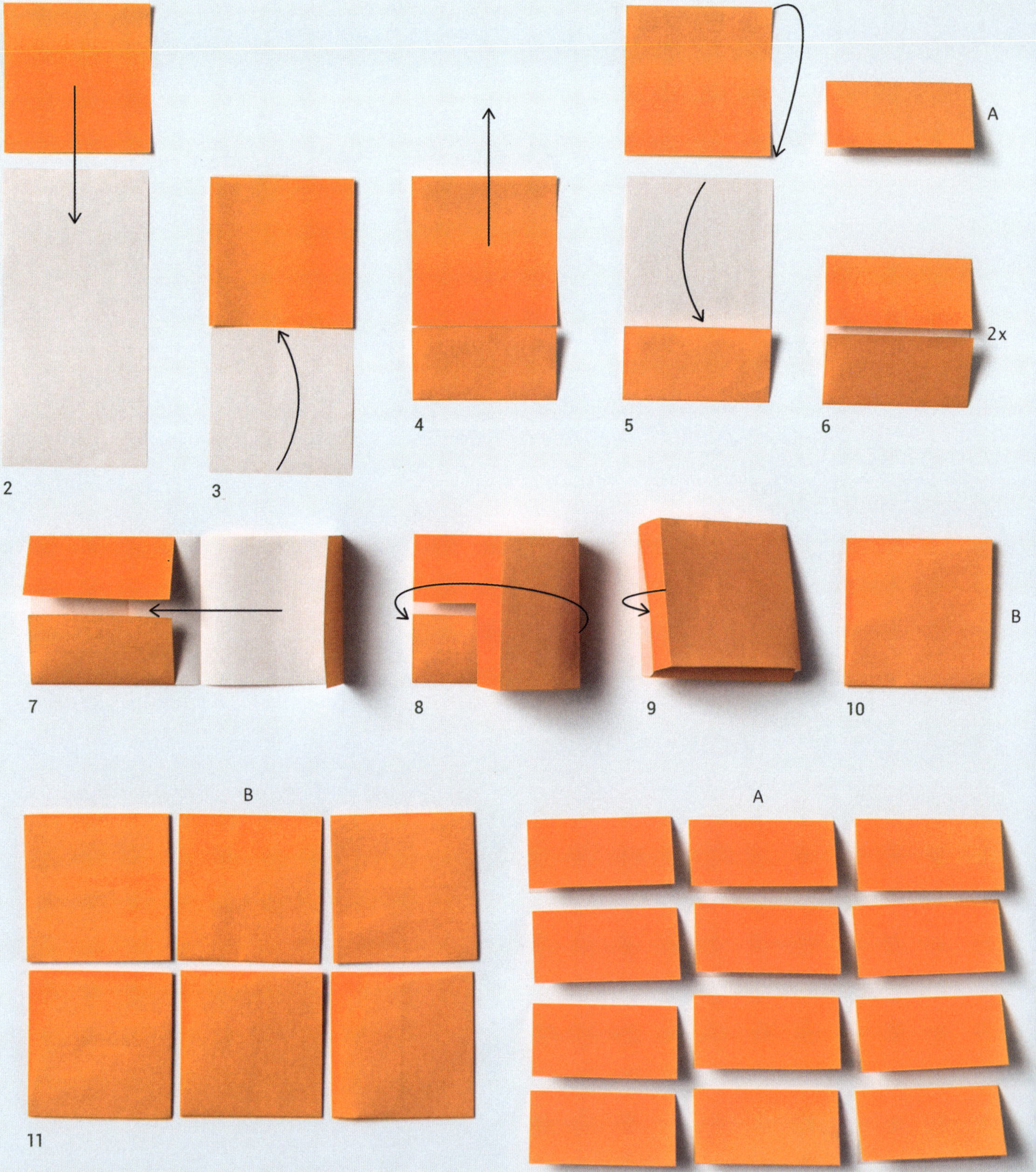
A
2
3
4
5
6
2x
7
8
9
10
B
B
A
11

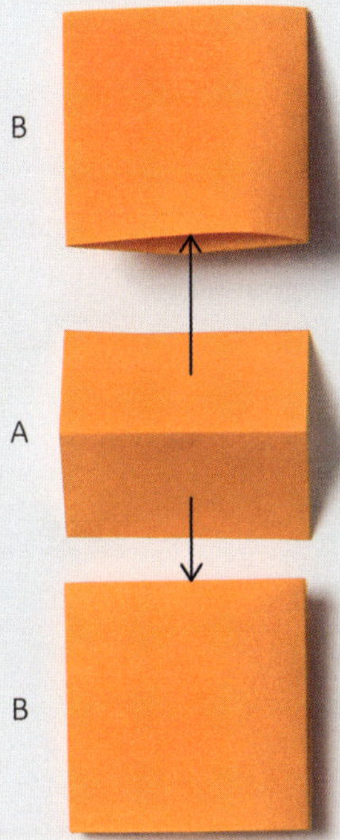

12

13

14

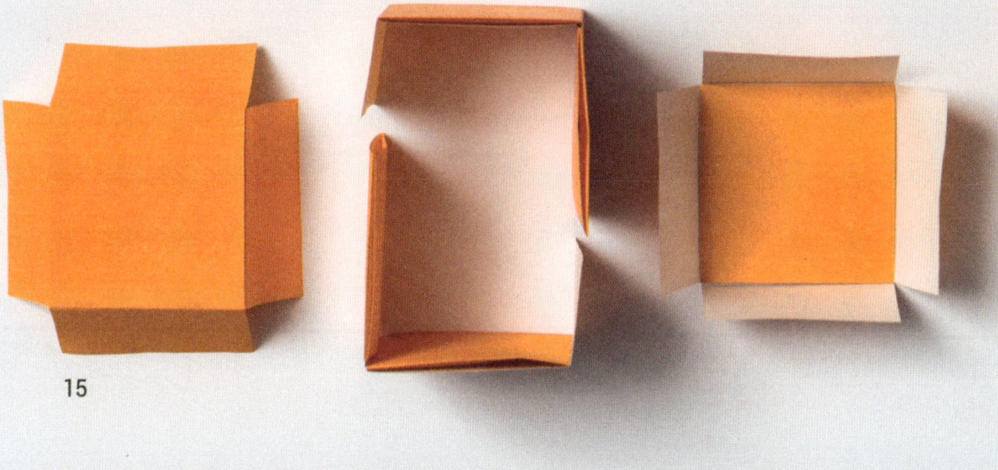
15

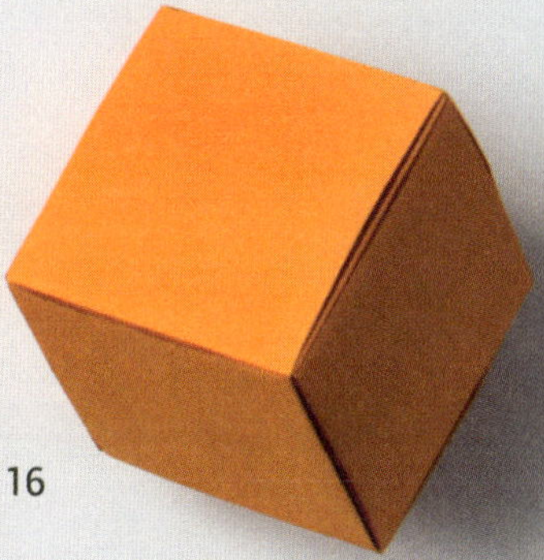
16

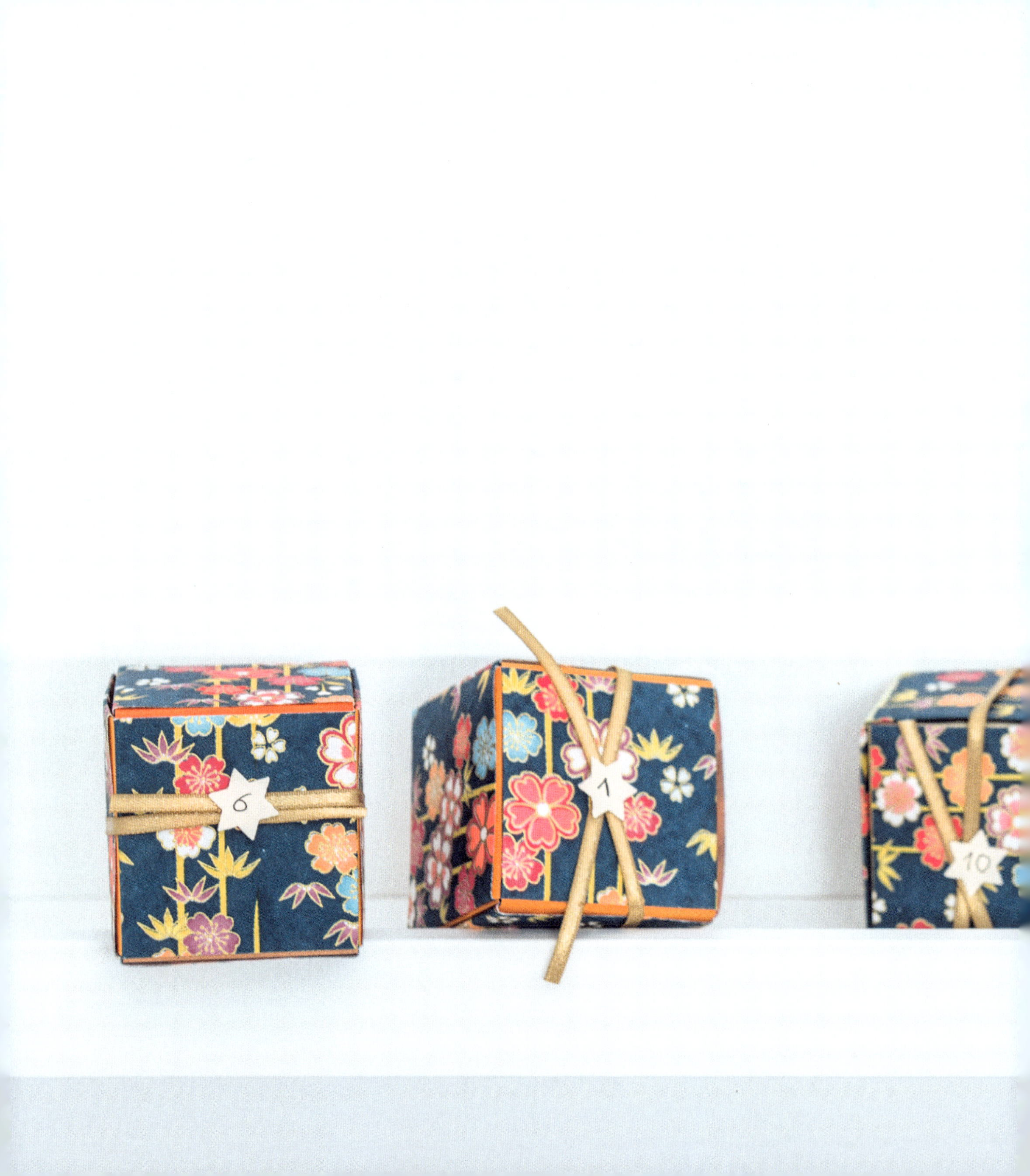
6
1
10

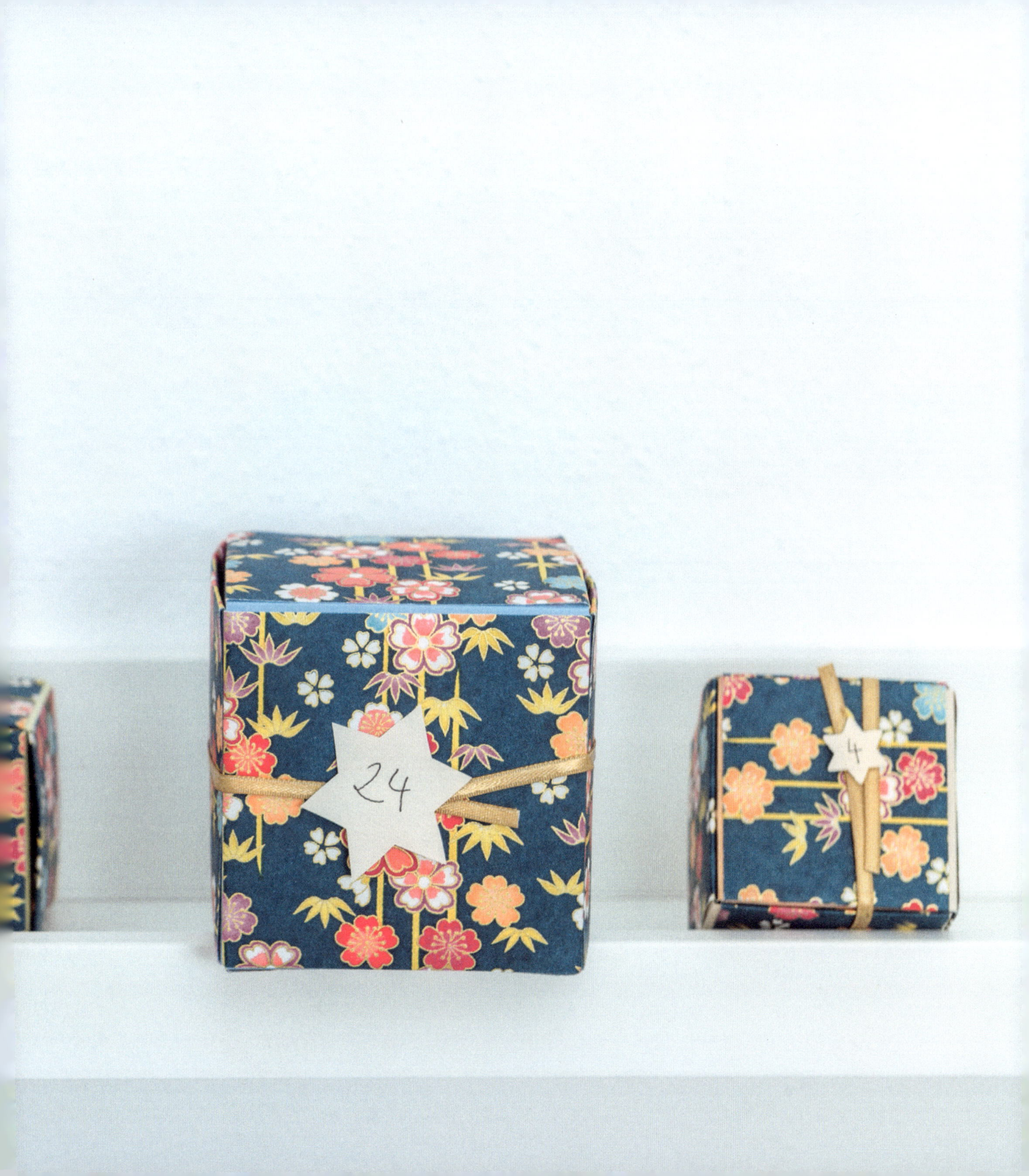
24
4

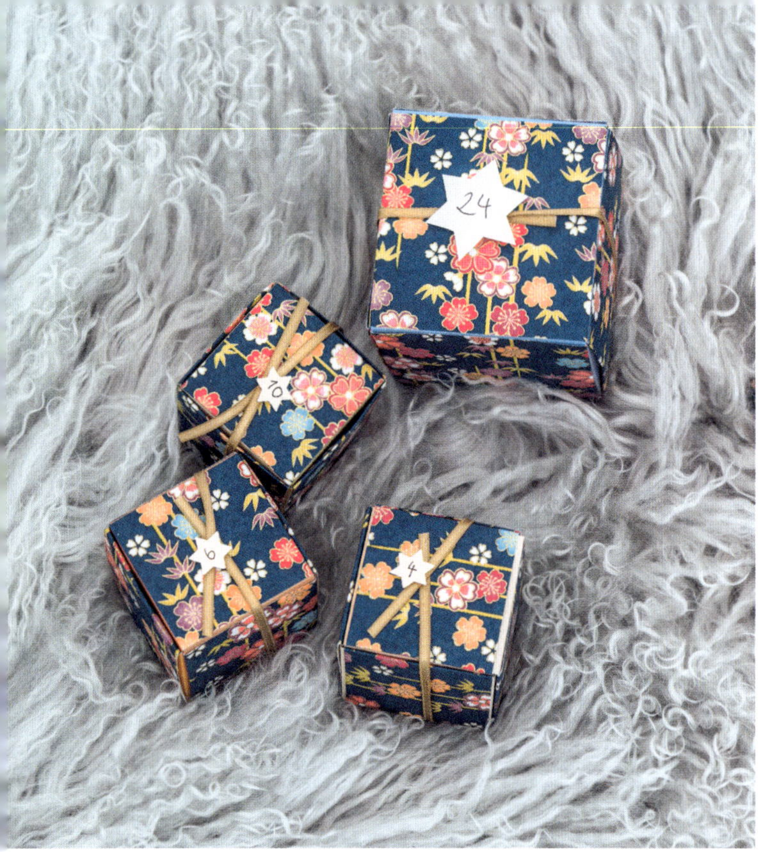
24
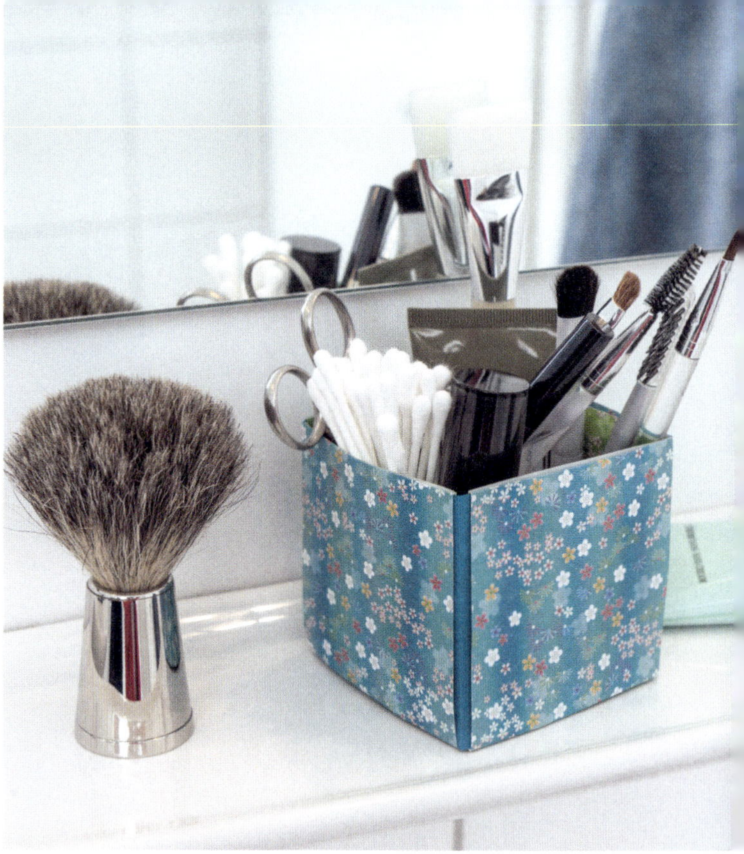
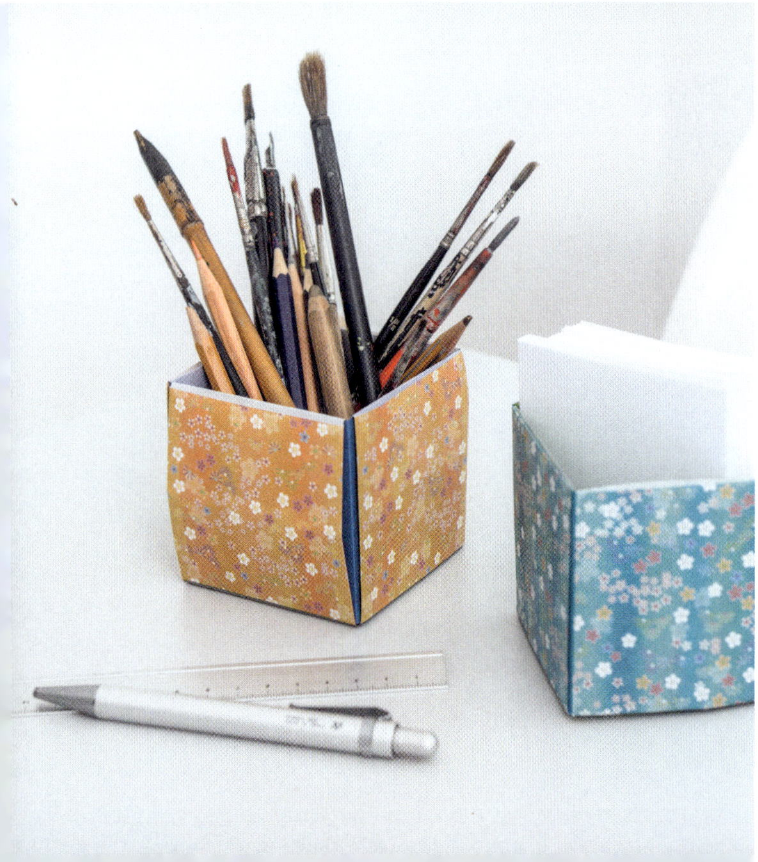
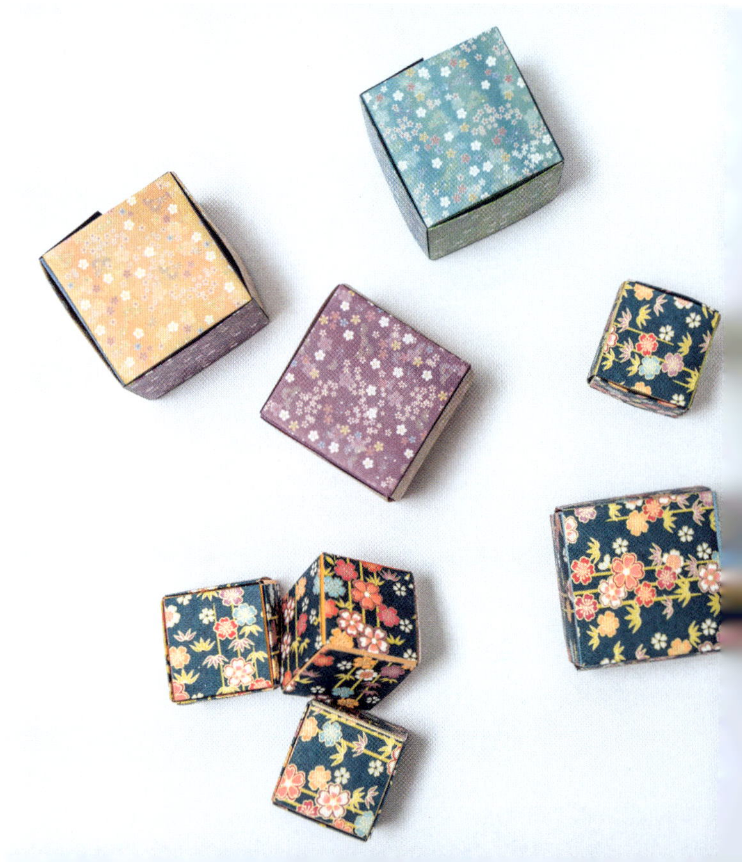

EIN WEISSES VIERECK

DARIN

EIN WEISSES VIERECK

DARIN

EIN WEISSES VIERECK

DARIN

EIN WEISSES VIERECK

DARIN

EIN WEISSES VIERECK

KITAZONO KATSUE

SCHMETTERLING

In Japan gilt der Schmetterling als ein Symbol der Liebe. Kimonos mit Schmetterlingsmotiven werden traditionell von jungen, unverheirateten Frauen sowie von Frauen zur Verlobungszeit getragen. Und auch bei einer traditionellen *Shintō*-Hochzeit finden sich Schmetterlinge in gefalteter Form aus Papier als Symbol für die andauernde Liebe wieder.

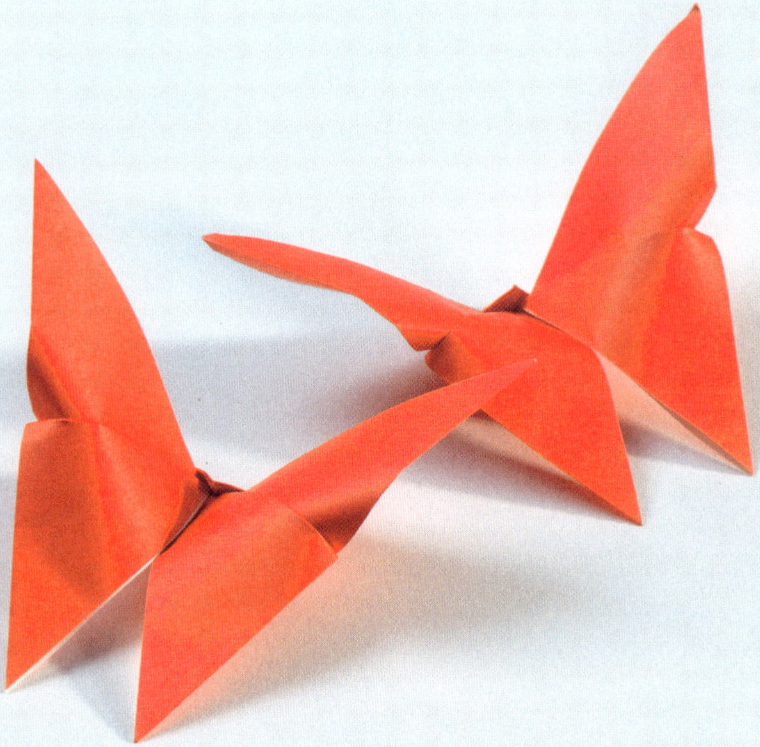

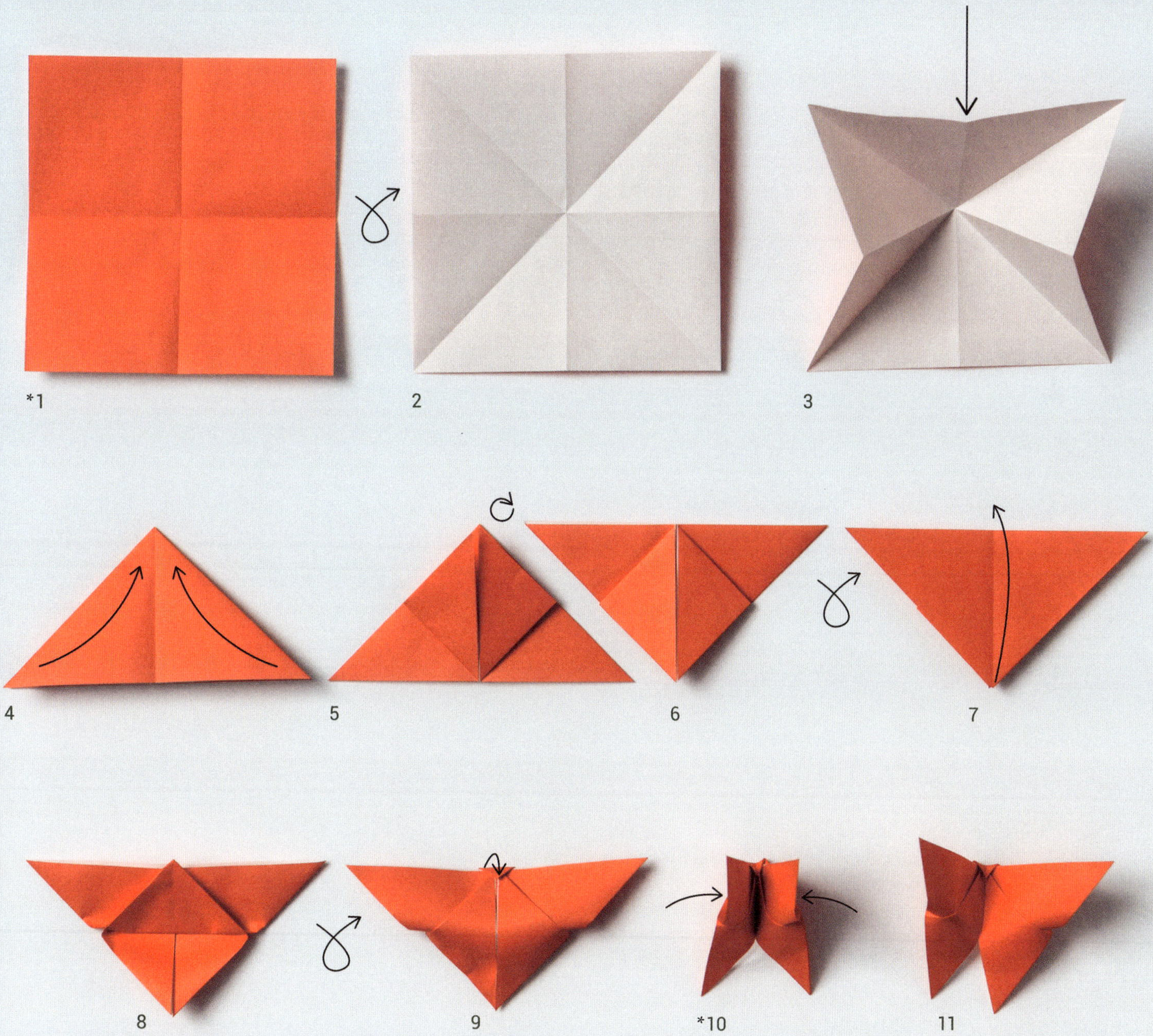
*1
2
3
4
5
6
7
8
9
*10
11

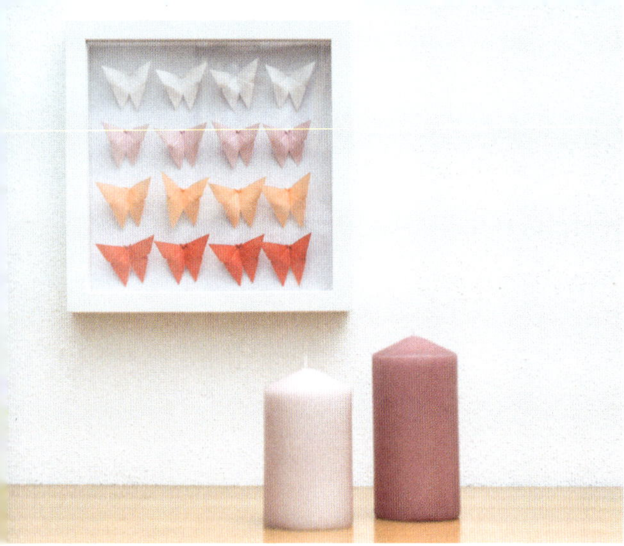
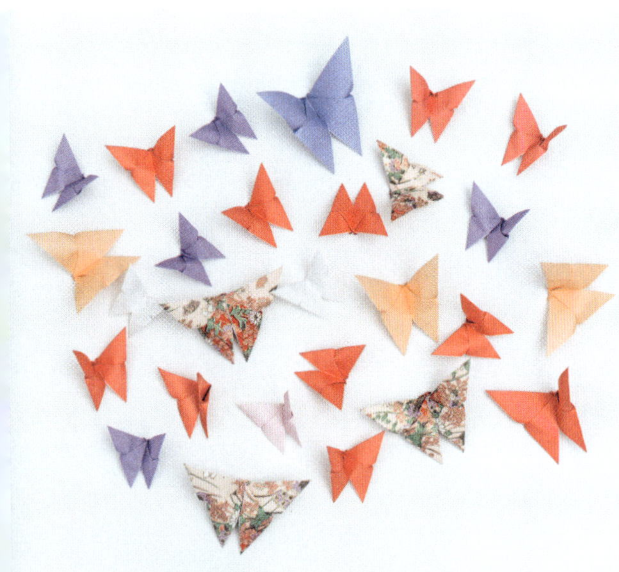
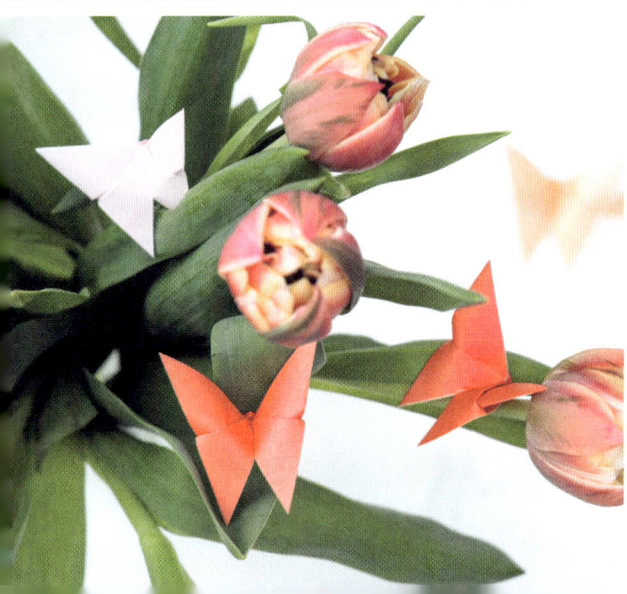
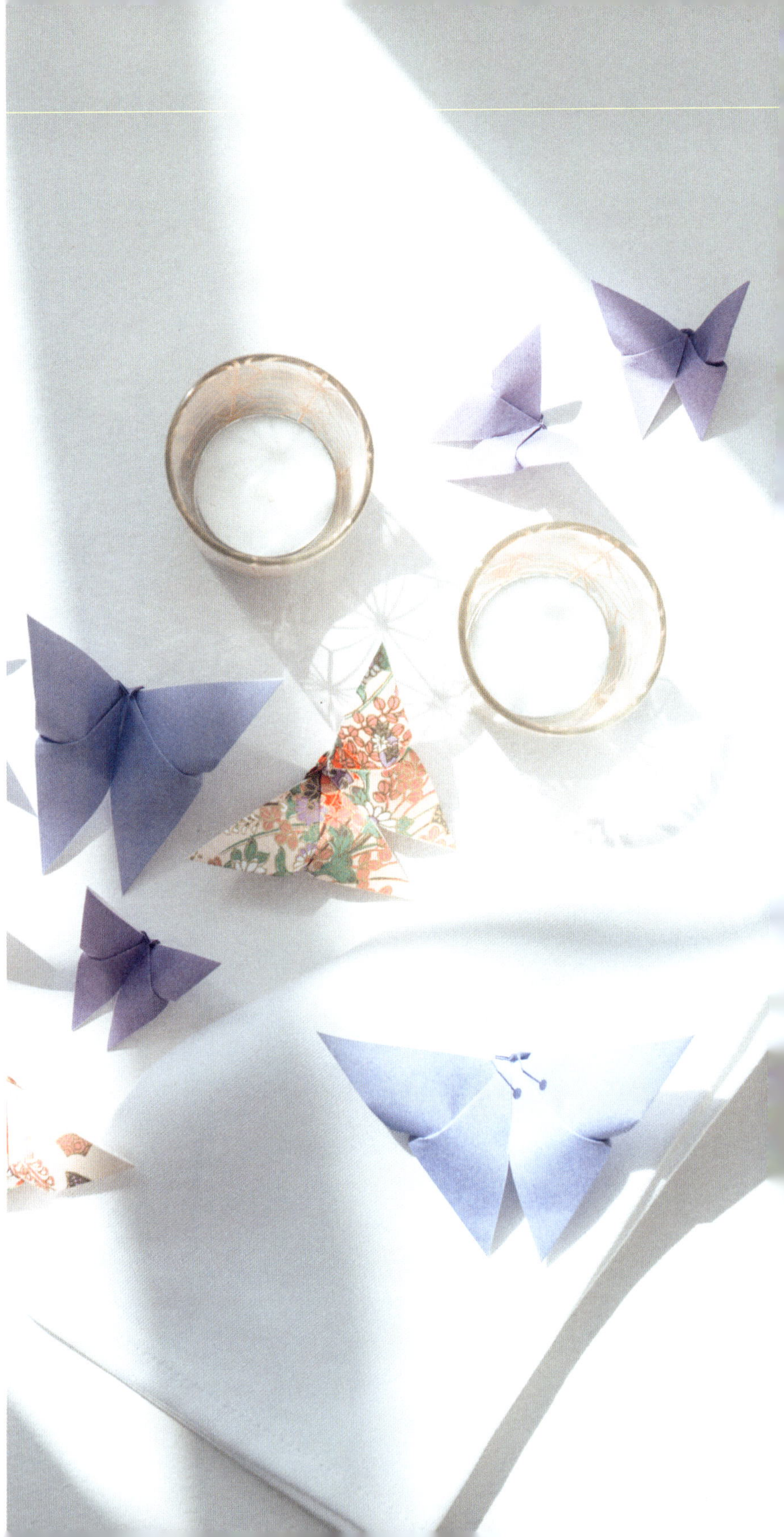

EIN BLÜTENBLATT,
DAS ZURÜCKKEHRT AN SEINEN ZWEIG? –
EIN SCHMETTERLING!

MORITAKE

SCHACHTEL

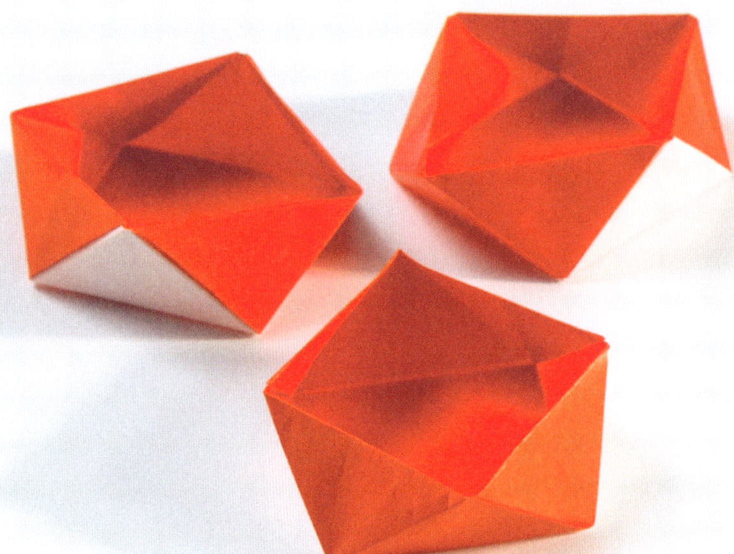

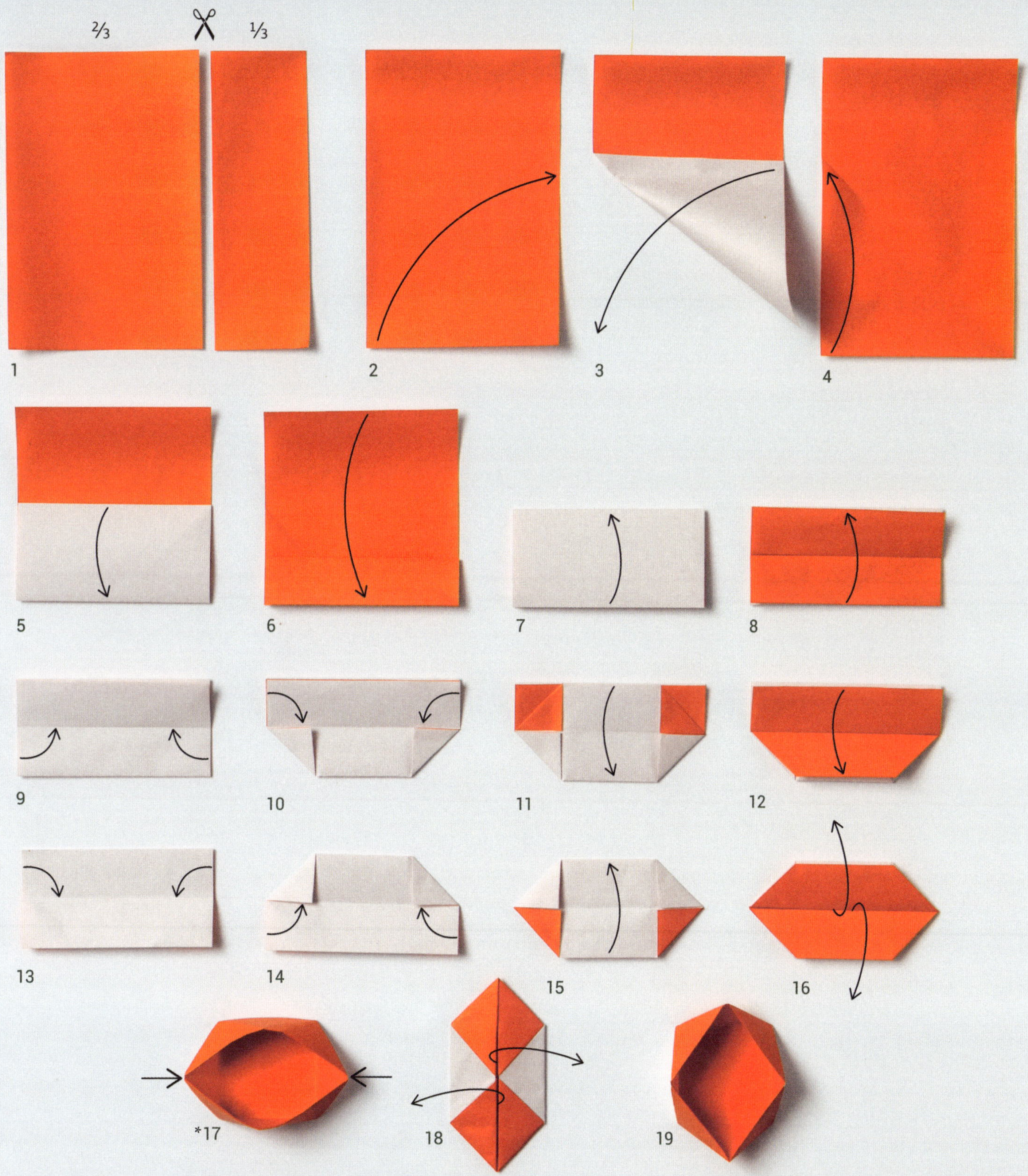
2/3
1/3
1
2
3
4
5
6
7
8
9
10
11
12
13
14
15
16
*17
18
19

LOB DES SCHATTENS

«Wenn ich die Suppenschale vor mir habe, wenn ich die Schale singen höre mit jenem ganz leisen, wie von einem fernen Insekt herstammenden Ton, der gleichsam ins innerste Ohr einsickert, wenn ich meine Sinne auf den Vorgeschmack der Speise richte, die ich gleich kosten werde, dann fühle ich mich immer in einen Zustand der Selbstvergessenheit hineingezogen. In einer ähnlichen Gemütslage befinden sich vermutlich die Teeliebhaber, die das Geräusch des ziehenden Wassers in Gedanken mit dem Wind in den Kiefern von Onoe verbinden und dabei in Verzückung geraten. Es heißt oft, die japanische Küche sei nicht zum Essen da, sondern zum Anschauen, aber in unserem Fall möchte ich sagen, noch mehr zum Anschauen sei sie zum Meditieren da.»

Tanizaki Jun'ichiro

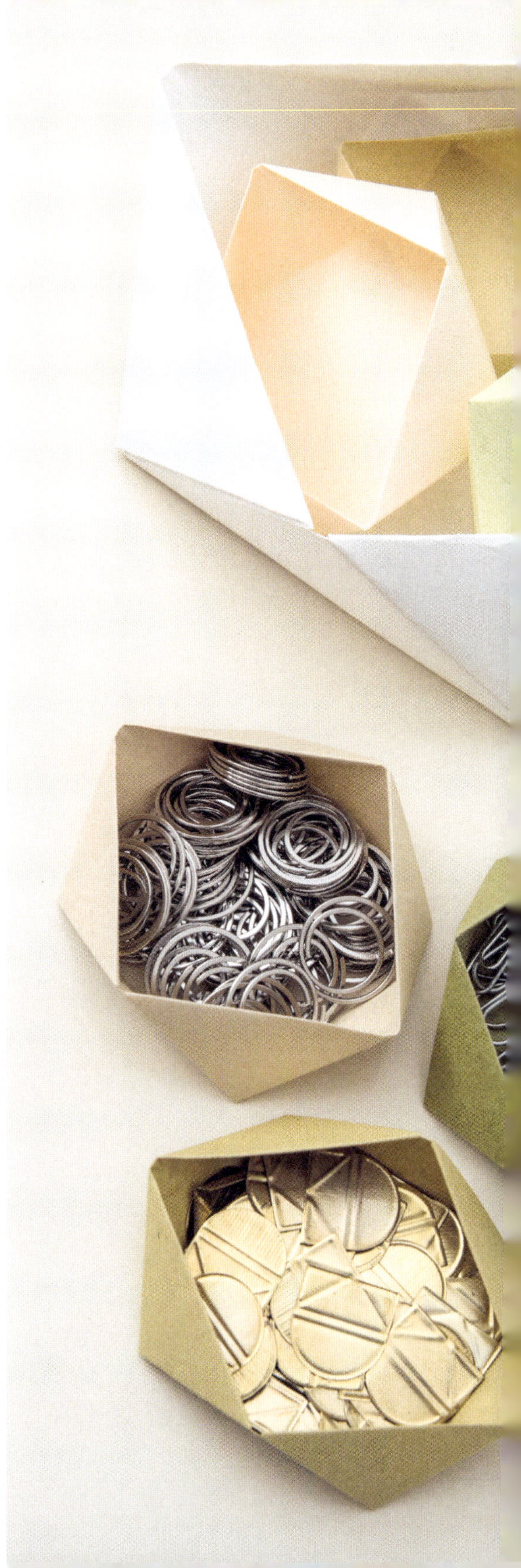

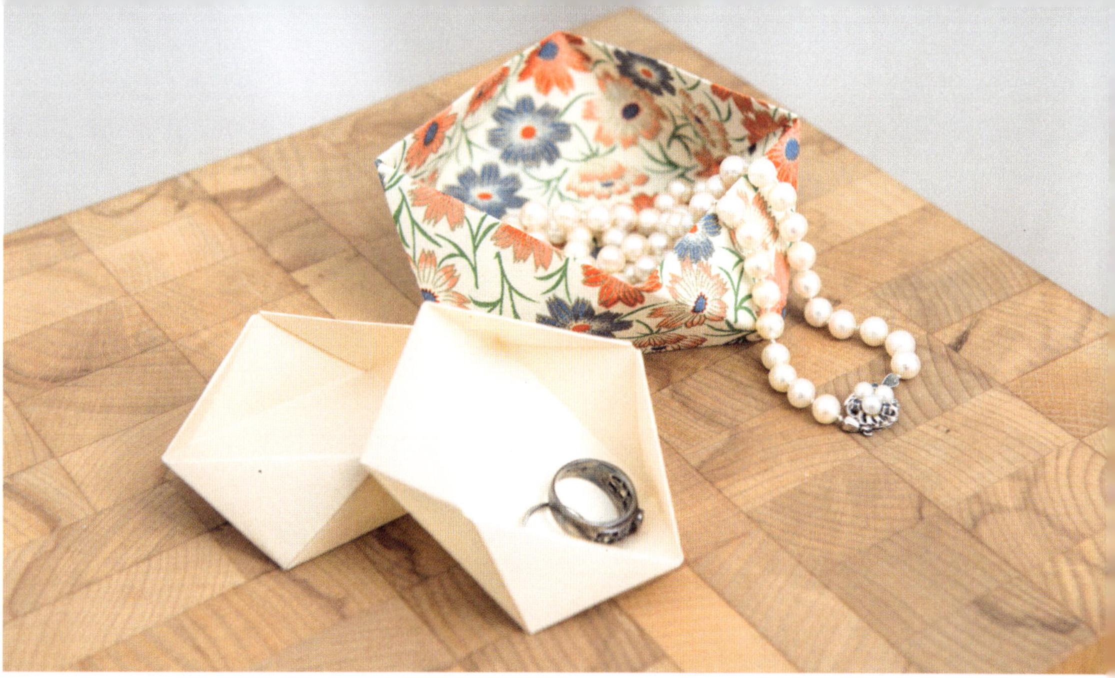

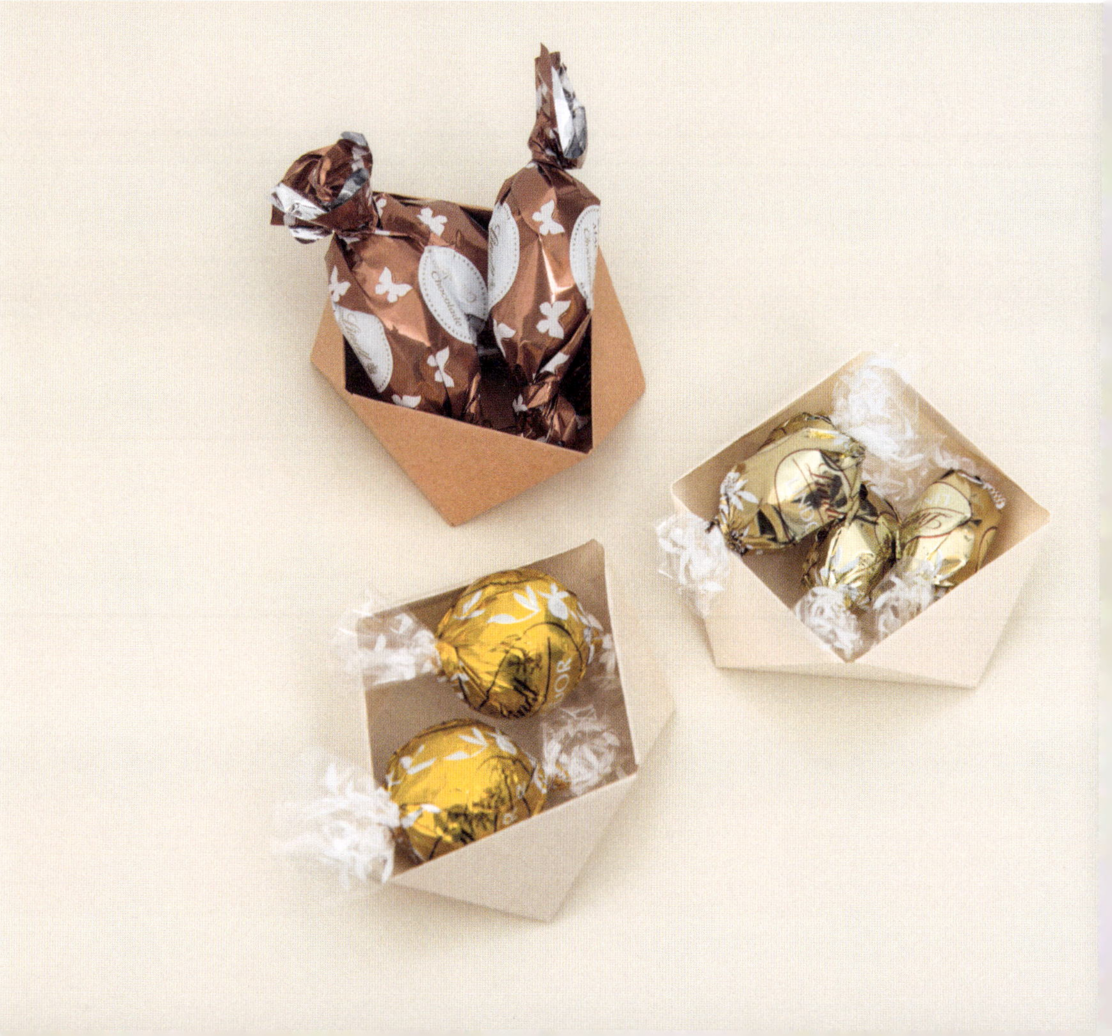

HERZ

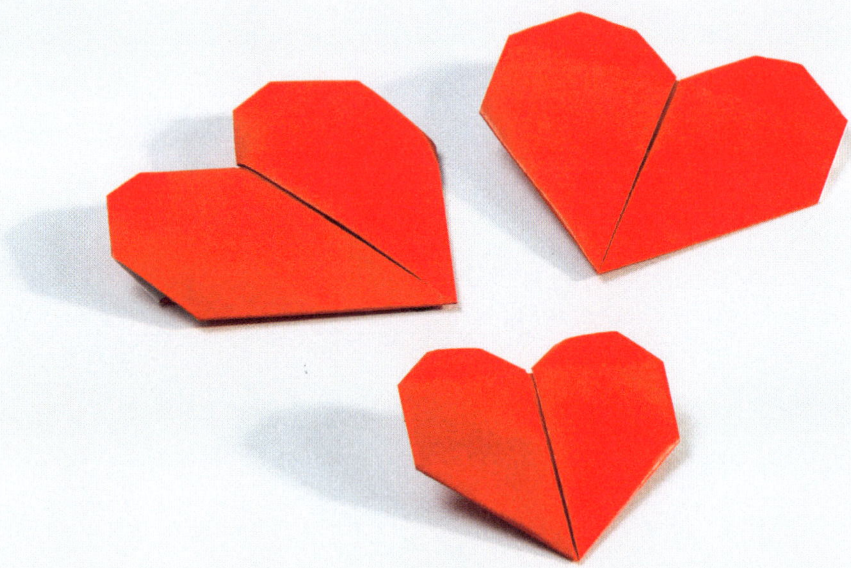

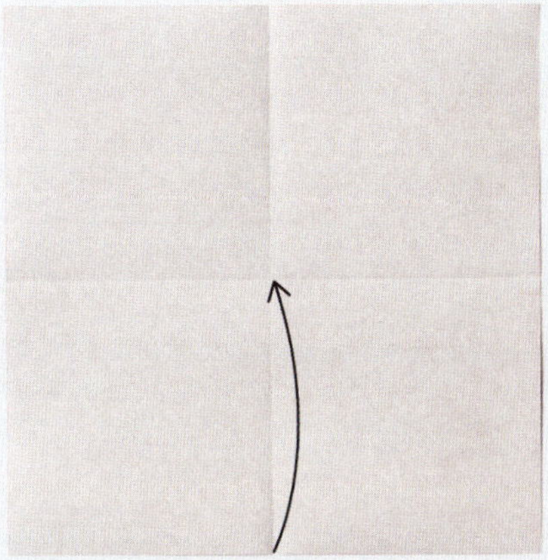
1

2

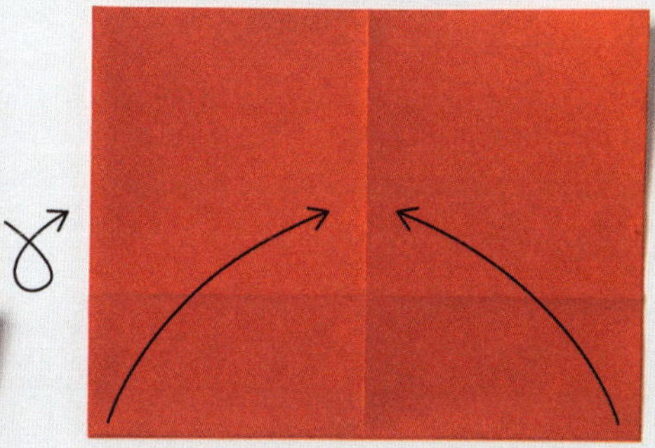
3

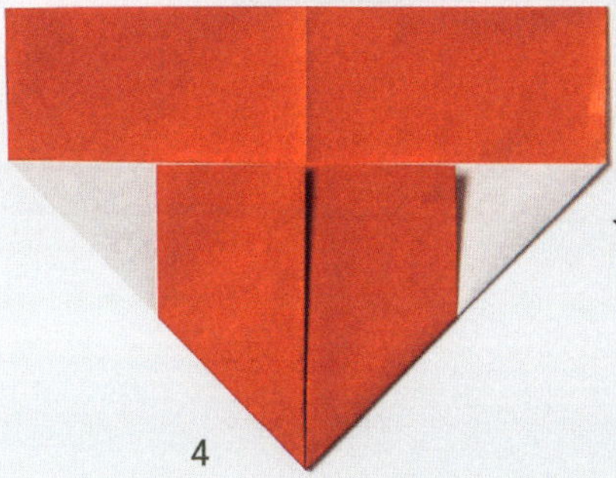
4

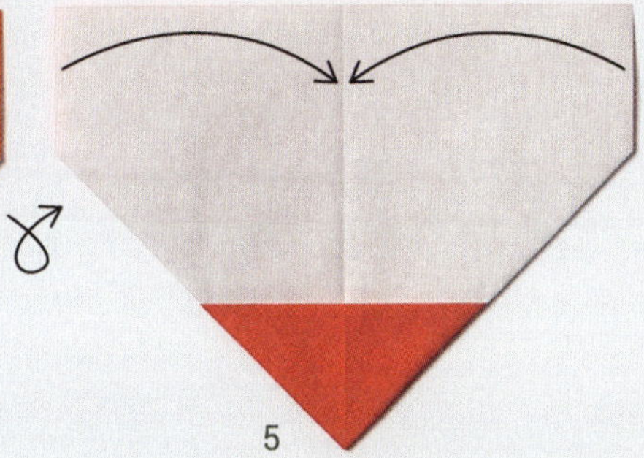
5

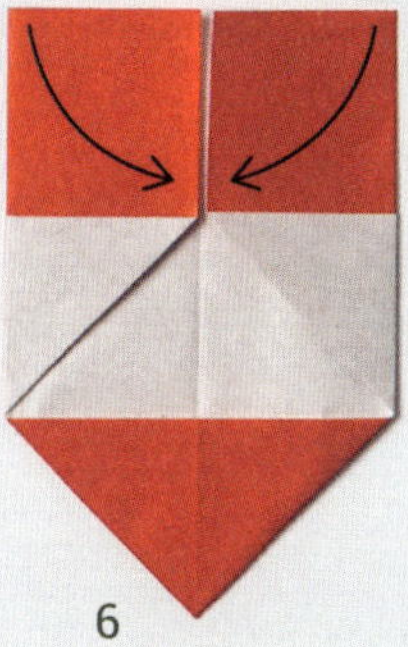
6

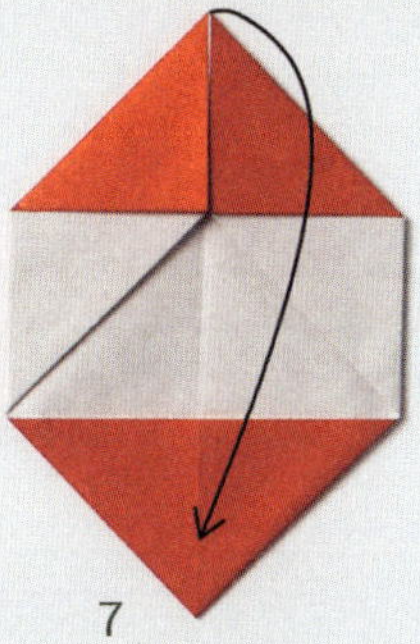
7

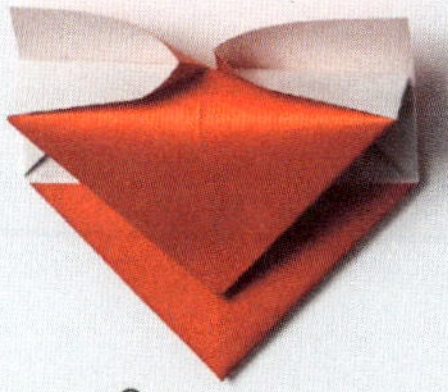
8

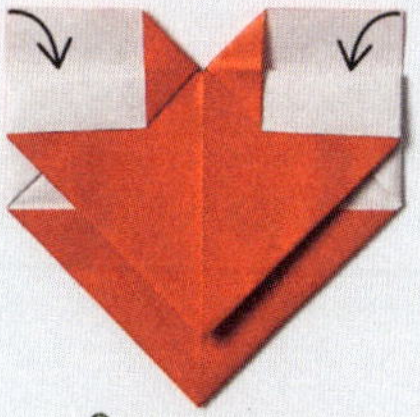
9

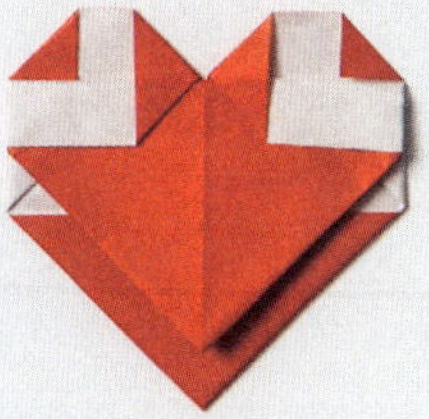
*10

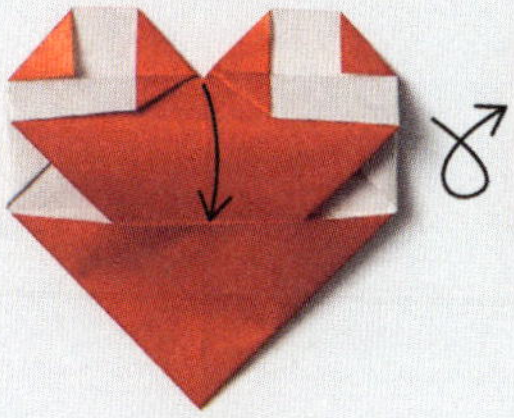
11

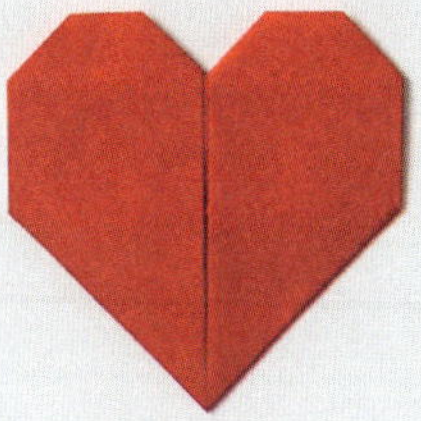
12

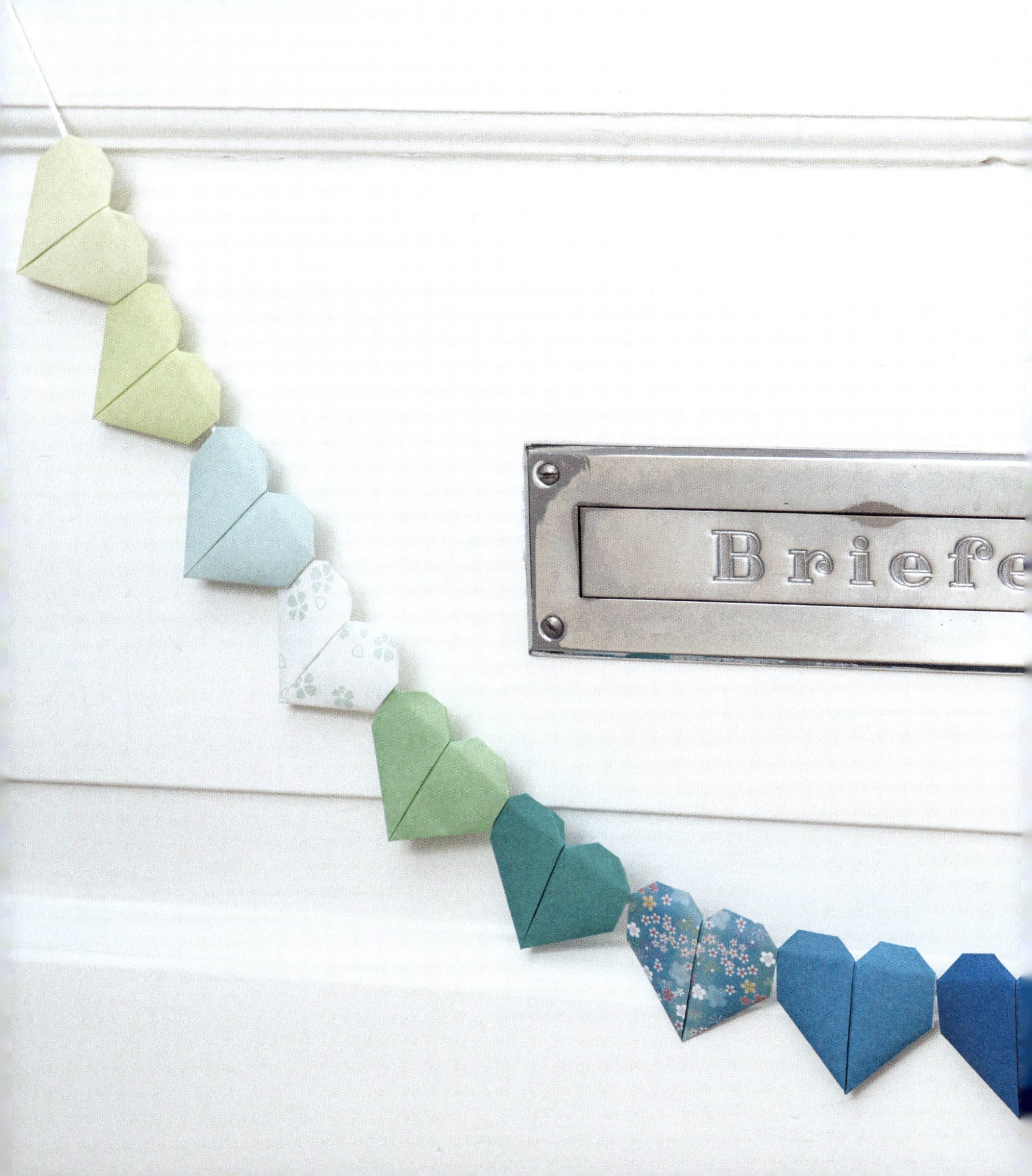
Briefe

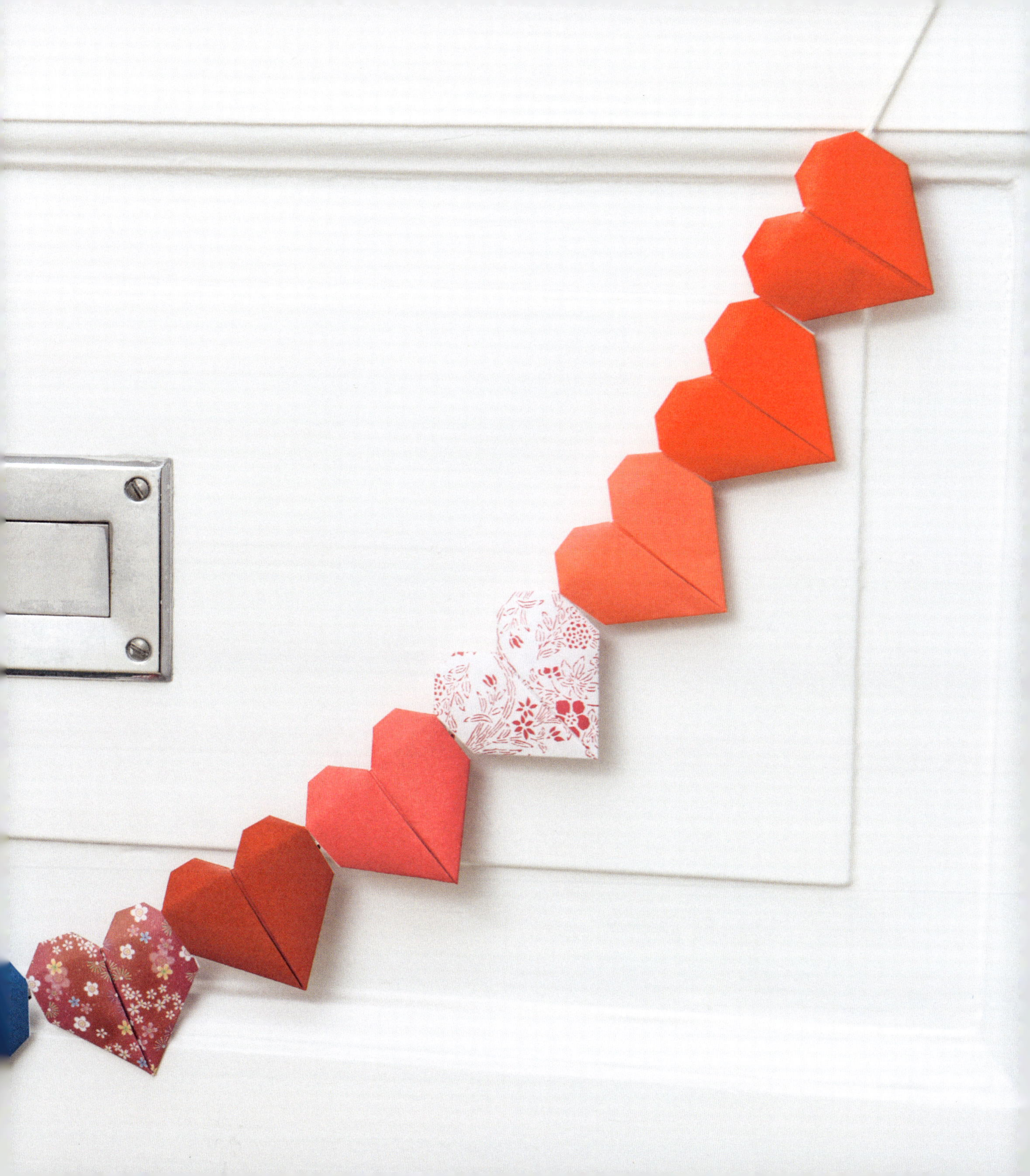

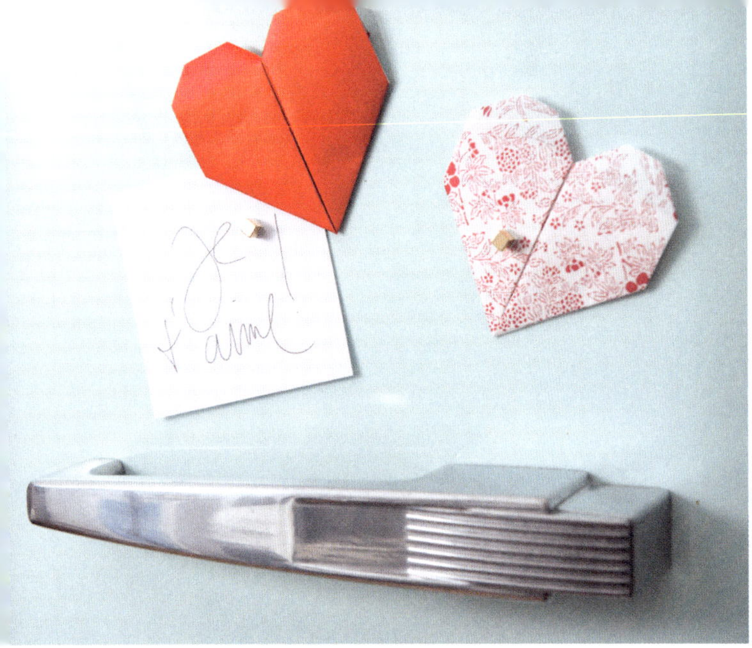
Je t'aime!

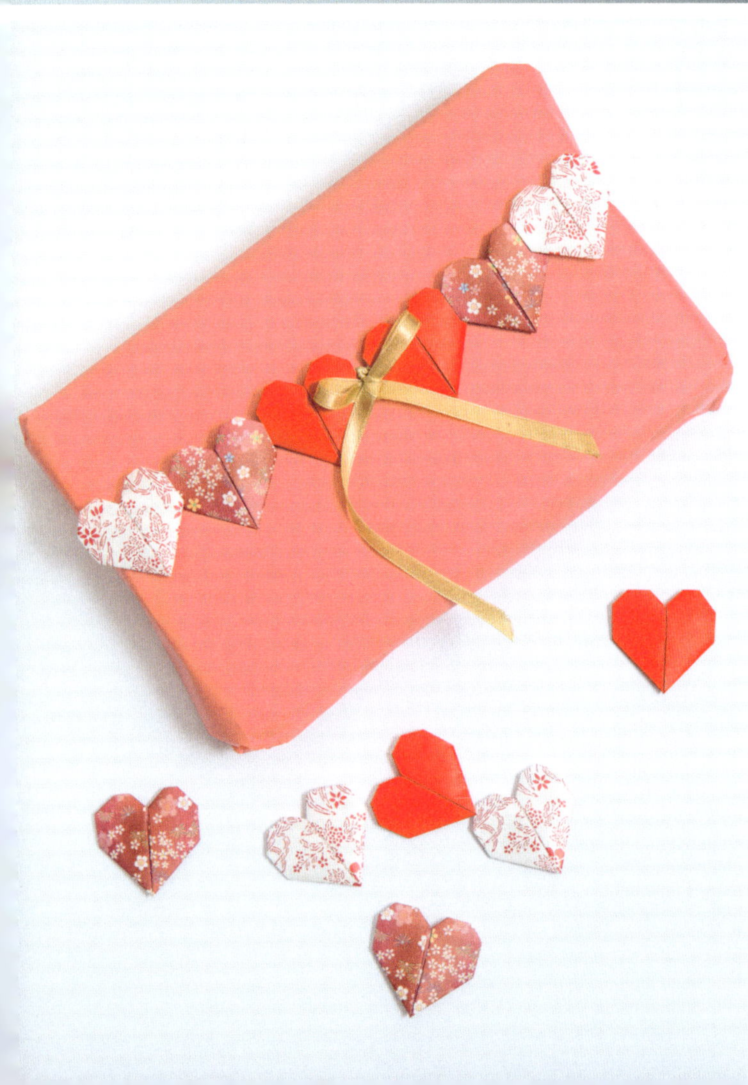

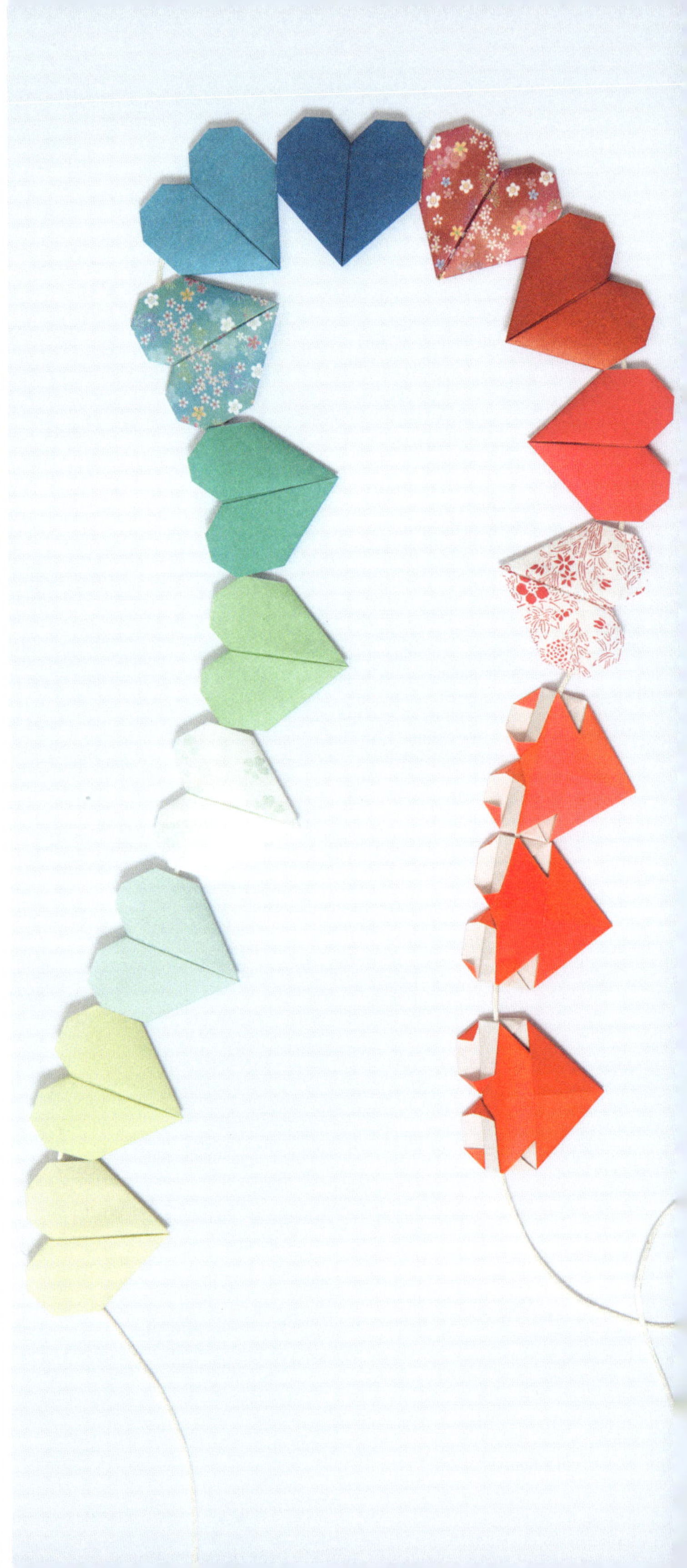

IM HERBST SAGT ER IHR

ICH KANN DAS HERZ NICHT ZWINGEN.

ES ZERRT AN MEINEM

JEAN-CLAUDE LIN

BALLON

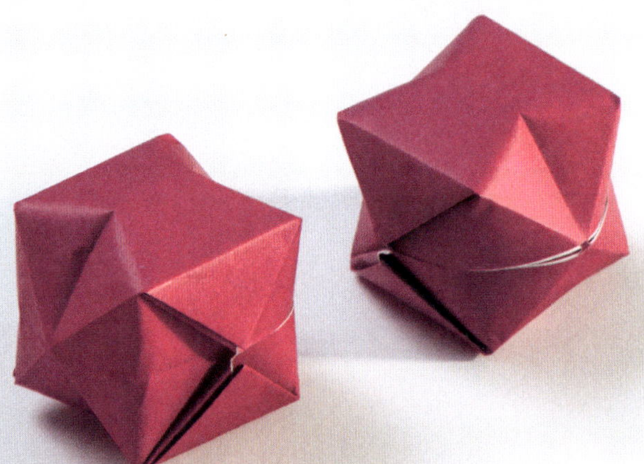

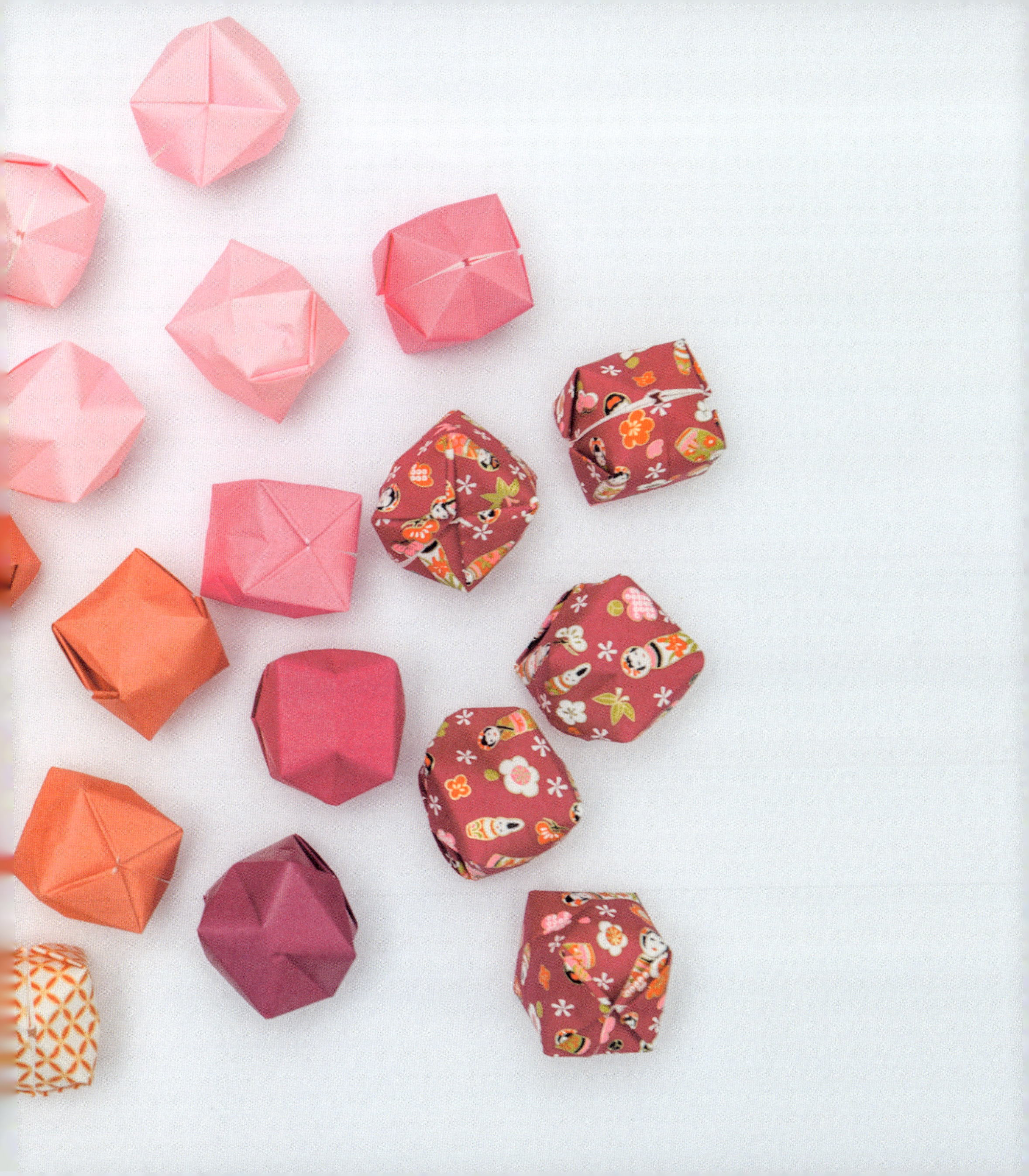

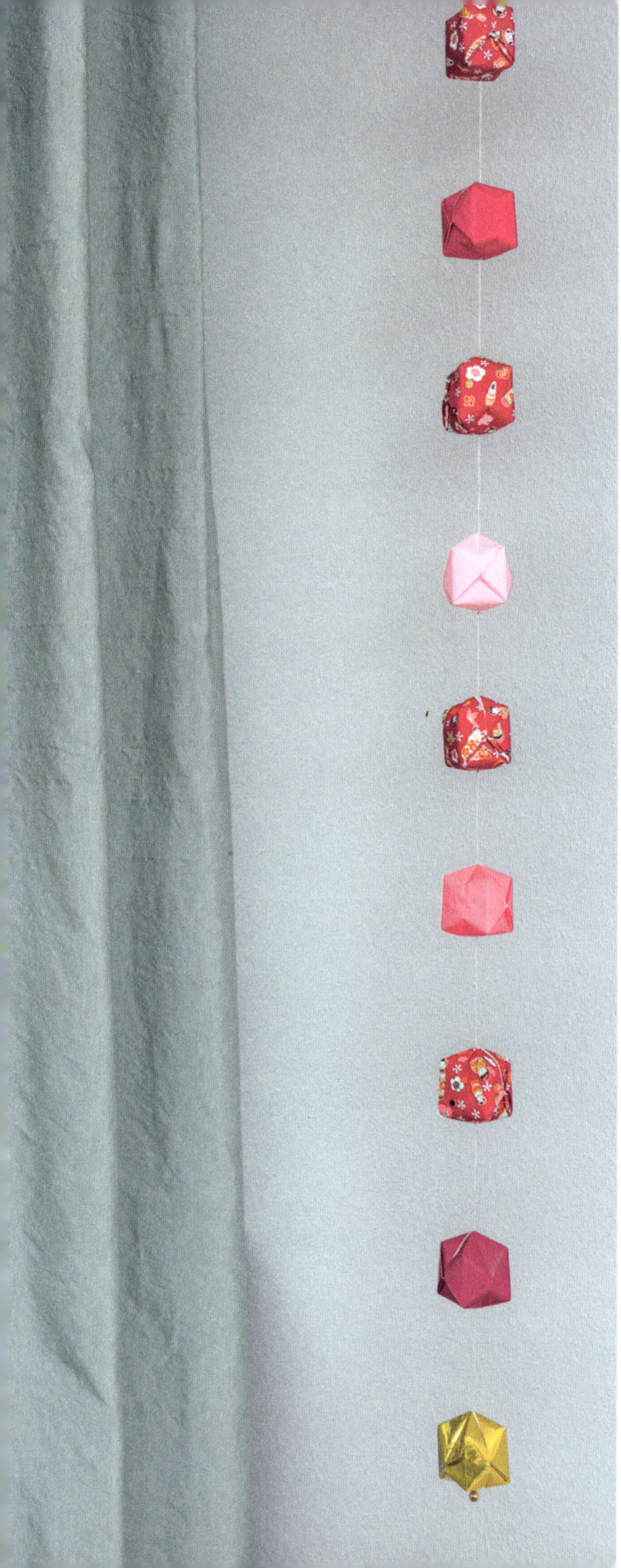

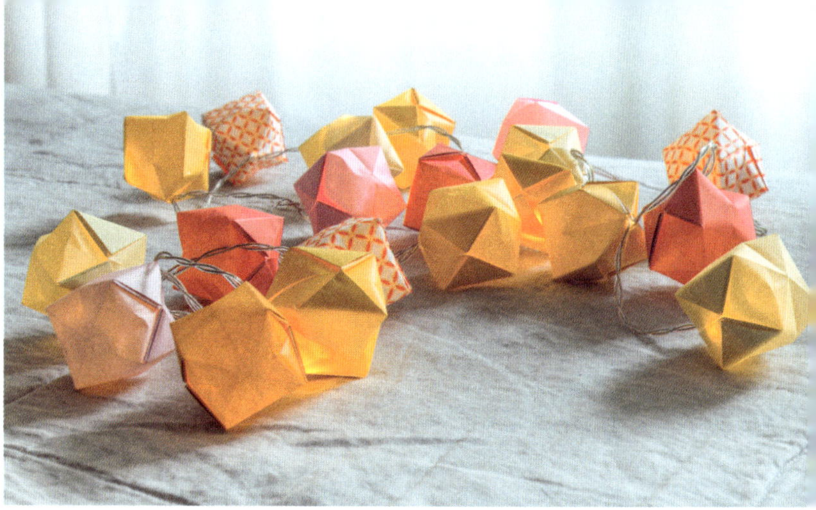

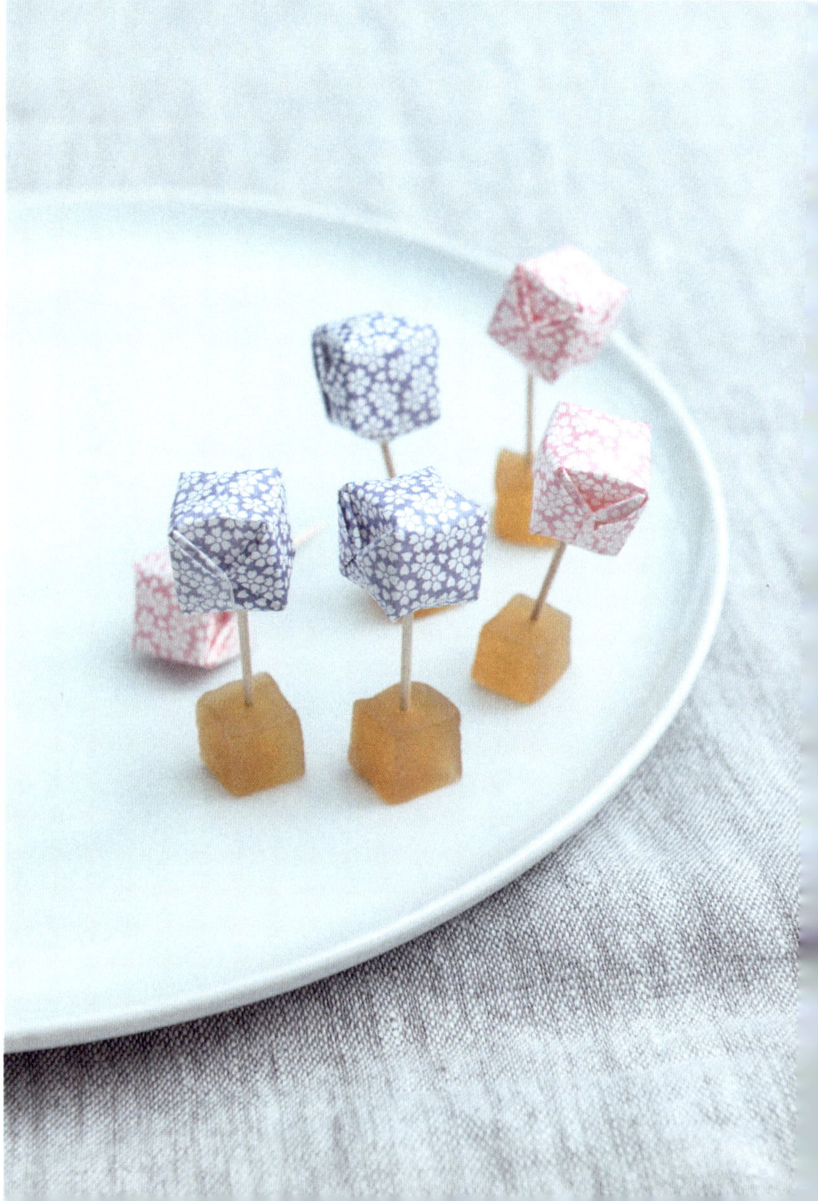

ERSTER TAG IM JAHR.
NICHTS IST BÖSE, NICHTS IST GUT,
SONDERN ALLES – LEBT!

ISSA

TULPE

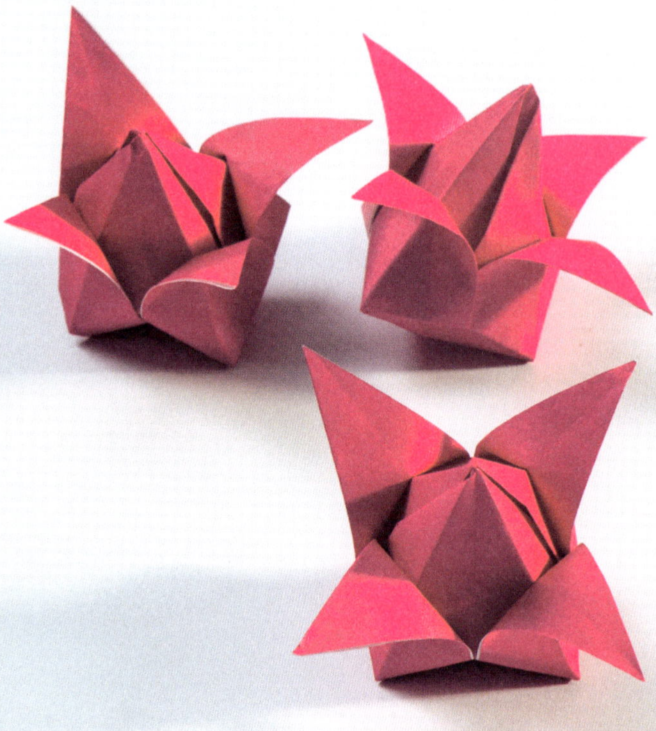

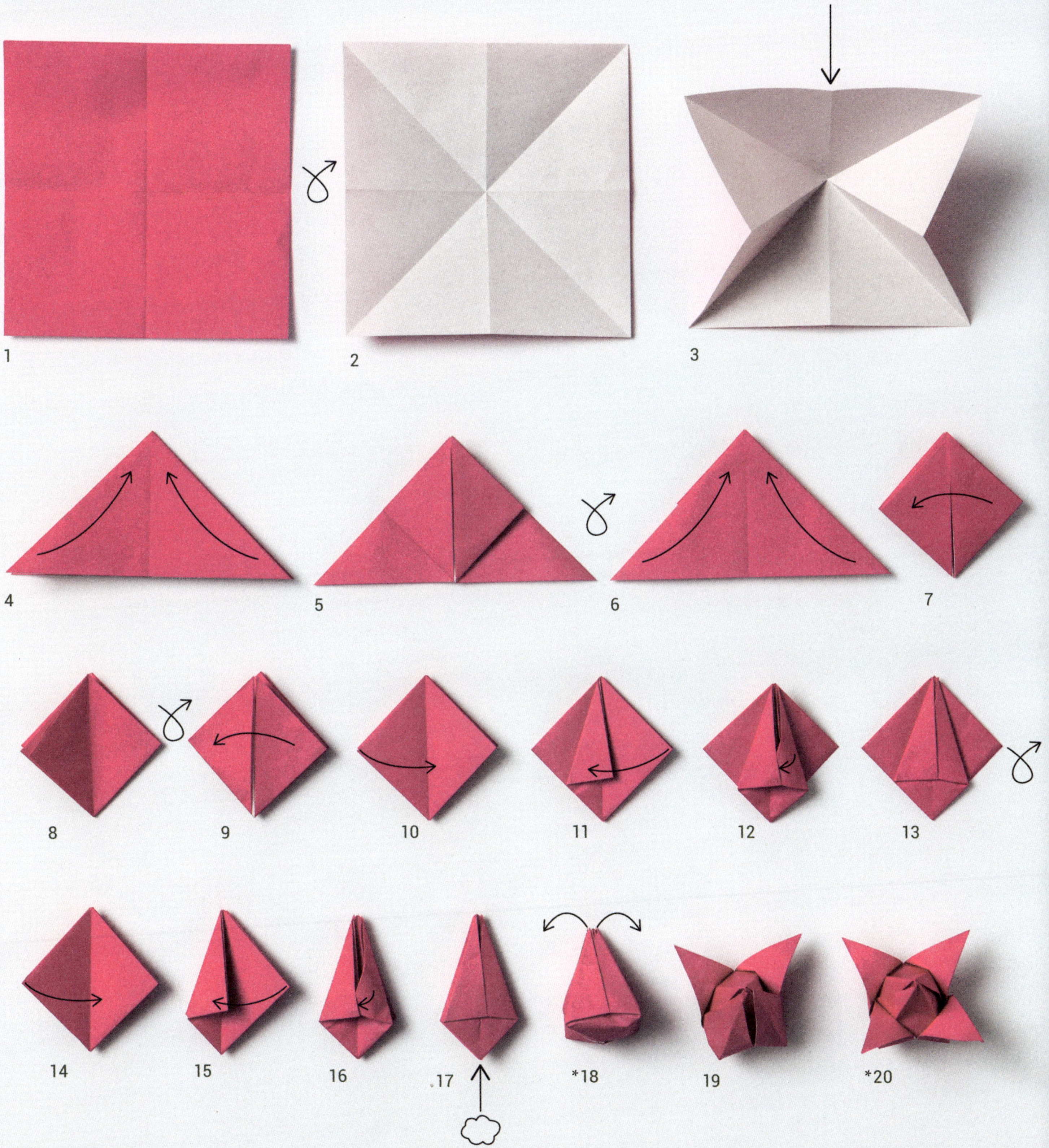
1
2
3
4
5
6
7
8
9
10
11
12
13
14
15
16
17
*18
19
*20

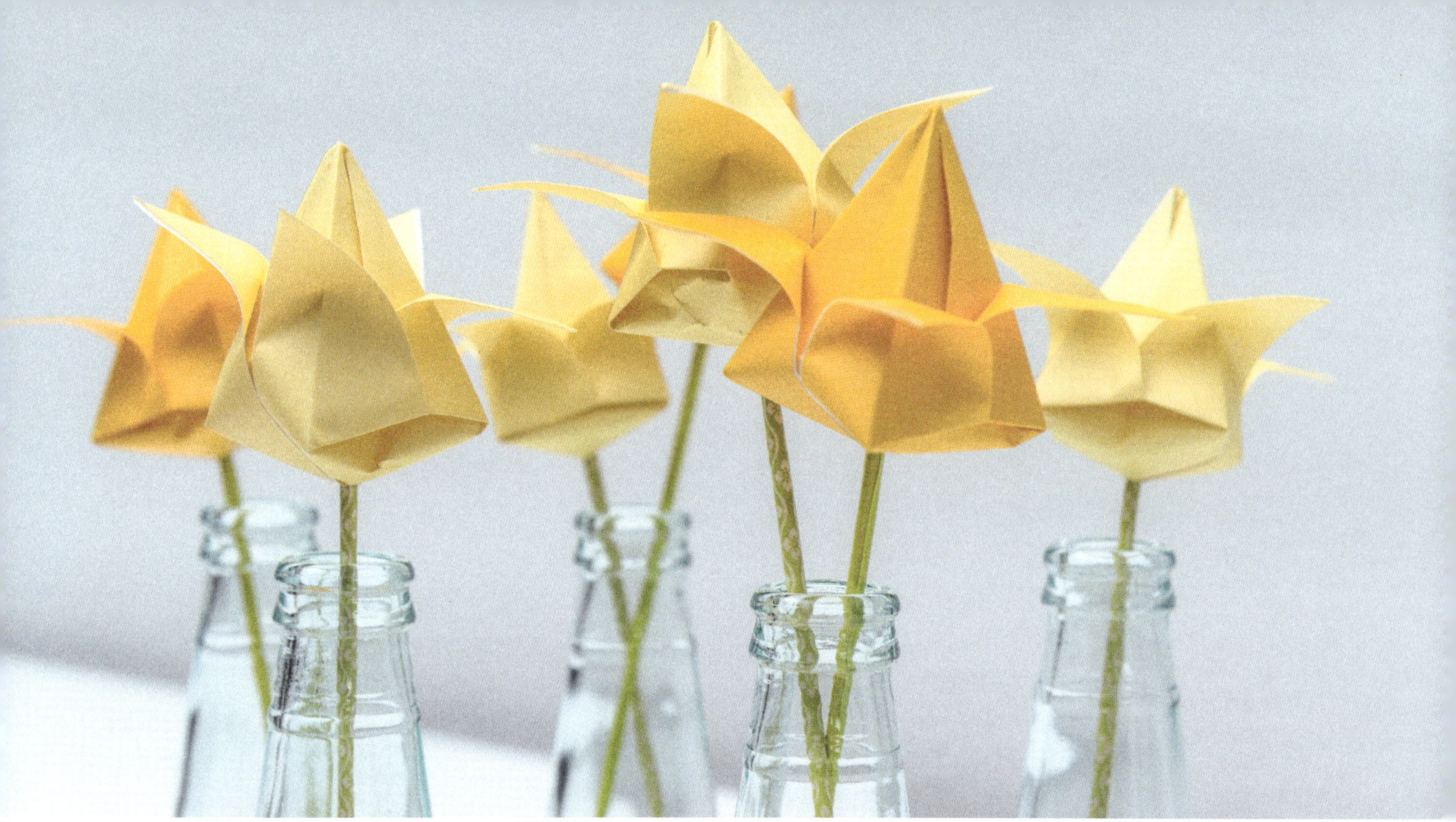

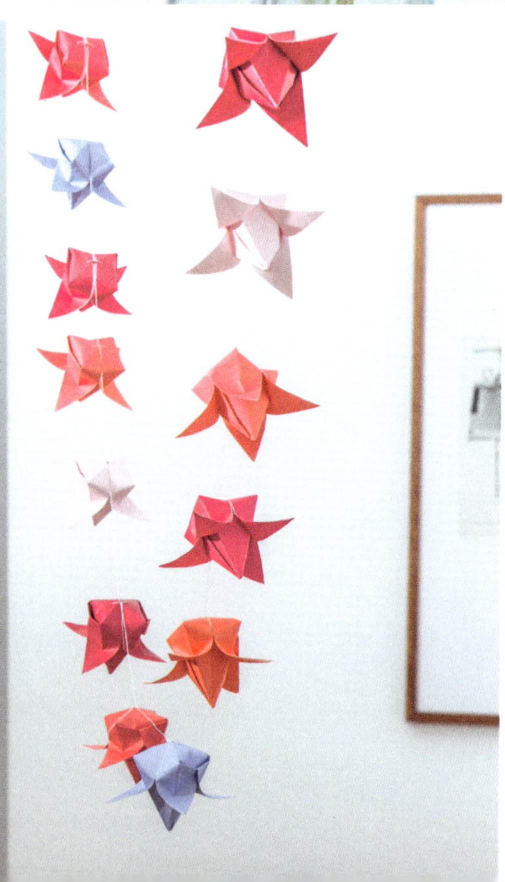

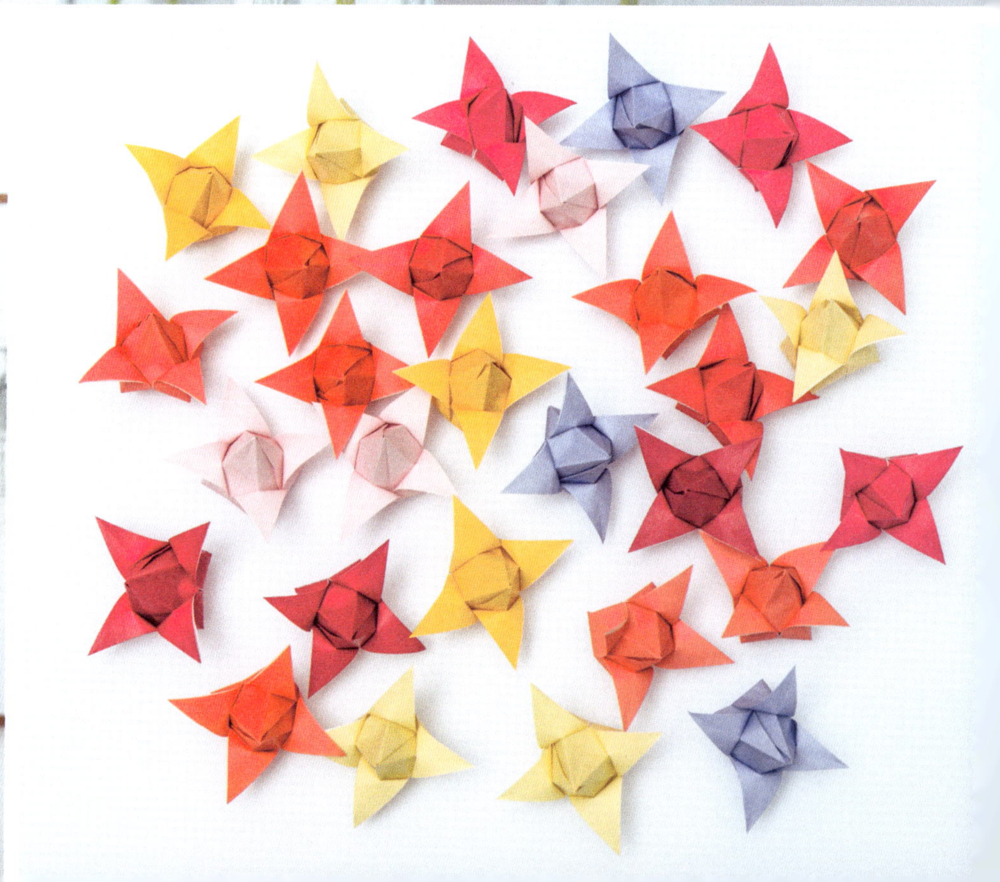

NUTZEN DES NUTZLOSEN

«Im zitternden Grau eines Frühlingsmorgens, wenn die Vögel geheimnisvoll in den Bäumen zwitschern, fühlst du da nicht, dass sie mit ihren Freunden von den Blumen sprechen? Das Verständnis für Blumen muss wahrlich im Menschen gleichzeitig mit der Poesie der Liebe entstanden sein. Eine Blume, süß in ihrer Unschuld, duftend in ihrer Stille: Können wir das Entfalten einer jungfräulichen Seele besser versinnbildlichen? Der Mensch der Urzeit, der seinem Mädchen das erste Blumengewinde brachte, unterschied sich damit vom Tier. Er wurde Mensch, weil er mehr als nur die eigentlichen Lebensnotwendigkeiten von der Natur forderte. Er trat ins Reich der Kunst ein, als er den feinen Nutzen des Nutzlosen erkannte.»

Kakuzo Okakura

GERNE HALTE ICH
DIESE ZAUBERHAFTE BLUME IN DER HAND,
DIE AUCH VERWELKT
DEN DUFT IHRER JUGEND NICHT VERLIERT.

ANAKREON

ROSE

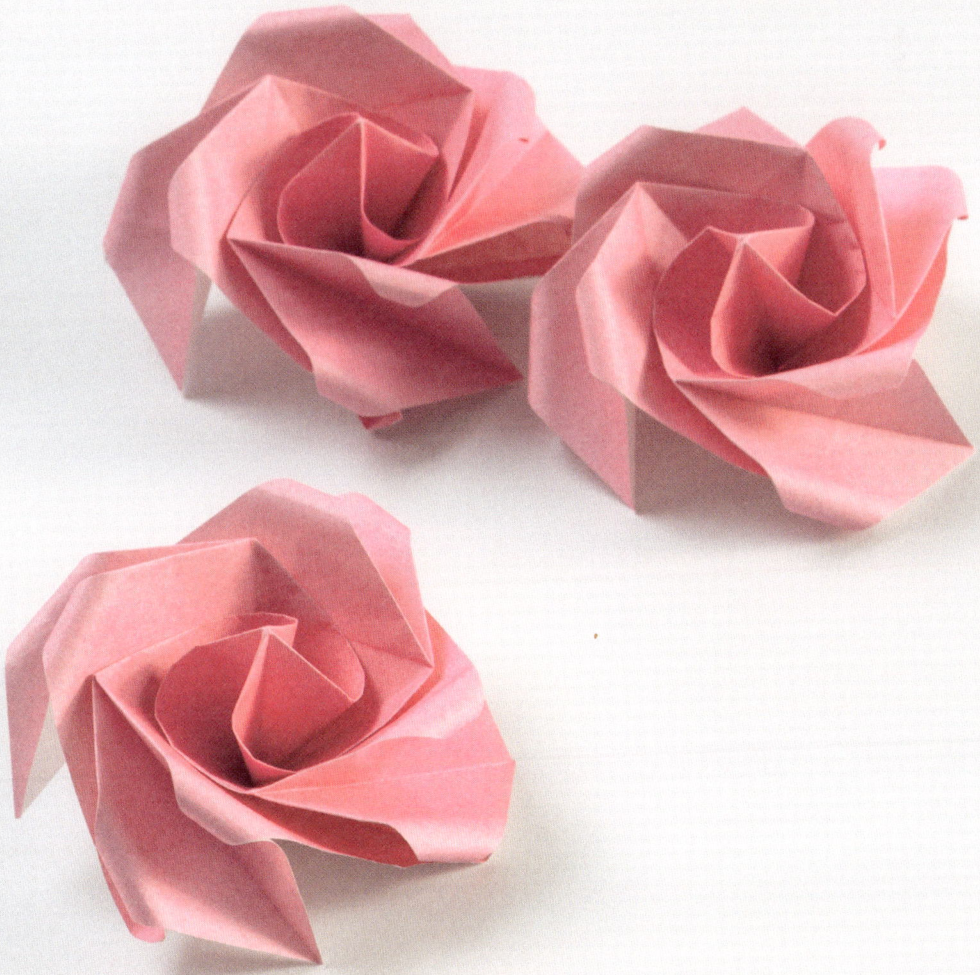

*1

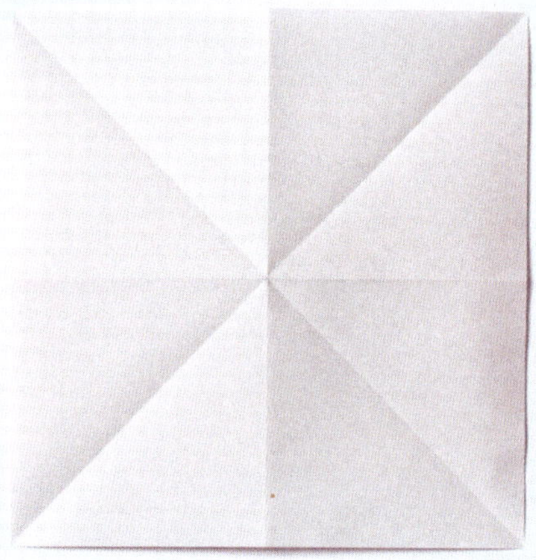

2

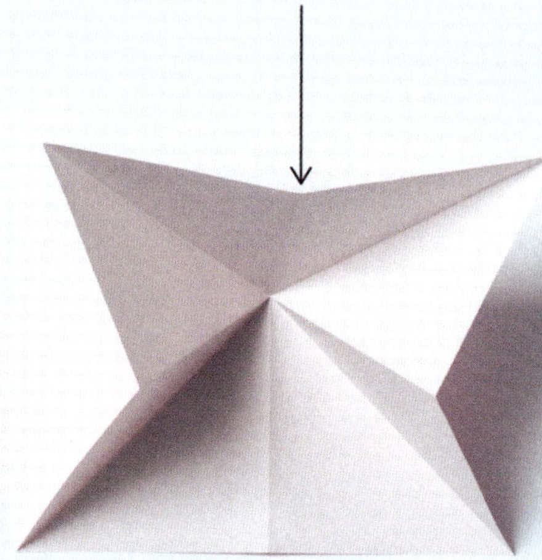

3

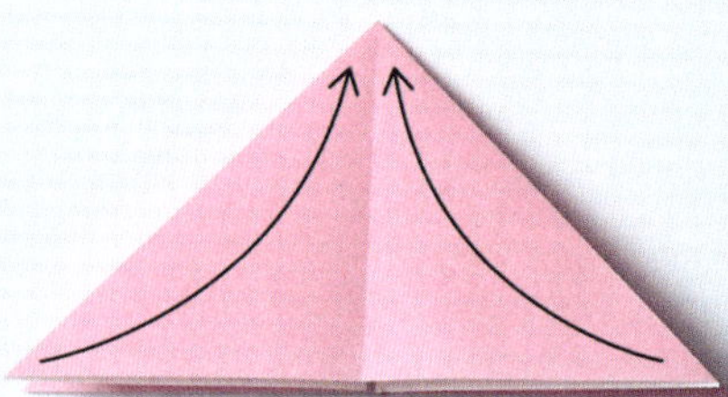

4

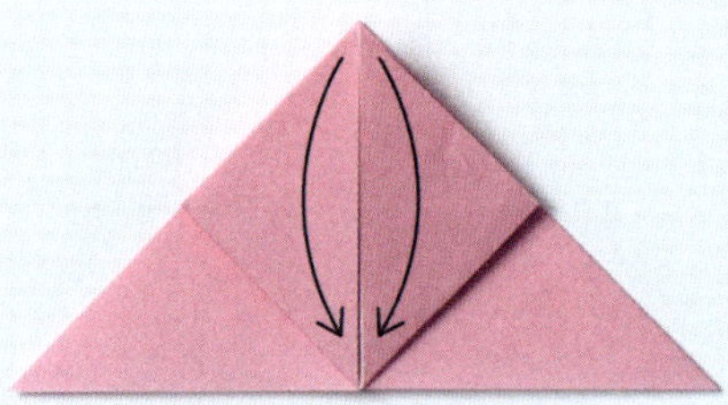

5

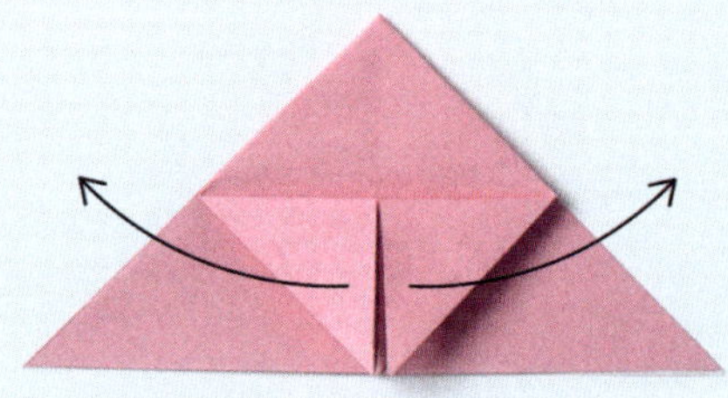

6

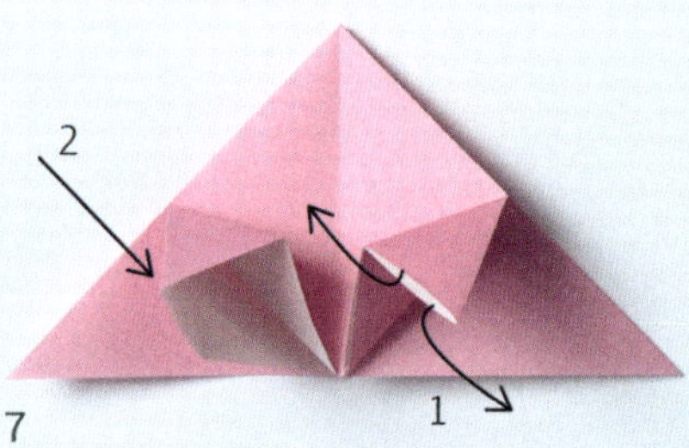

7

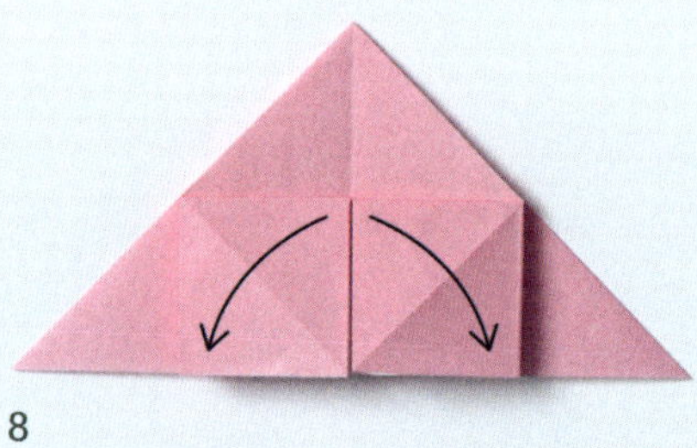

8

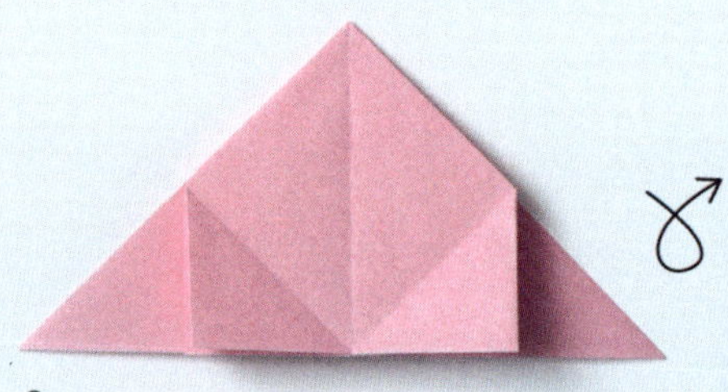

9

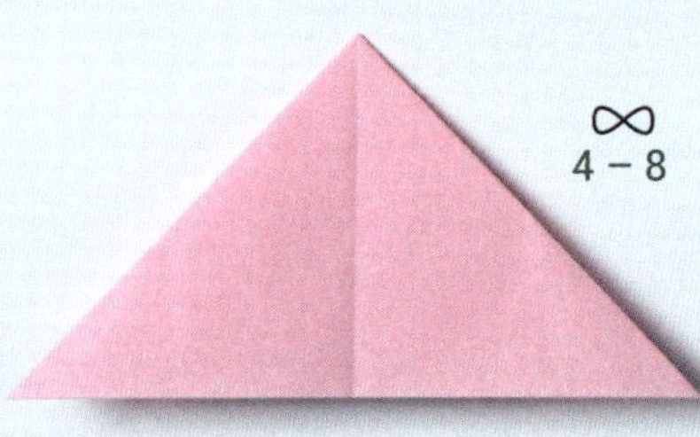

10

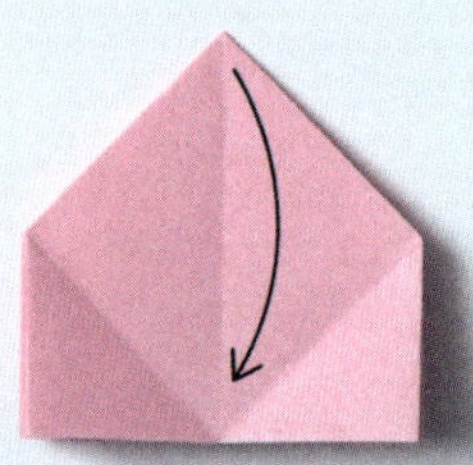

11

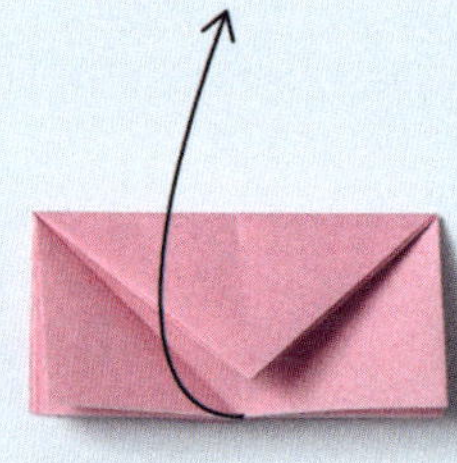

12

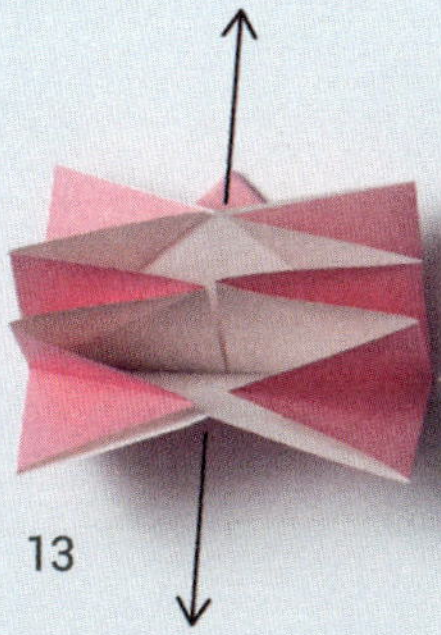
13

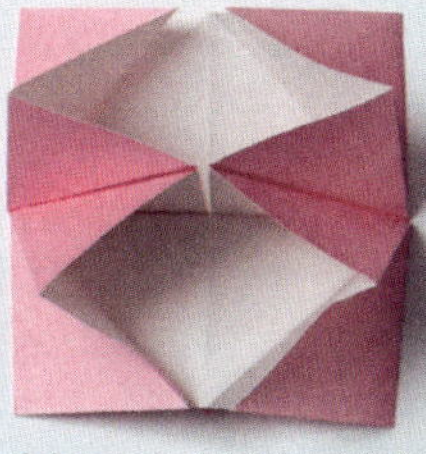
14

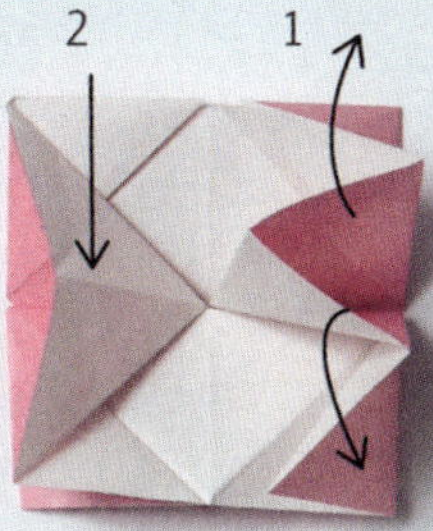

15

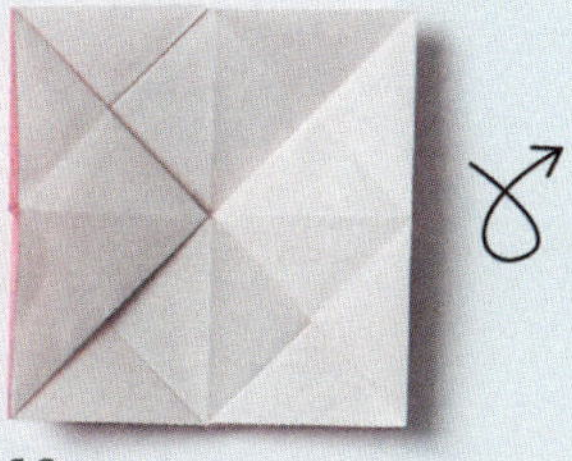
16

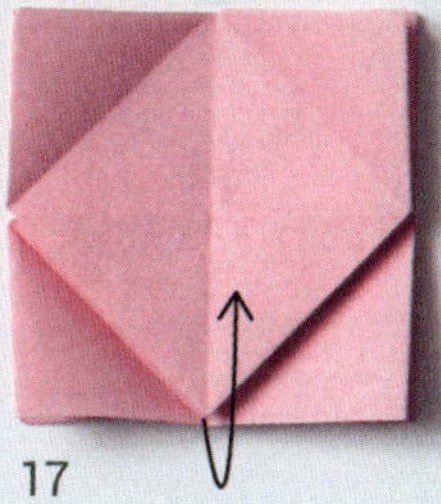
17

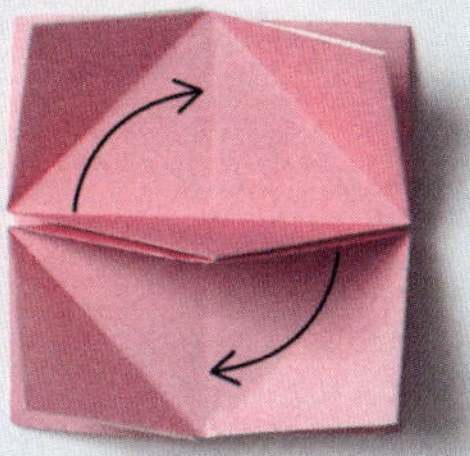
18

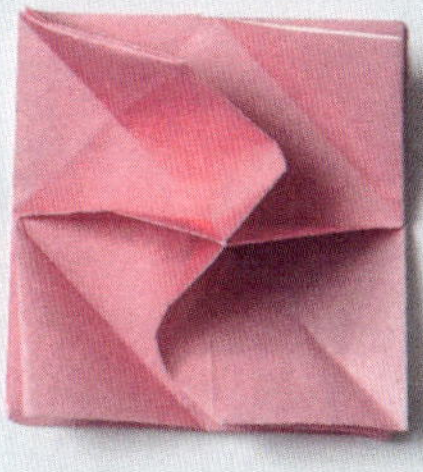
19

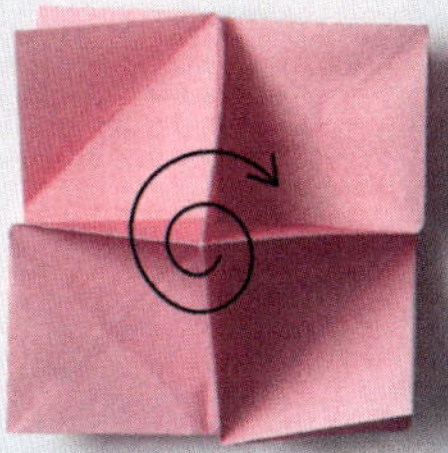
*20

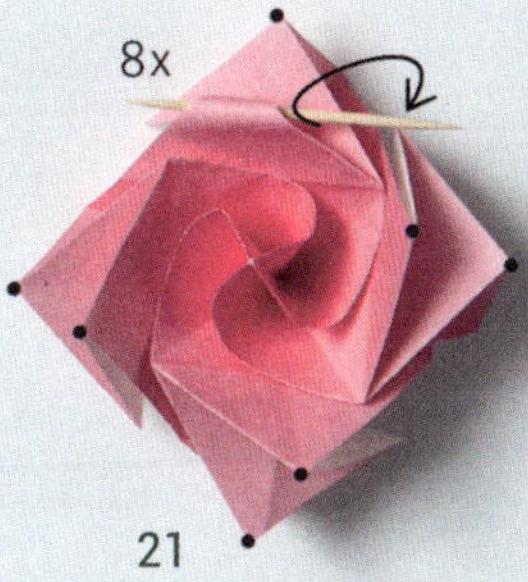

21

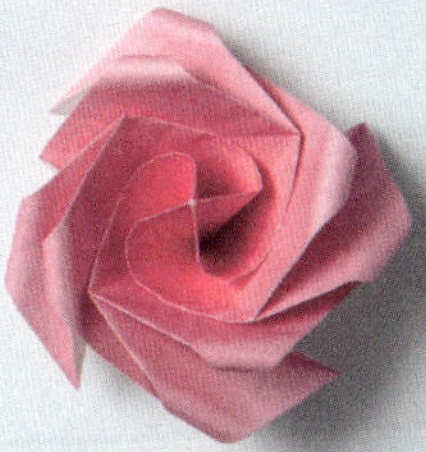
22

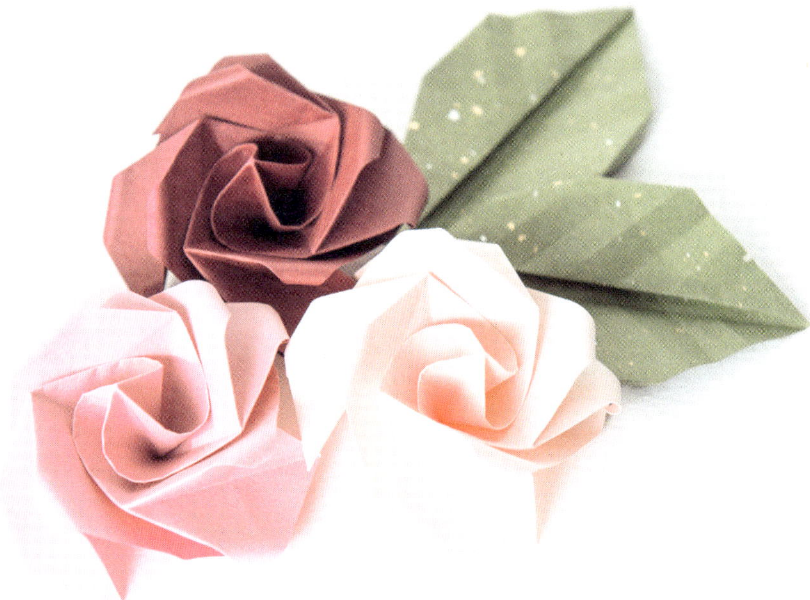

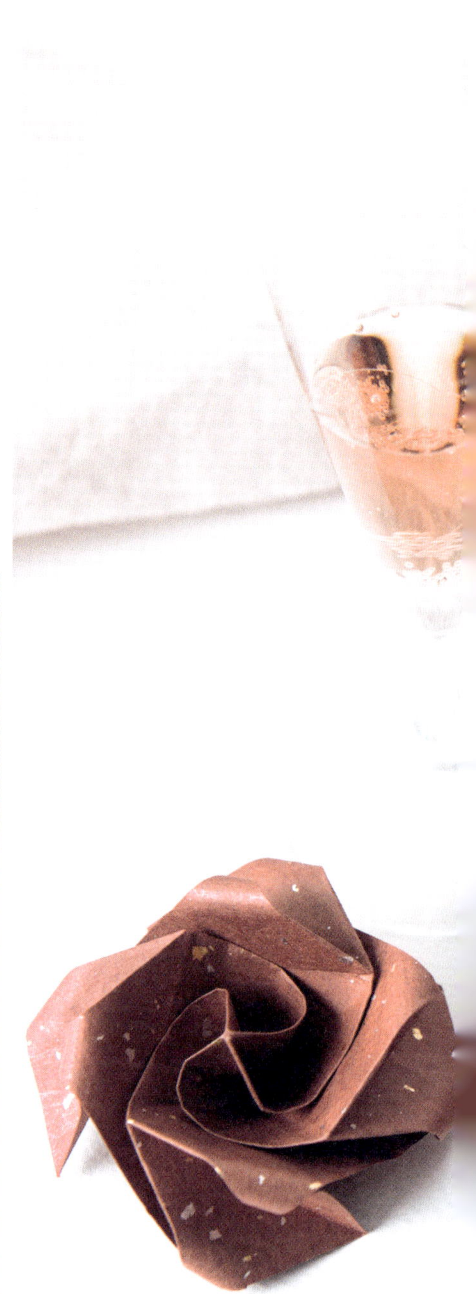

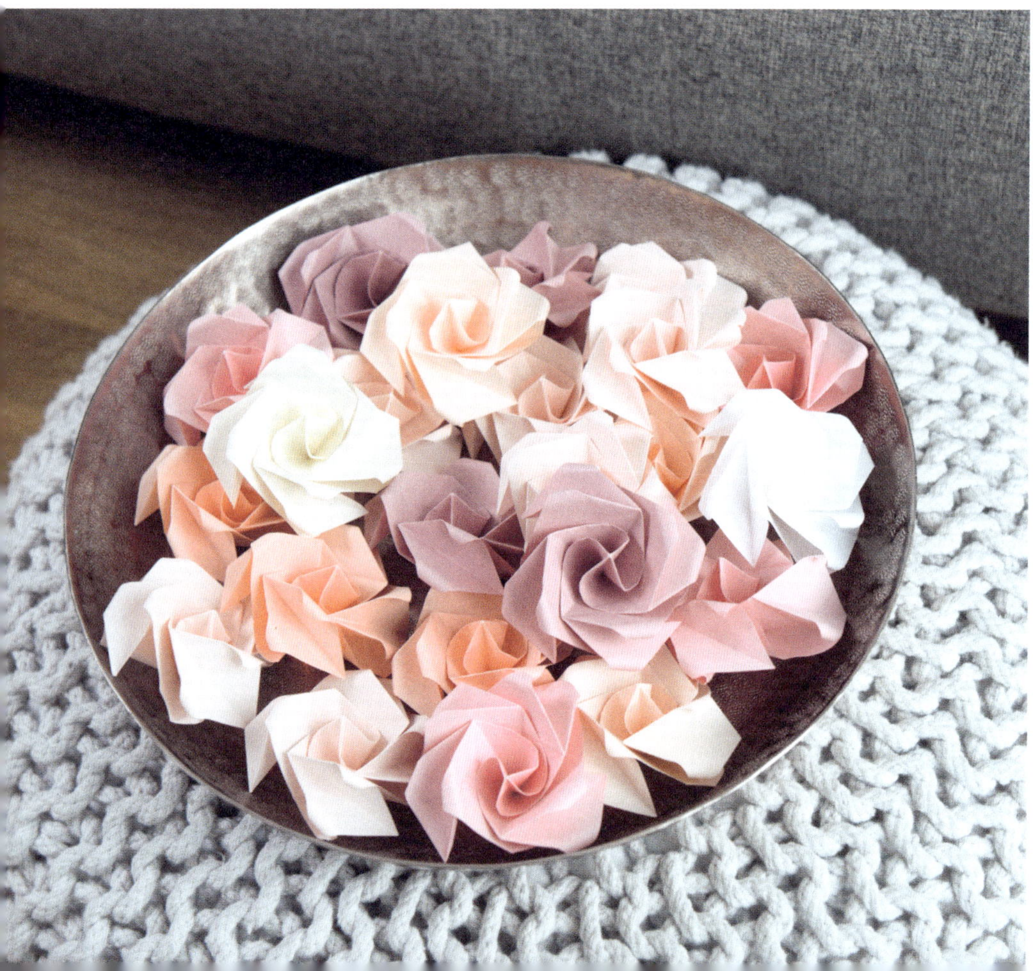

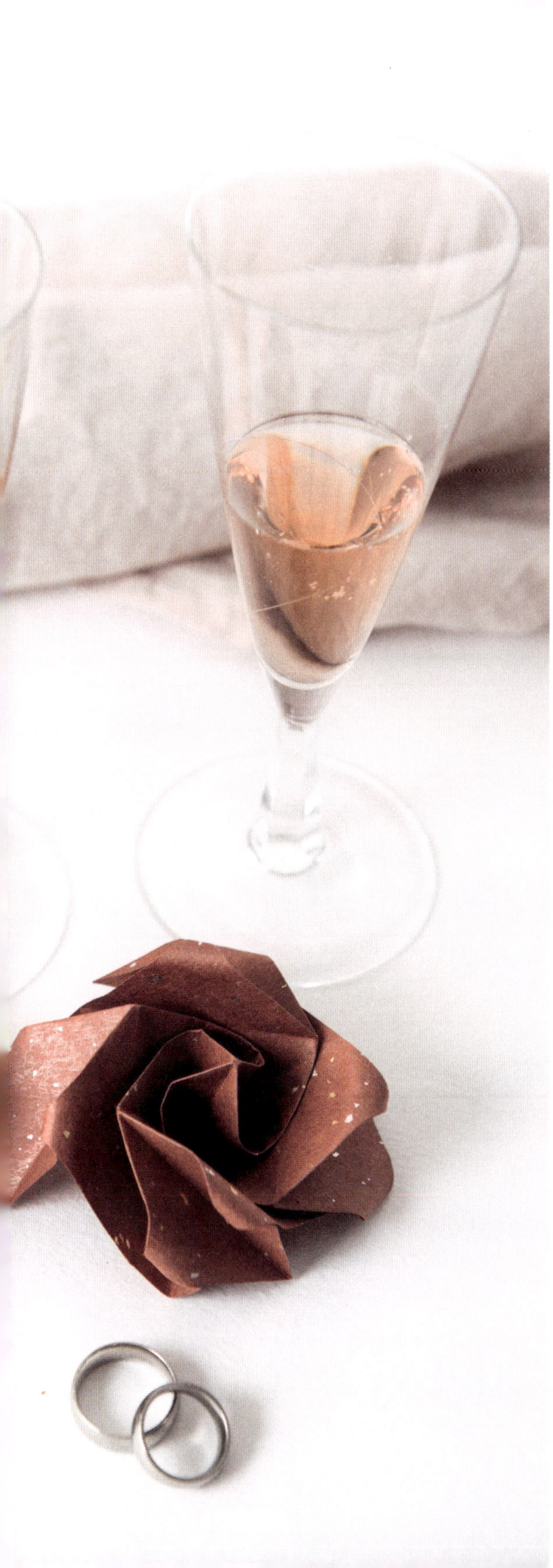

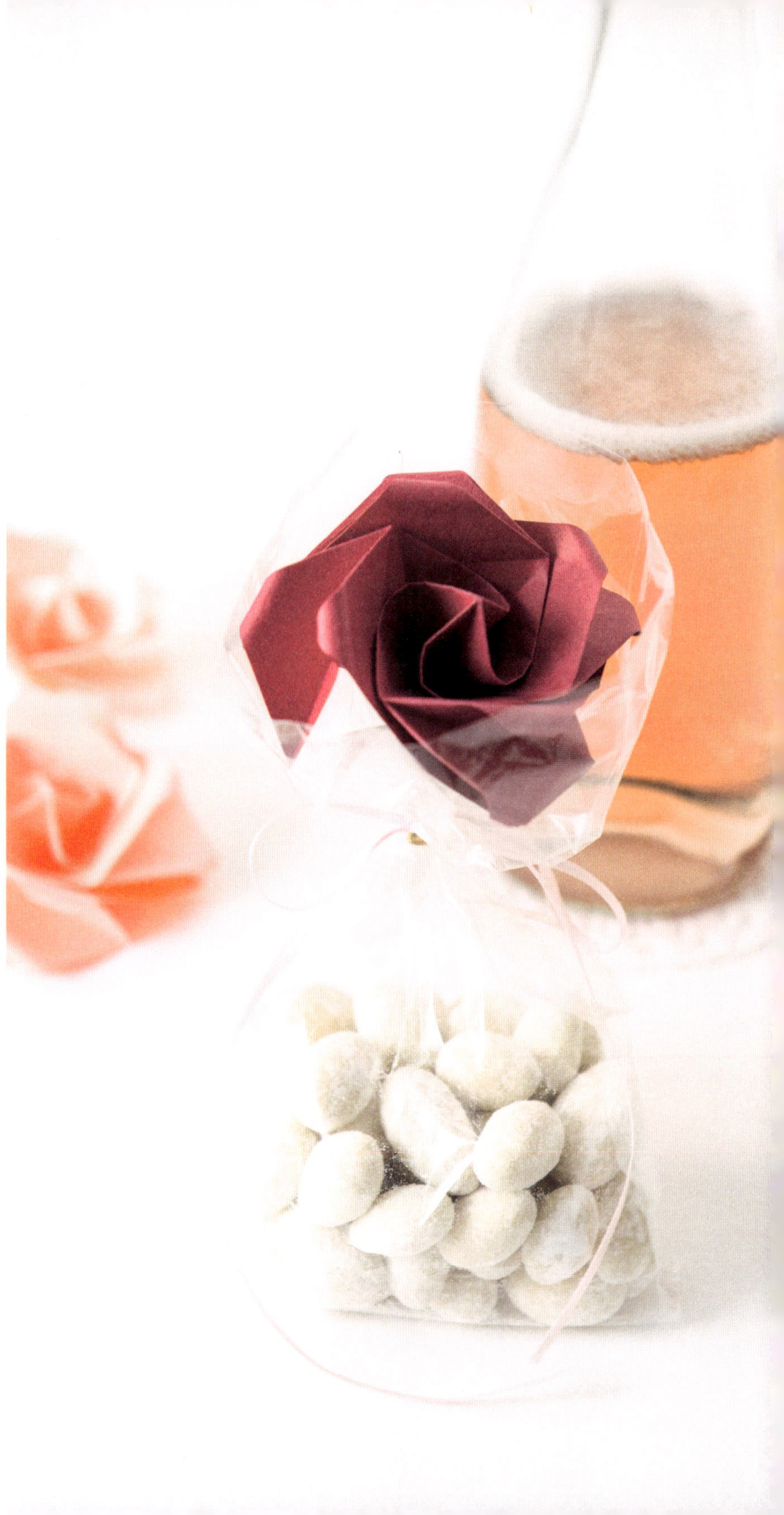

KIRSCHBLÜTE

Hanami, auf Deutsch «Blüten betrachten», ist die japanische Tradition, jedes Frühjahr die Schönheit der in Blüte stehenden Bäume von Pflaume, *ume*, Pfirsich, *momo*, und Kirsche, *sakura*, zu feiern. Dabei werden die Blüten als Metapher für das Leben selbst gesehen – schön und vergänglich. An den Tagen, an denen die Kirschbäume blühen, versammelt man sich in ganz Japan mit Freunden, Familie und Kollegen zu einem Picknick unter Kirschbäumen.

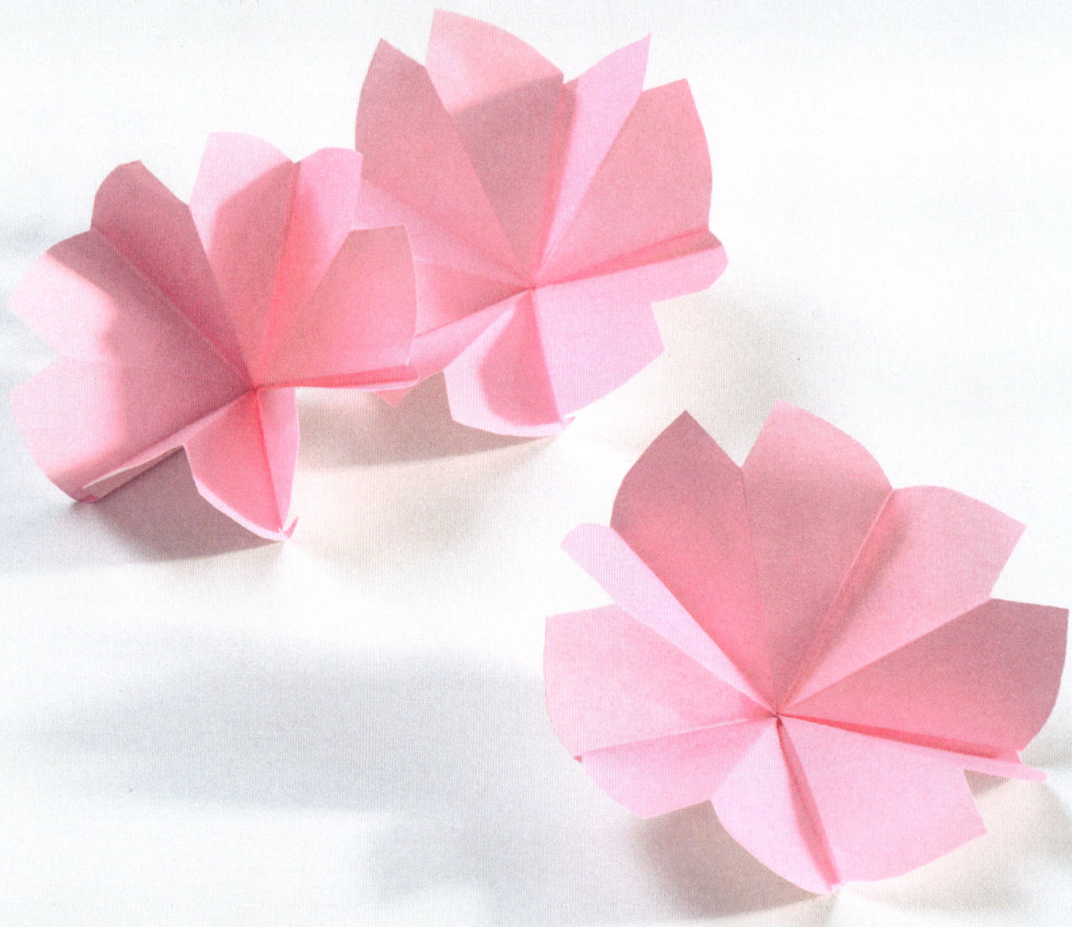

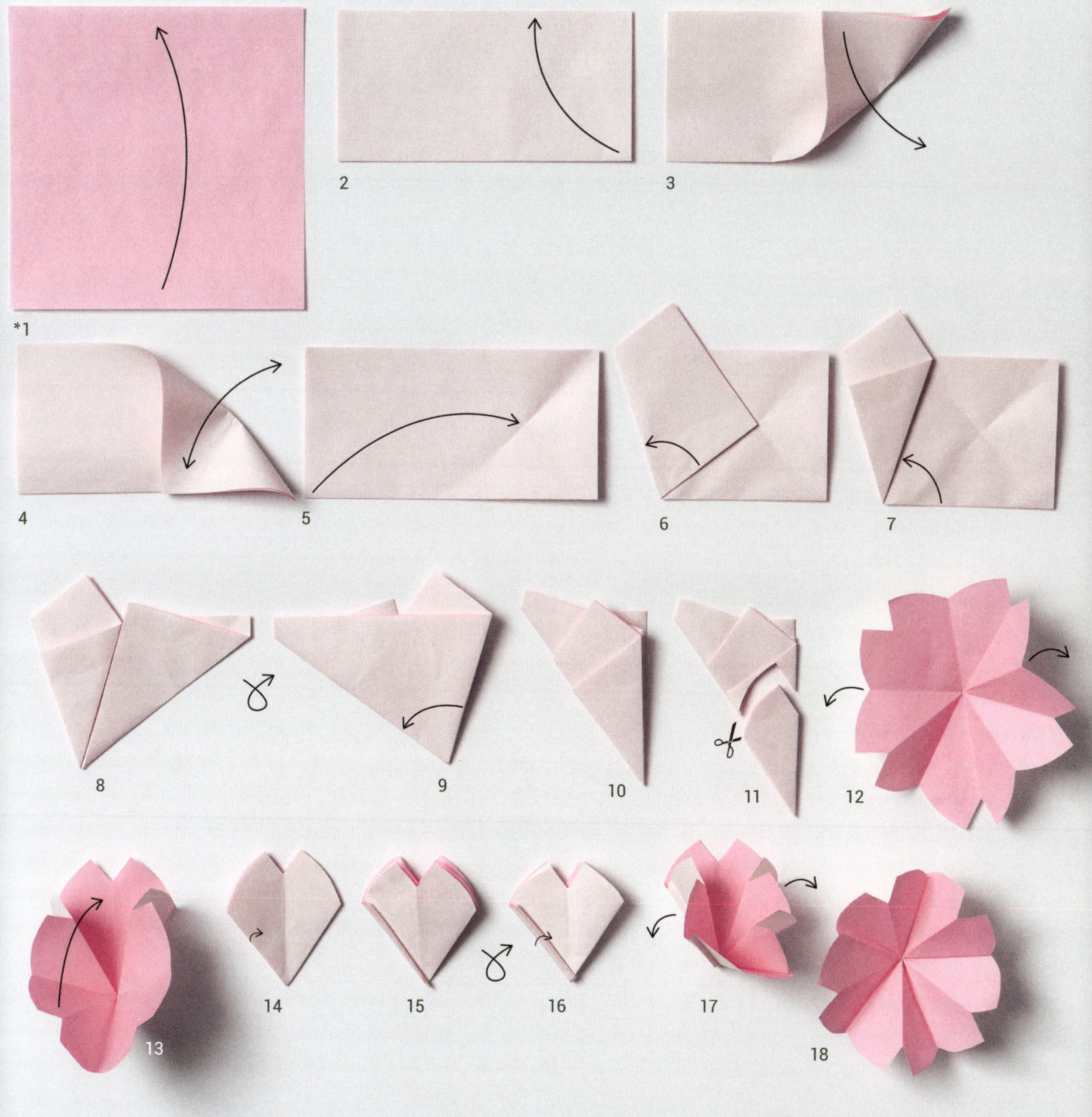
*1
2
3
4
5
6
7
8
9
10
11
12
13
14
15
16
17
18

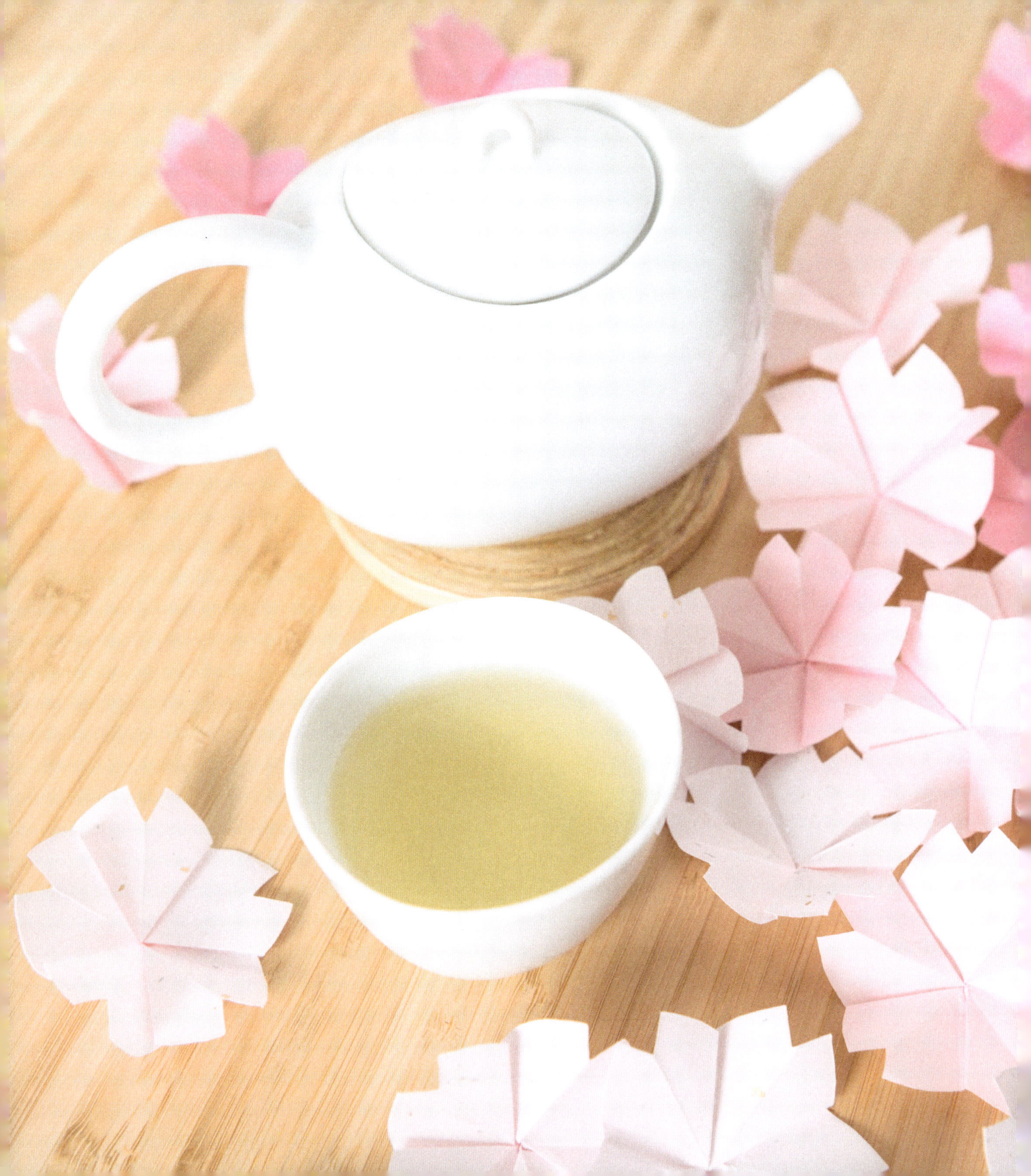

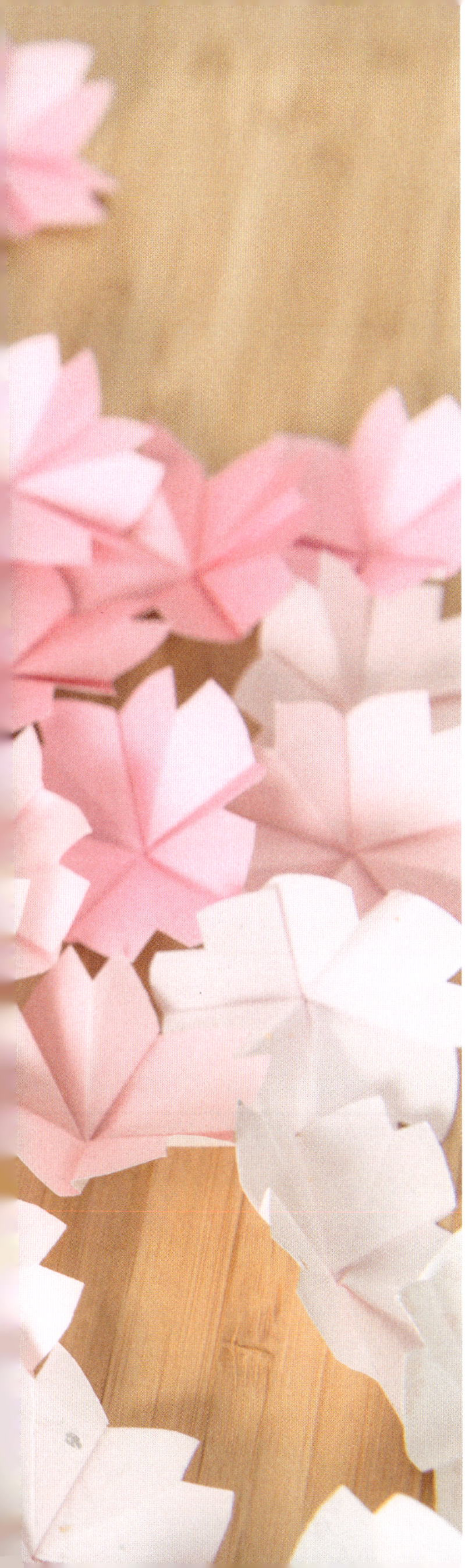

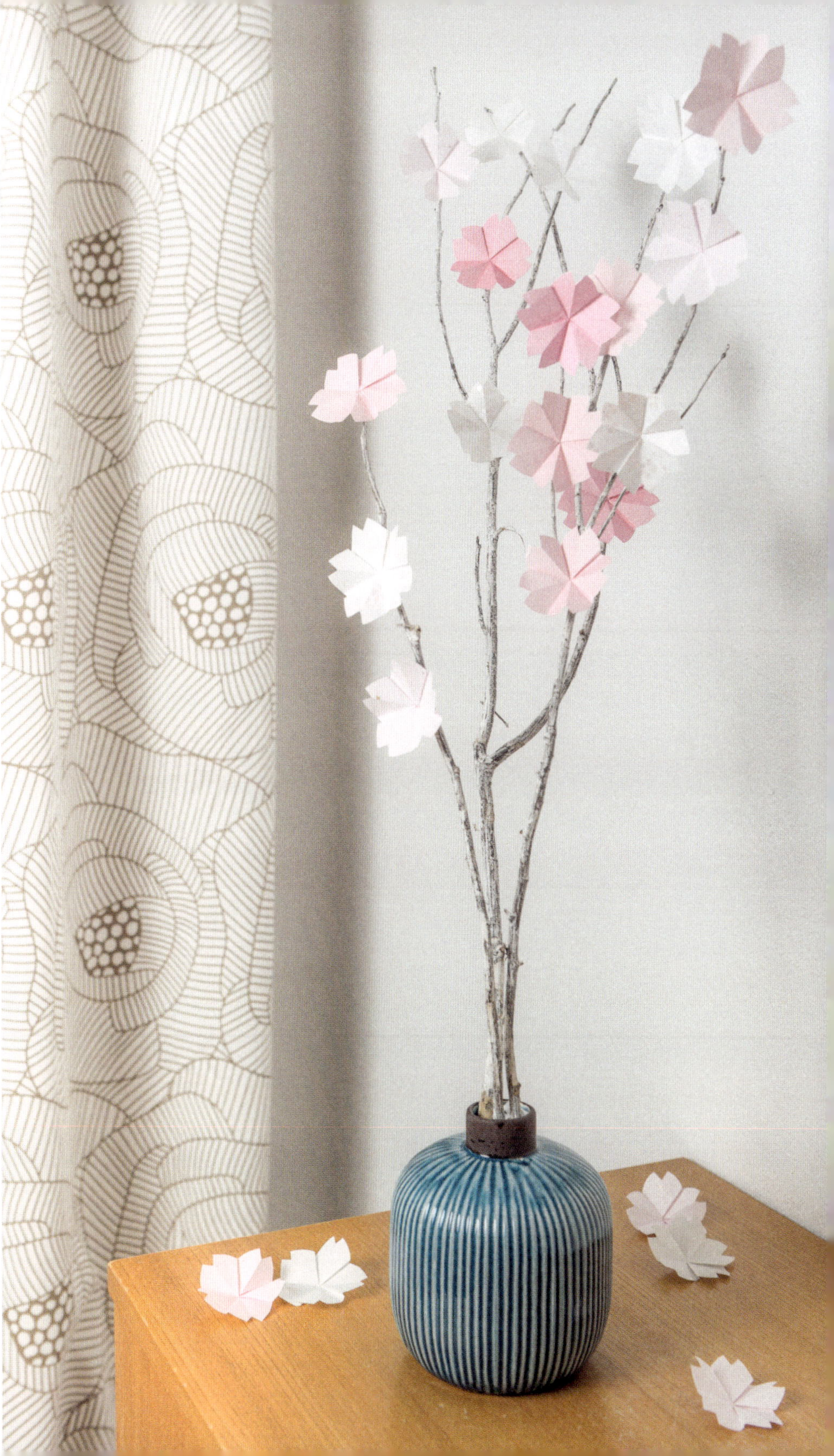

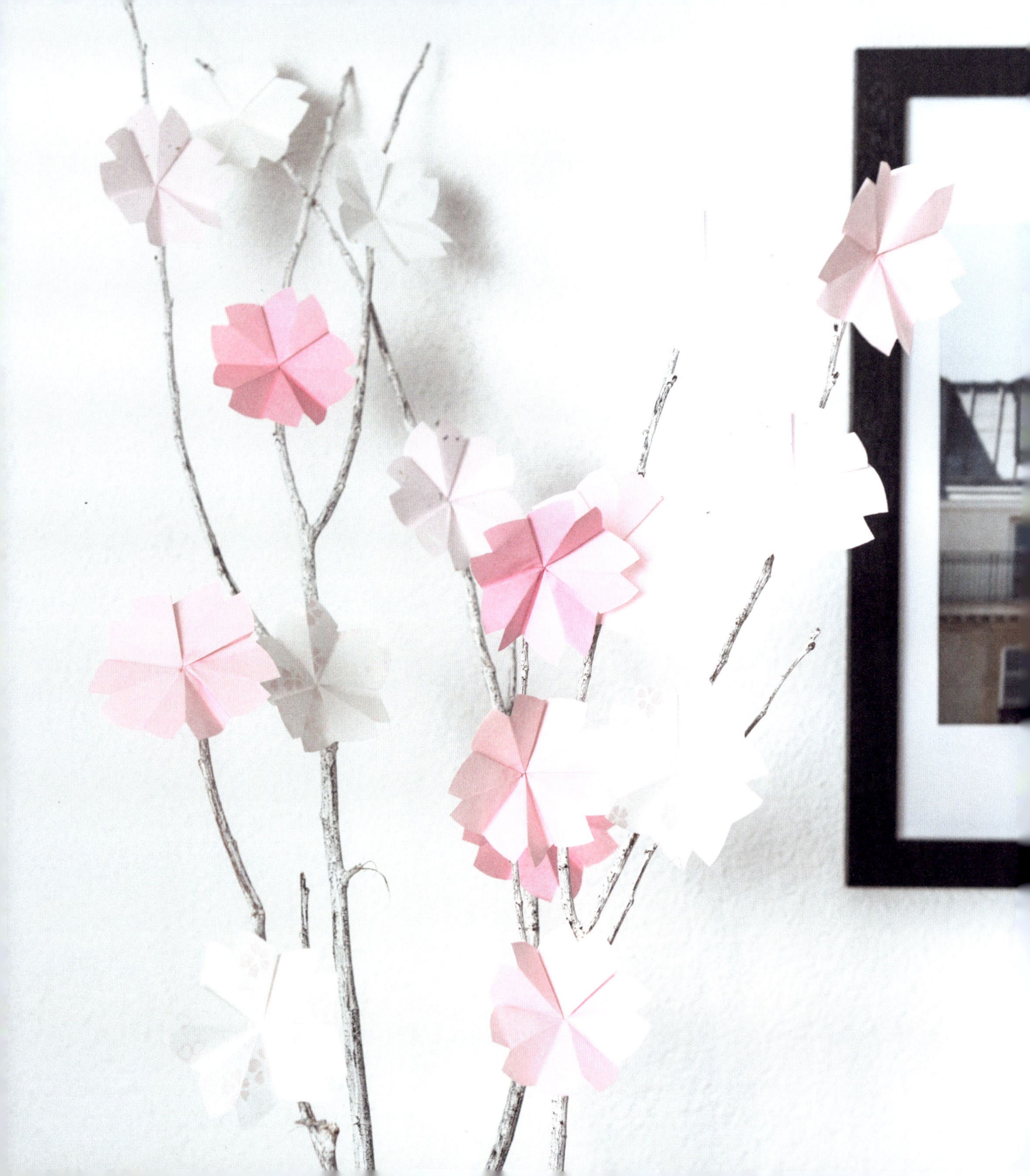

EIN WARMES BAD,

EIN GEBET ZU BUDDHA –

EIN KIRSCHBLÜTENZWEIG.

ISSA

LOTUS

Da die Lotusblüte die Fähigkeit besitzt, Schmutz von sich zu weisen, ist sie ein Sinnbild für Reinheit, Unberührtheit und Vollkommenheit. In Asien ist der Lotus ein Symbol mit vielschichtiger Bedeutung wie Wiedergeburt, Erneuerung, Liebe, Zuneigung, Treue, Fruchtbarkeit, Schöpferkraft und Erleuchtung.
Im Buddhismus zählt der Lotus zu den acht Kostbarkeiten und symbolisiert den Weg des Menschen zum Göttlichen, wobei – entsprechend der materiellen, intellektuellen und spirituellen Welt – die drei Elemente Erde, Wasser und Luft durchquert werden. Die sich öffnende Blüte steht für die Entfaltung des Bewusstseins – und so sieht man Buddha oft auf einer Lotusblüte sitzend dargestellt.

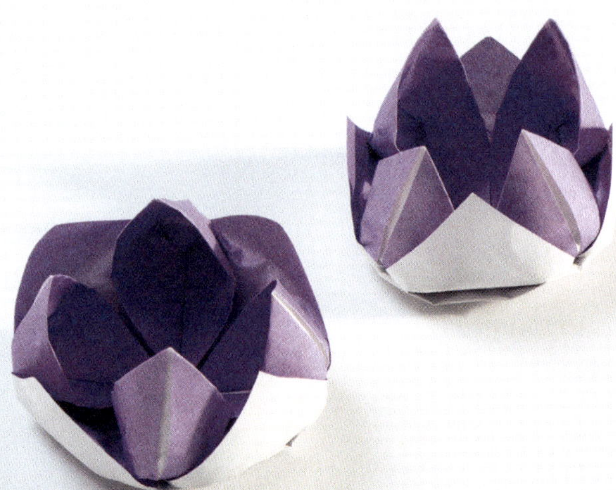

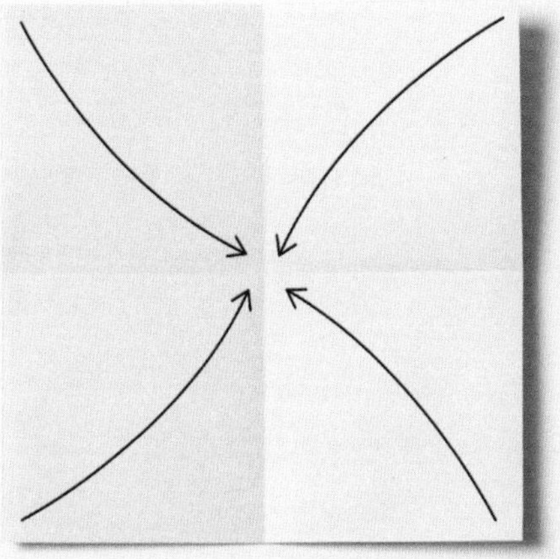
*1

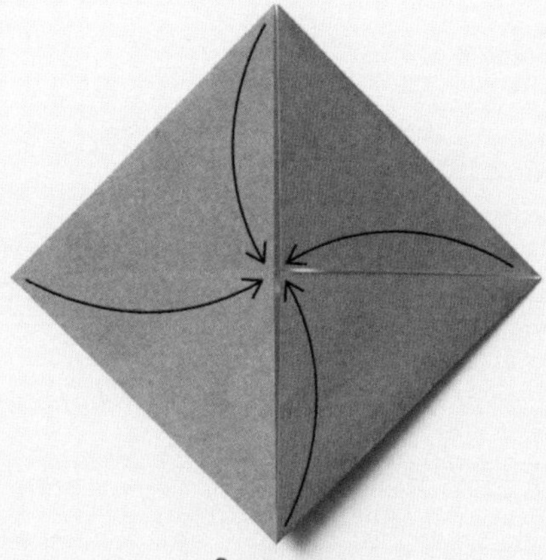
2

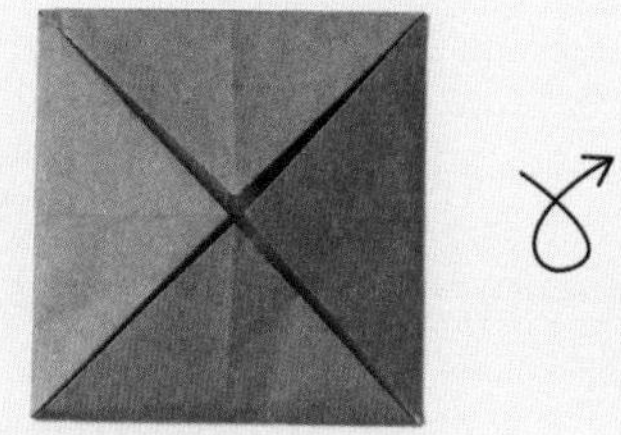
3

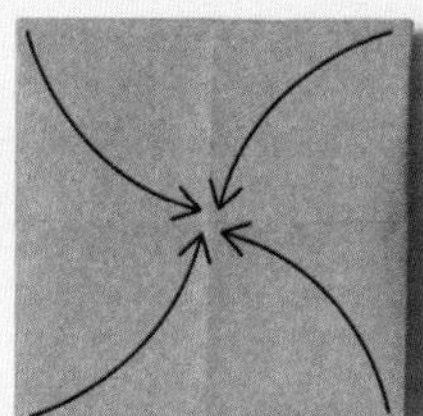
4

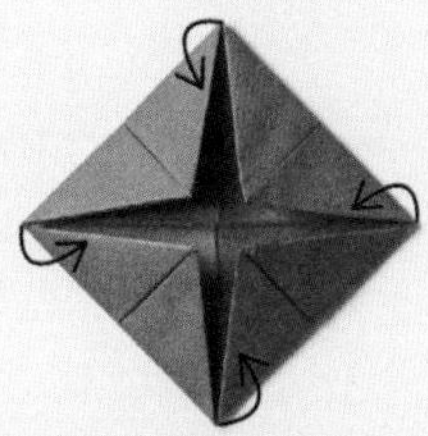
5

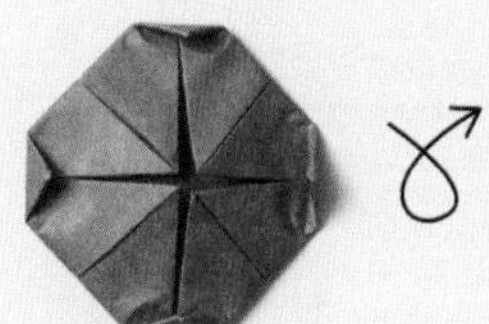
6

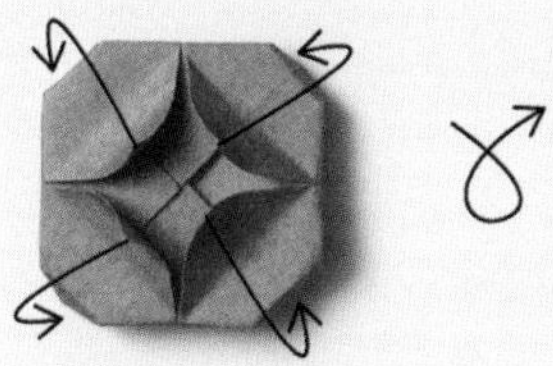
7

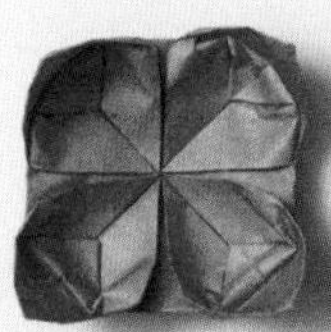
*8

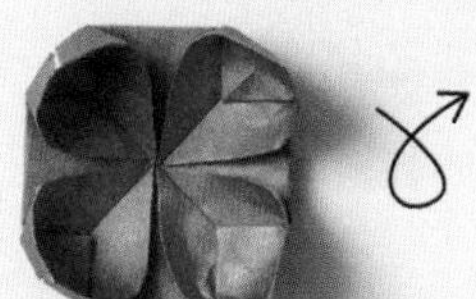
9

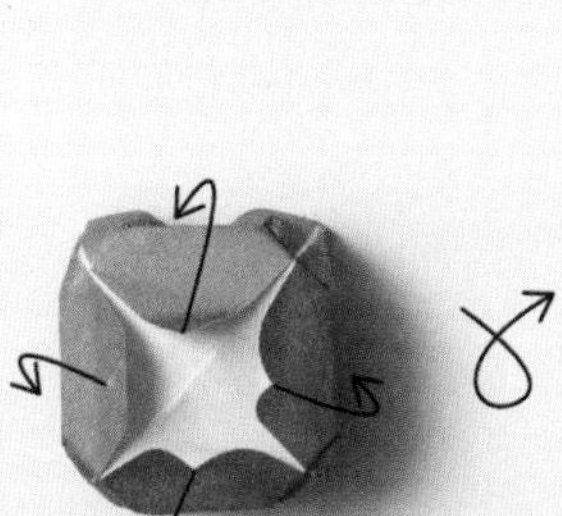
10

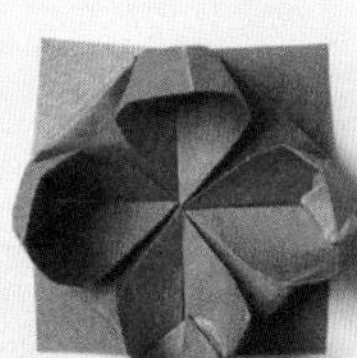
*11

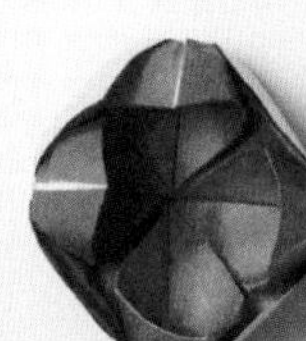
12

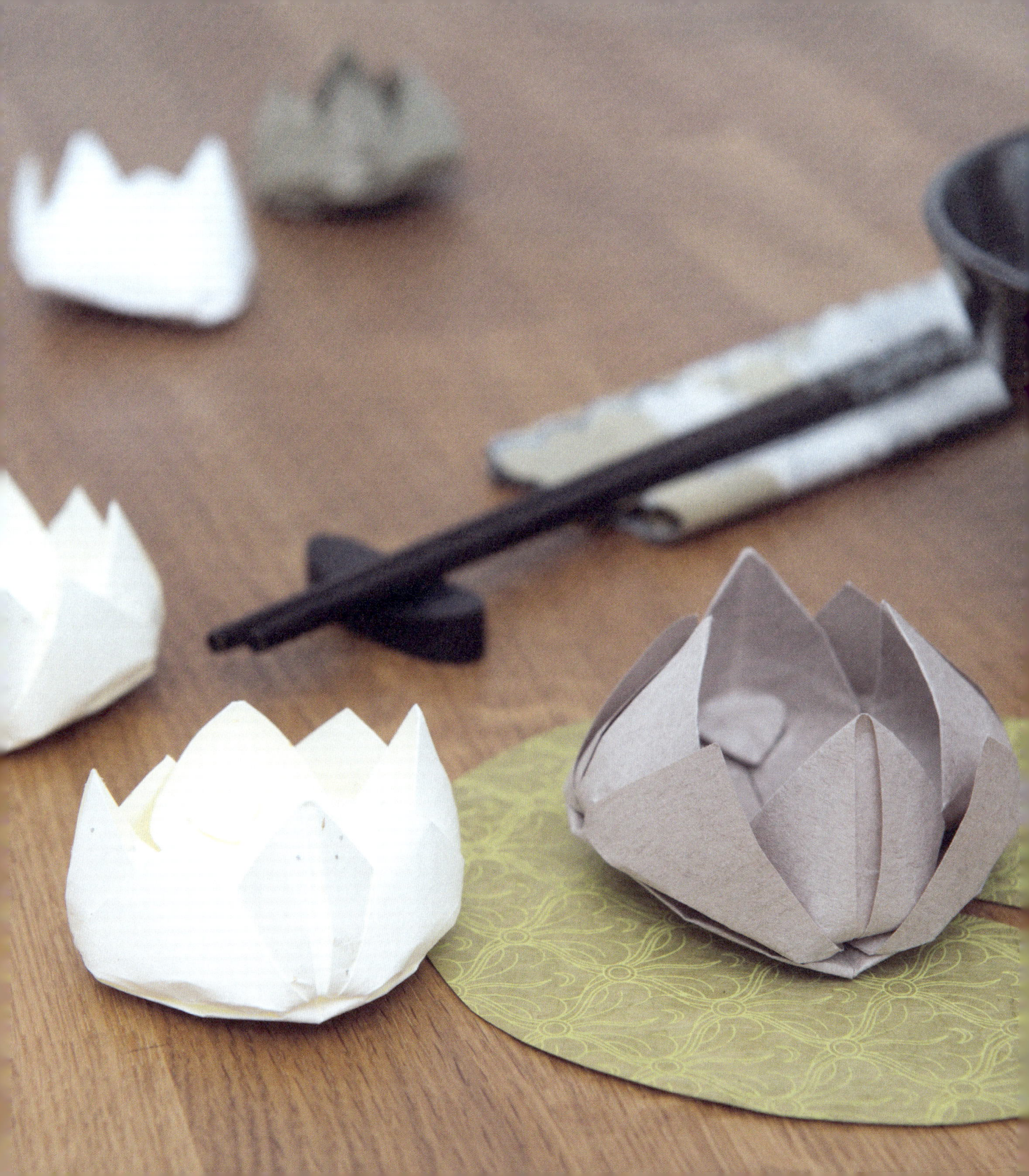

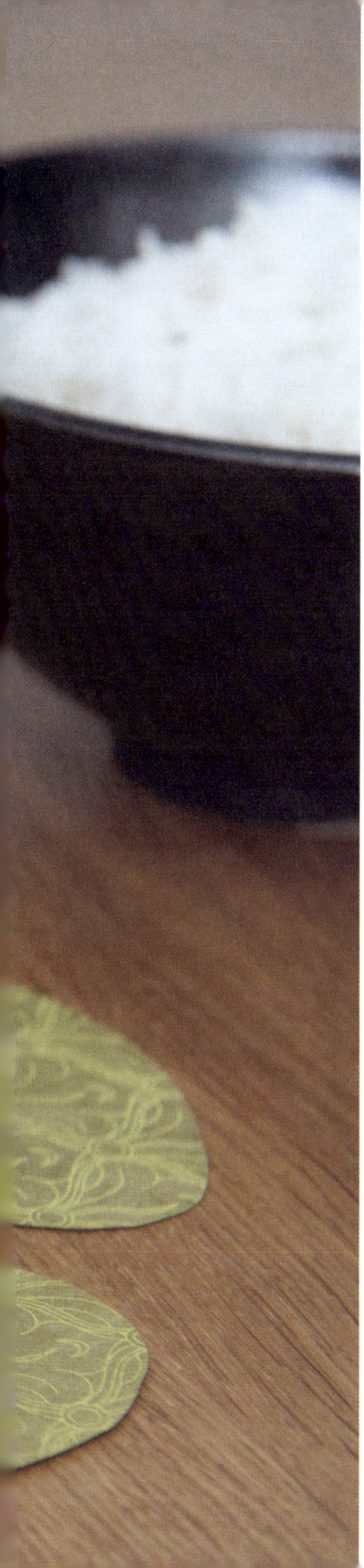
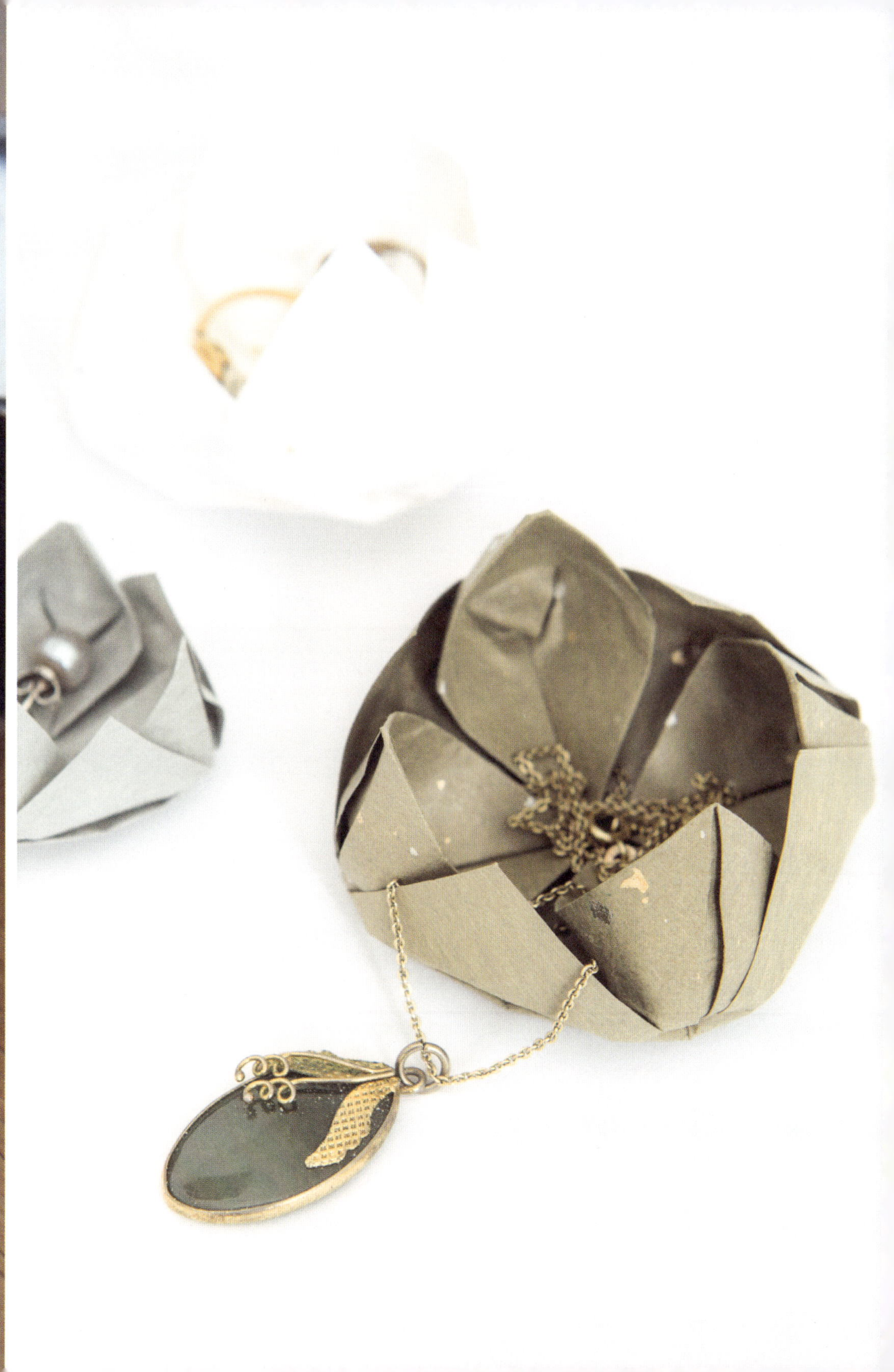

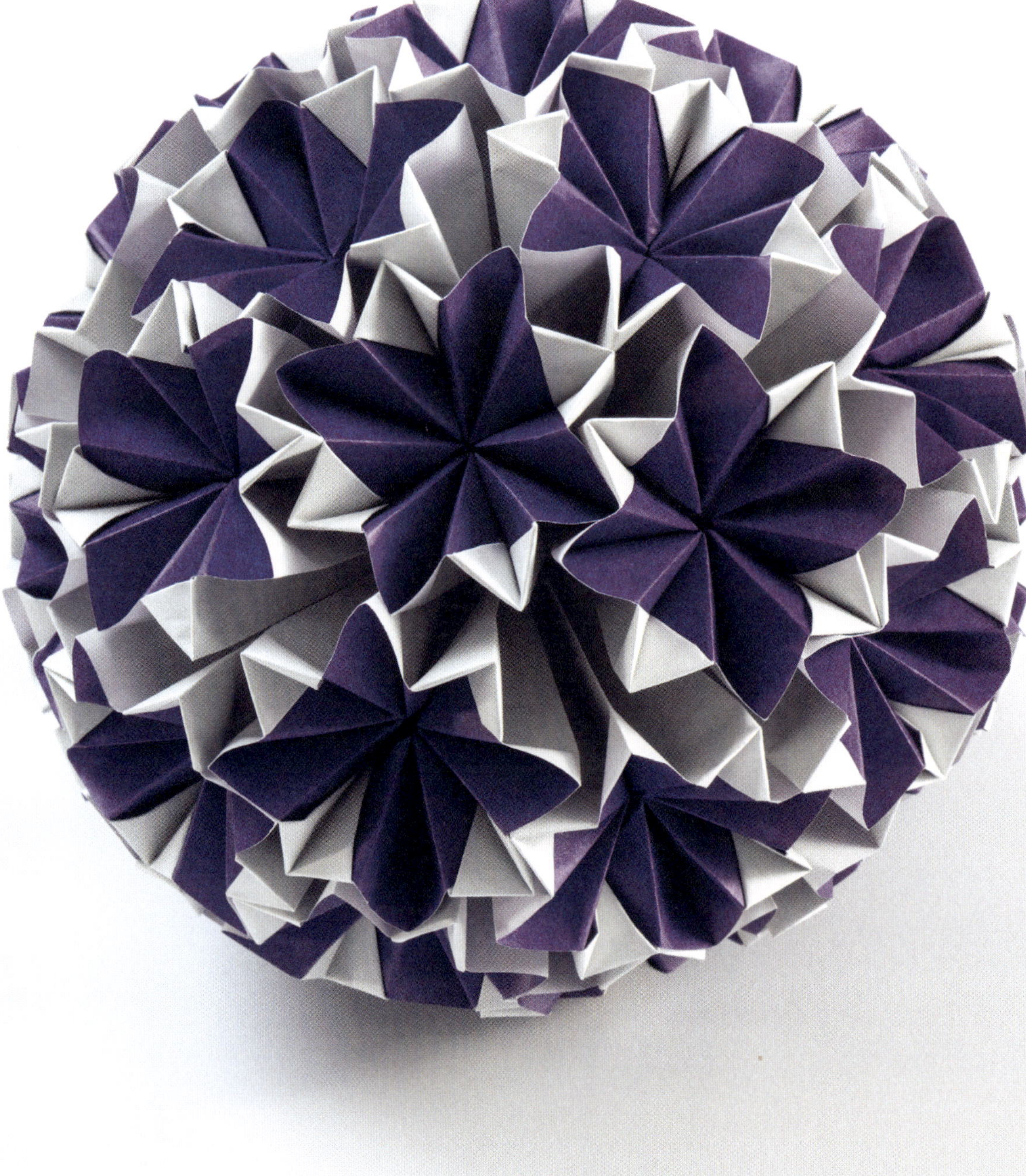

BLÜTENBALL

Kusudama bedeutet soviel wie «Medizinball», zusammengesetzt aus den japanischen Wörtern *kusuri* für «Medizin» und *tama* für «Ball». Ursprünglich wurden diese Kugeln für Räucherwerk und Kräuter verwendet, über dem Bett eines Kranken aufgehängt oder als Bann eingesetzt, der Krankheiten abwenden sollte. Heutzutage stellen sie schöne Dekorationen und Geschenke dar.
Dieses Papiermodell wird aus mehreren identischen pyramidenförmigen Elementen zu einer Kugel zusammengenäht und gilt als Vorläufer des modularen Origamis.

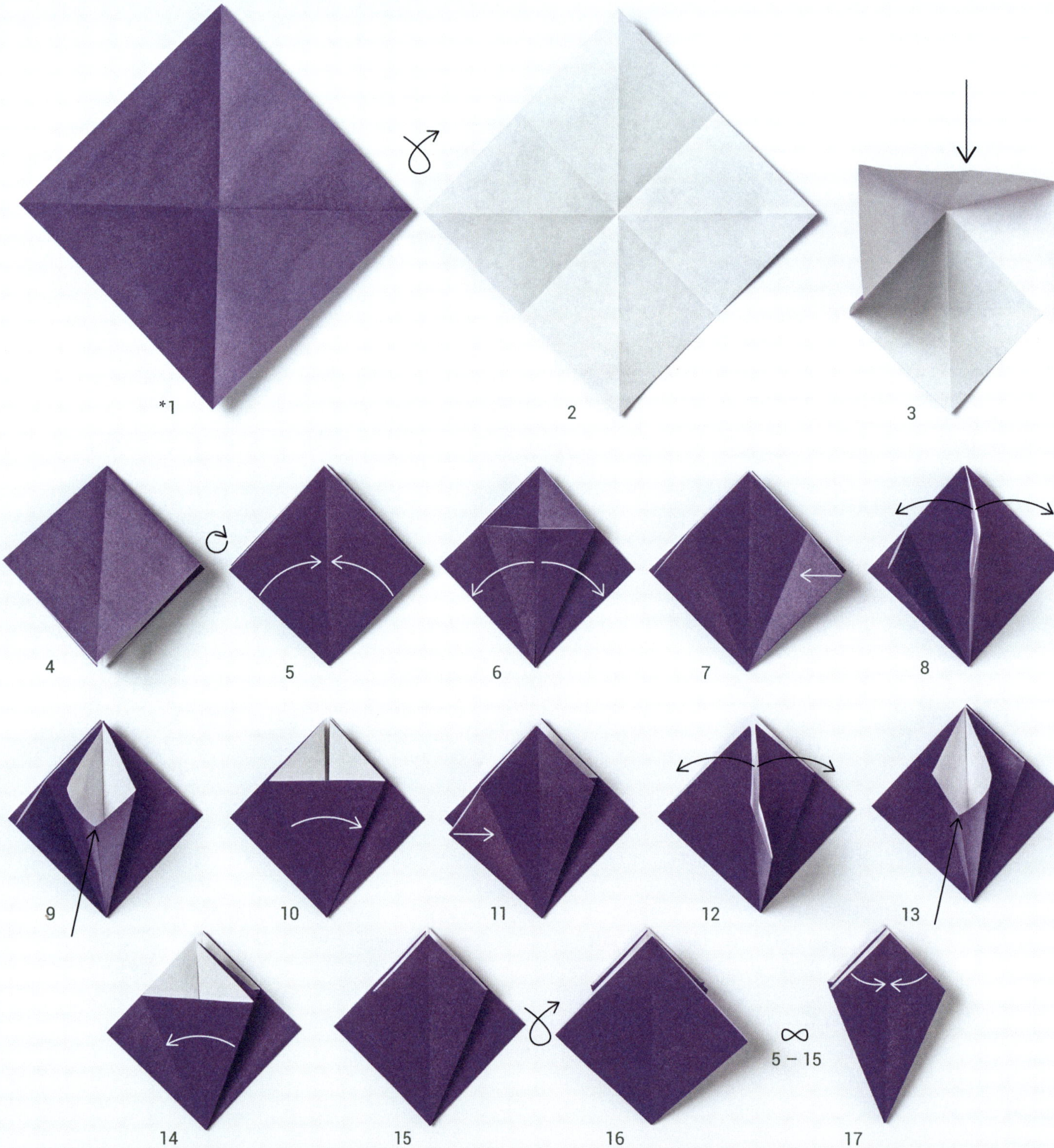
*1
2
3
4
5
6
7
8
9
10
11
12
13
14
15
16
∞
5 – 15
17

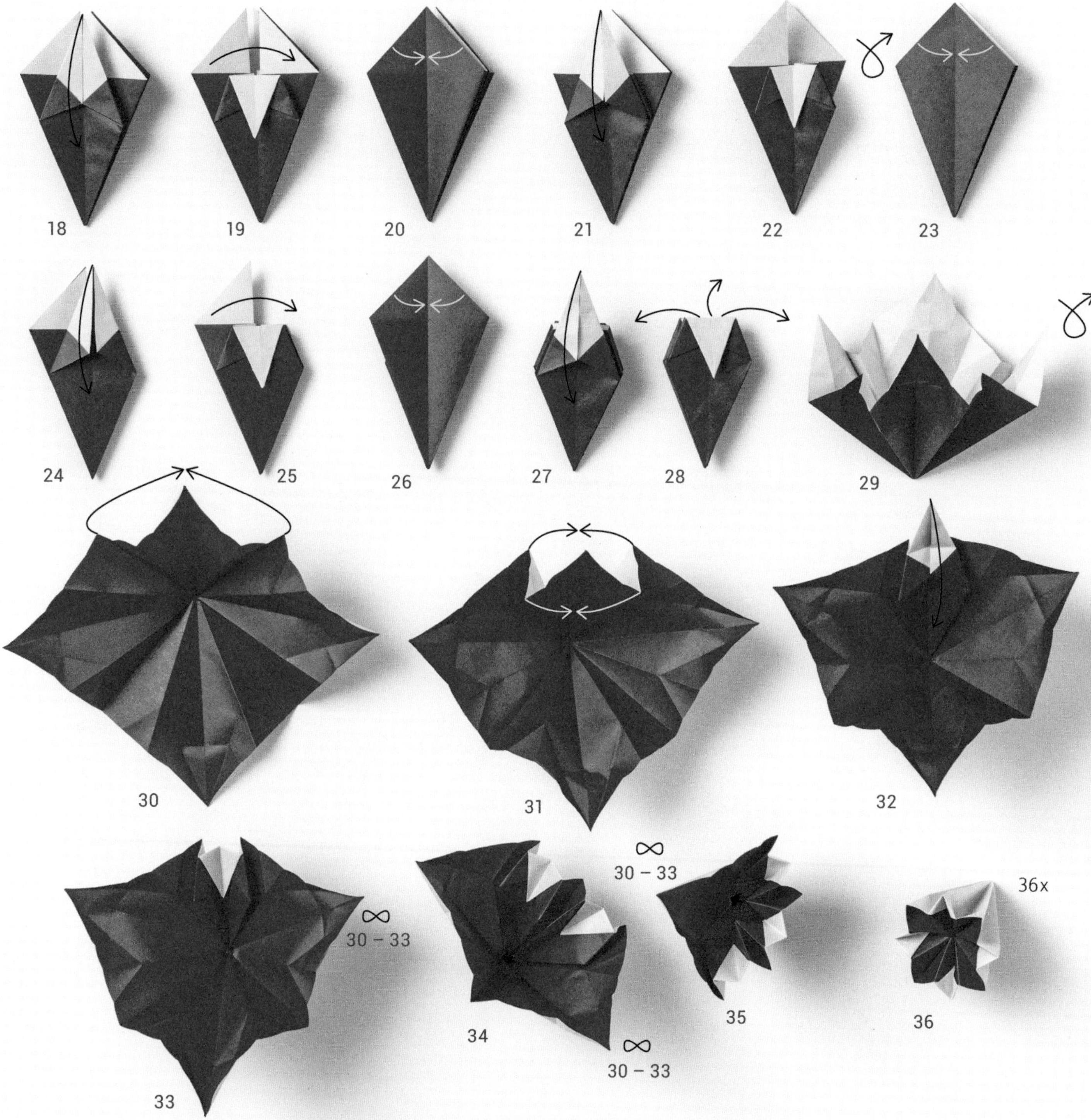

18
19
20
21
22
23
24
25
26
27
28
29
30
31
32
33
30 – 33
34
30 – 33
30 – 33
35
36
36x

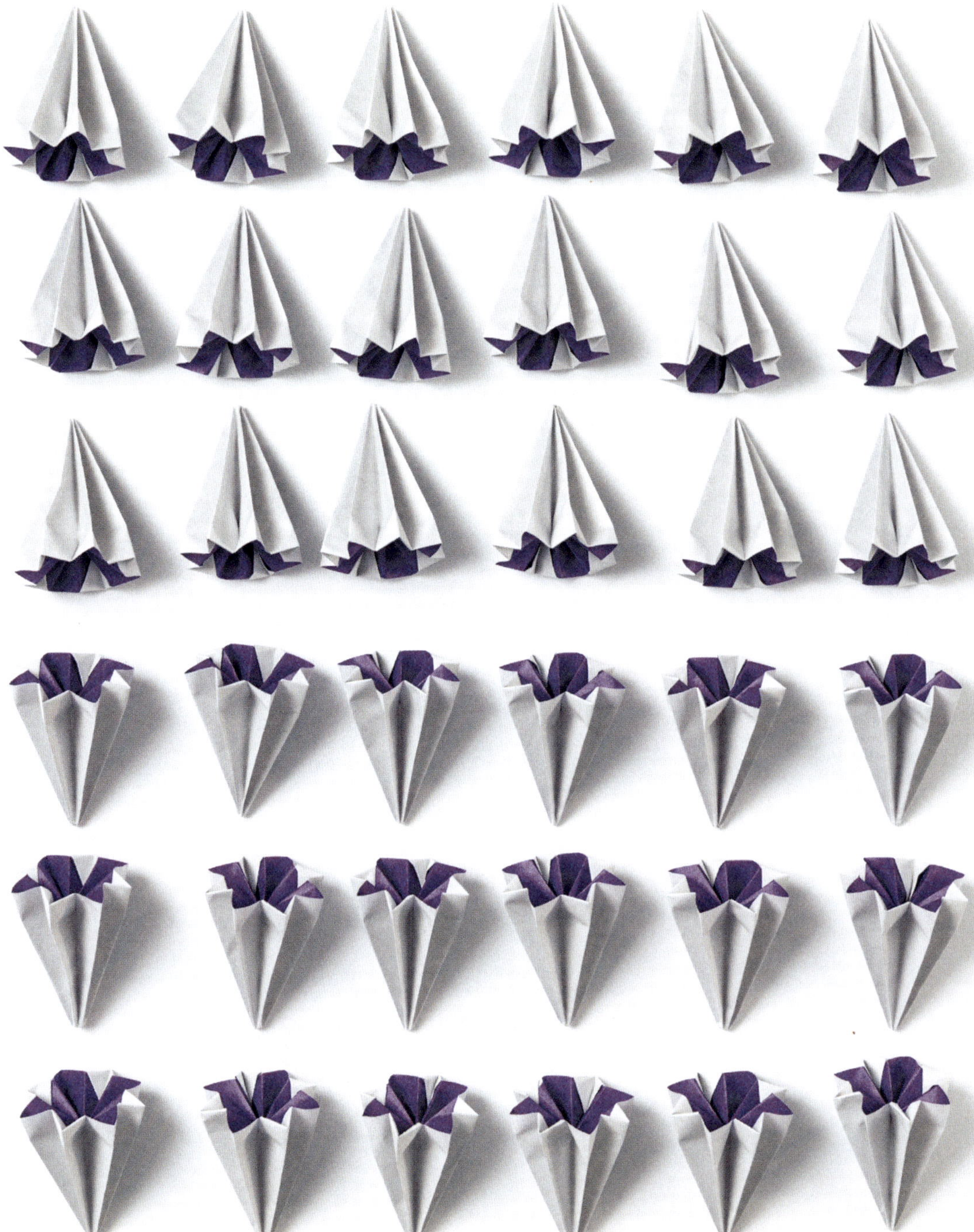

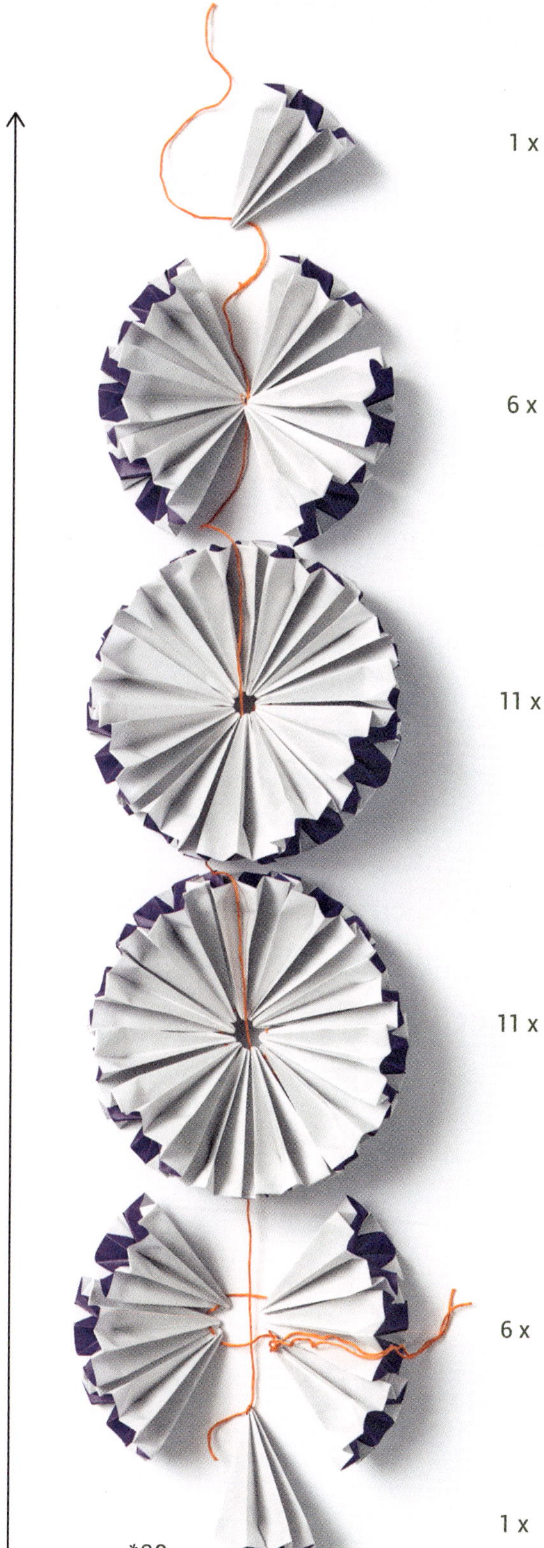

*38

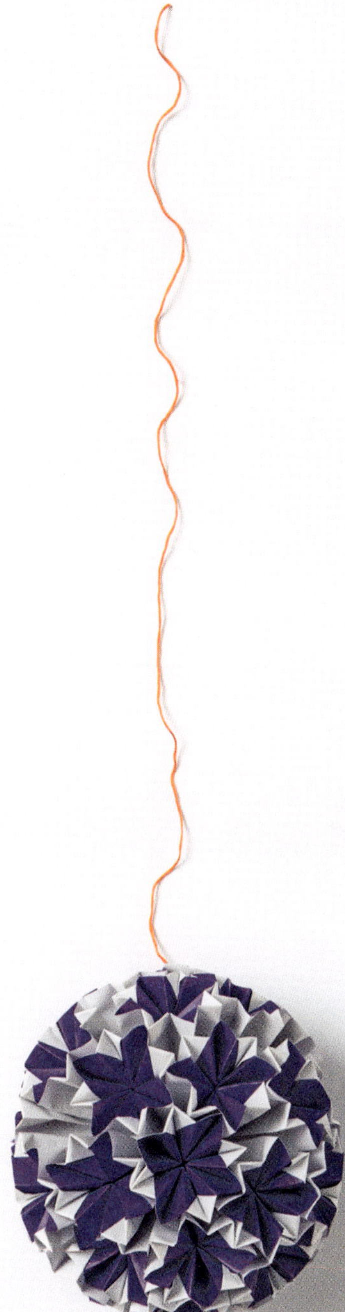

39

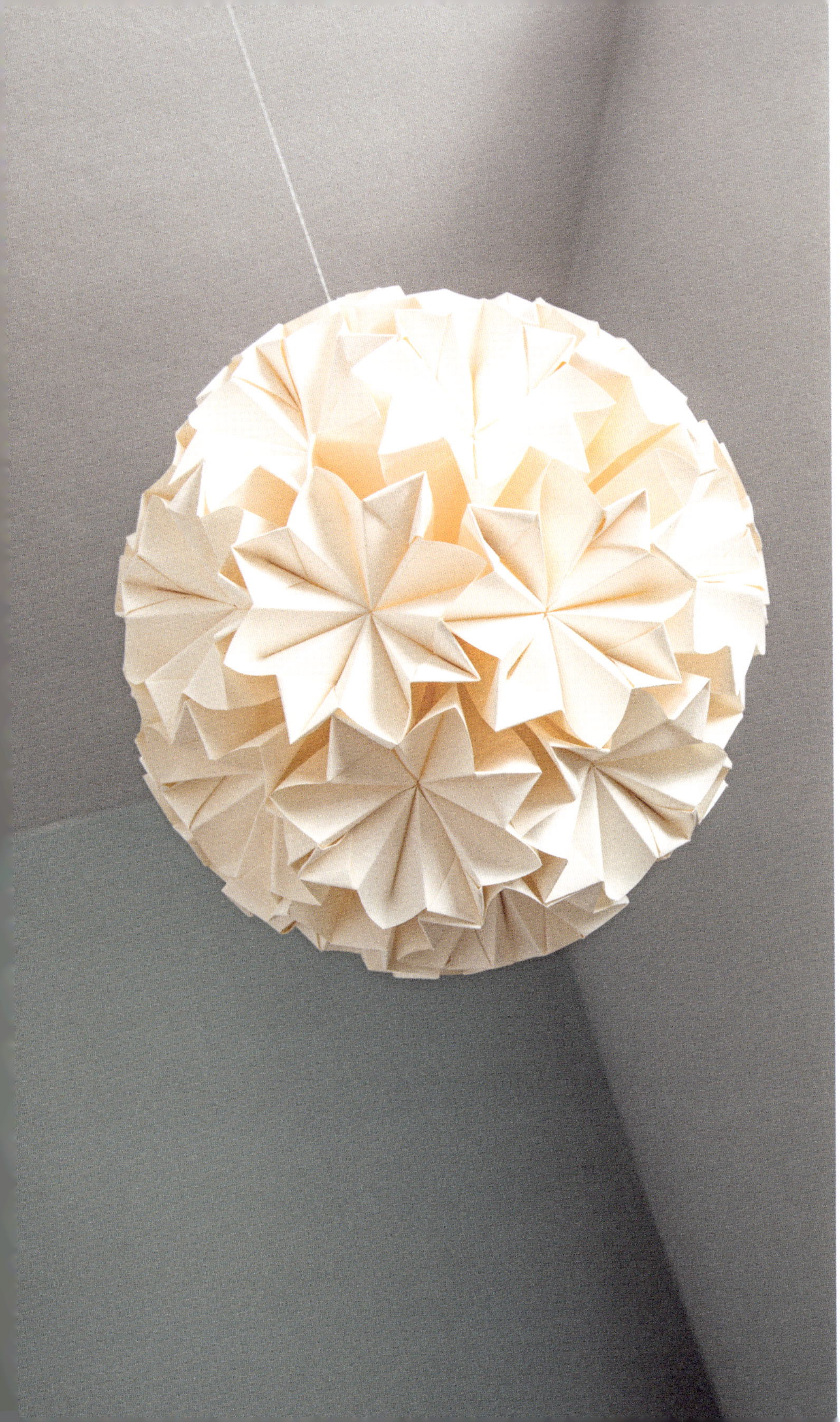

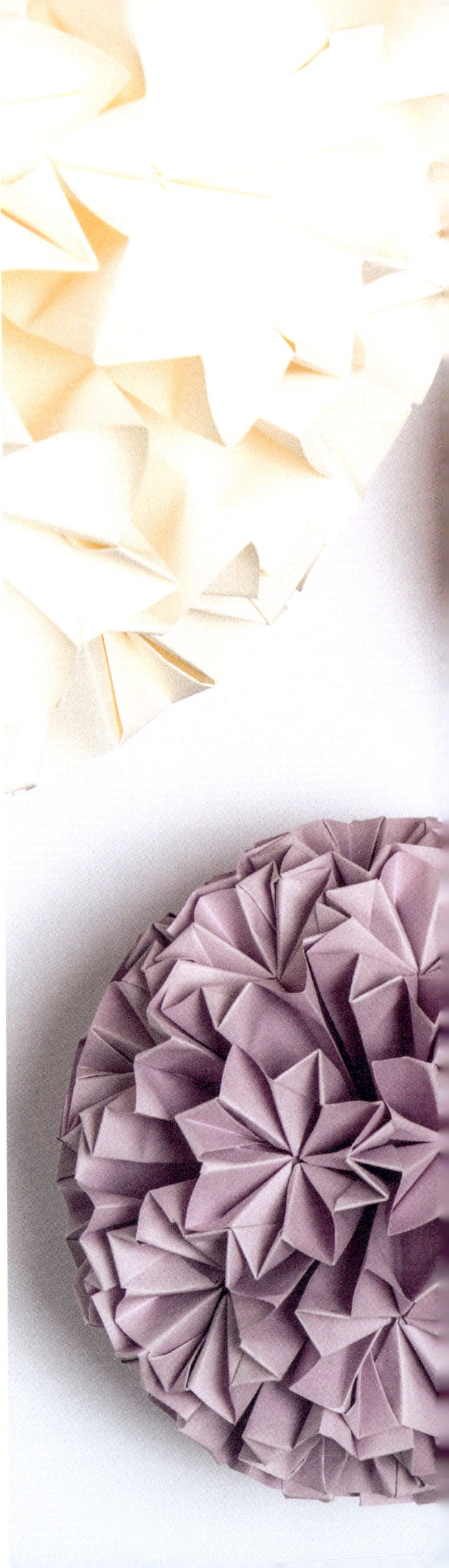

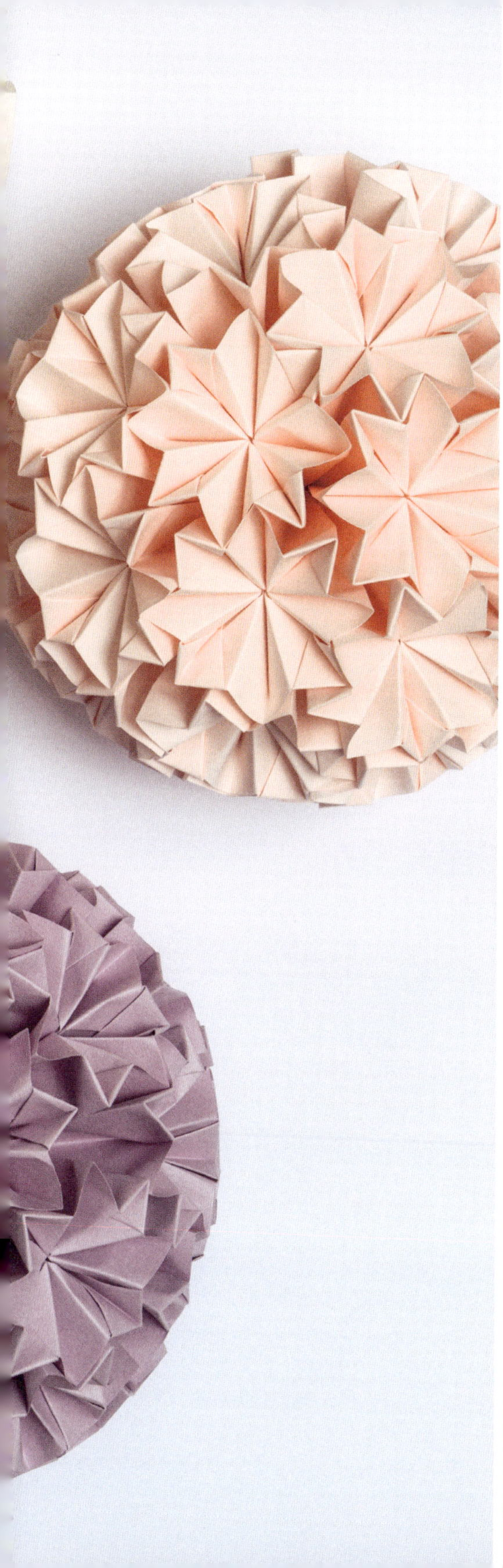

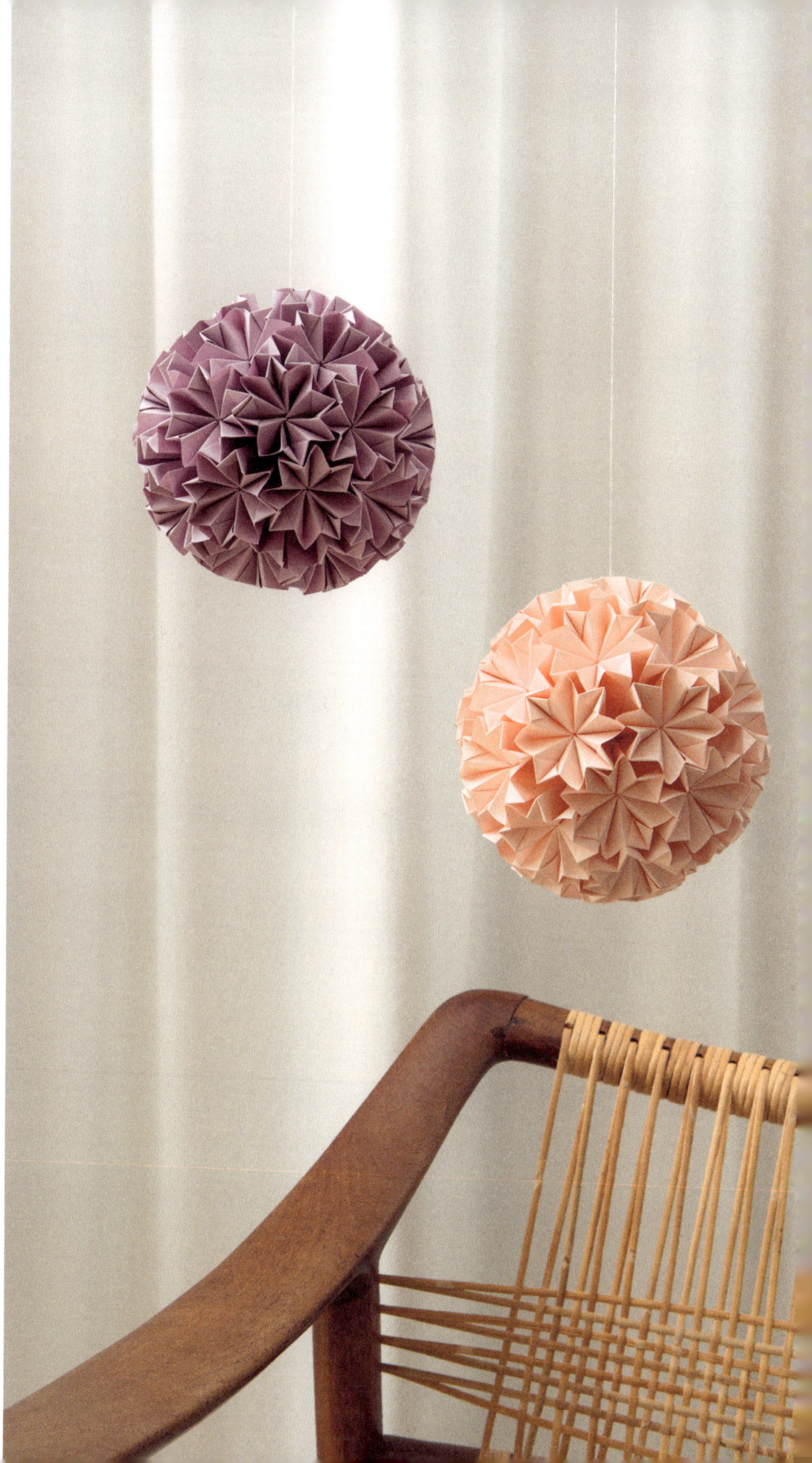

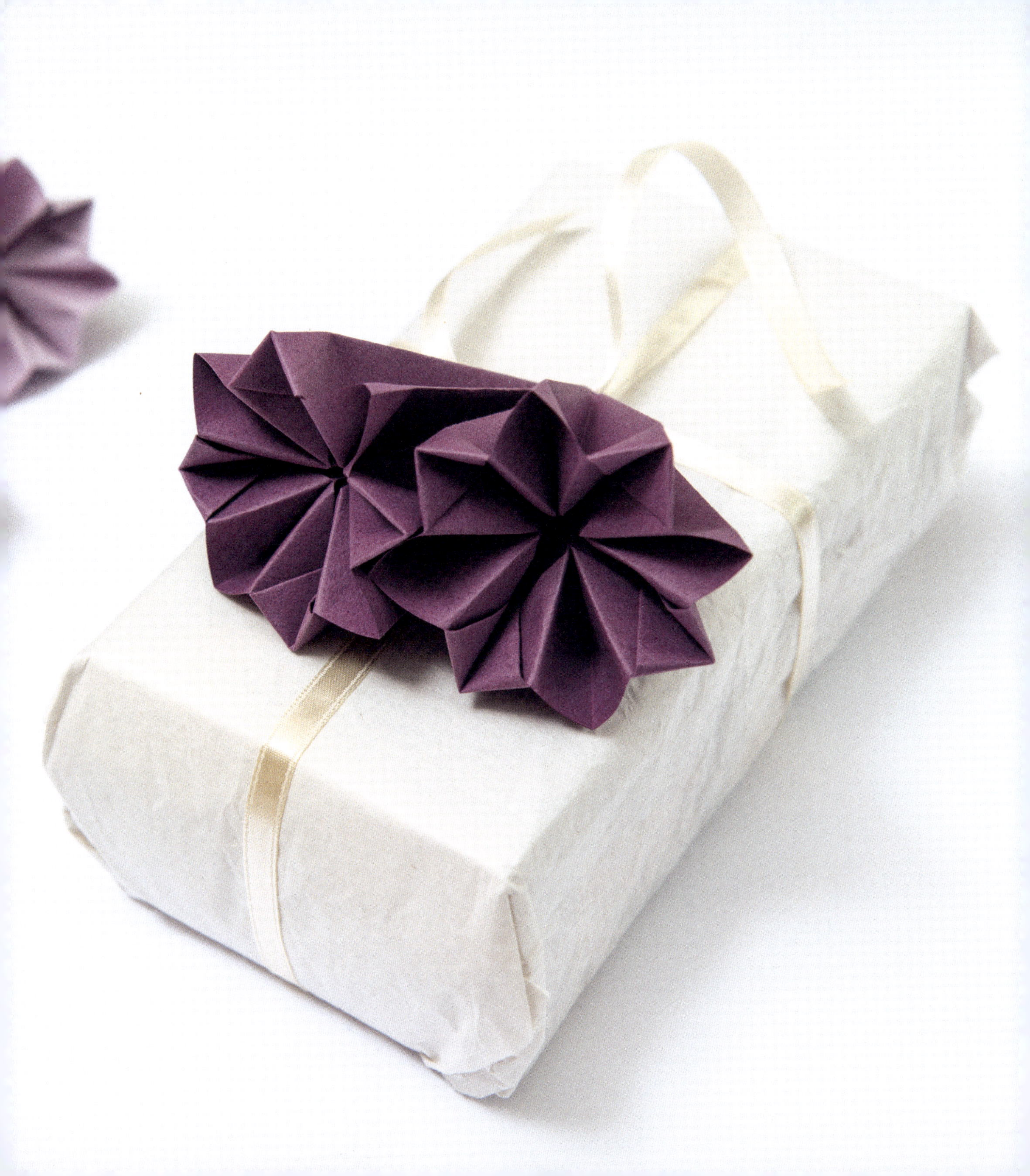

DIE GLOCKE HAT DEN TAG
HINAUSGELÄUTET. DER DUFT
DER BLÜTEN LÄUTET NACH.

BASHŌ

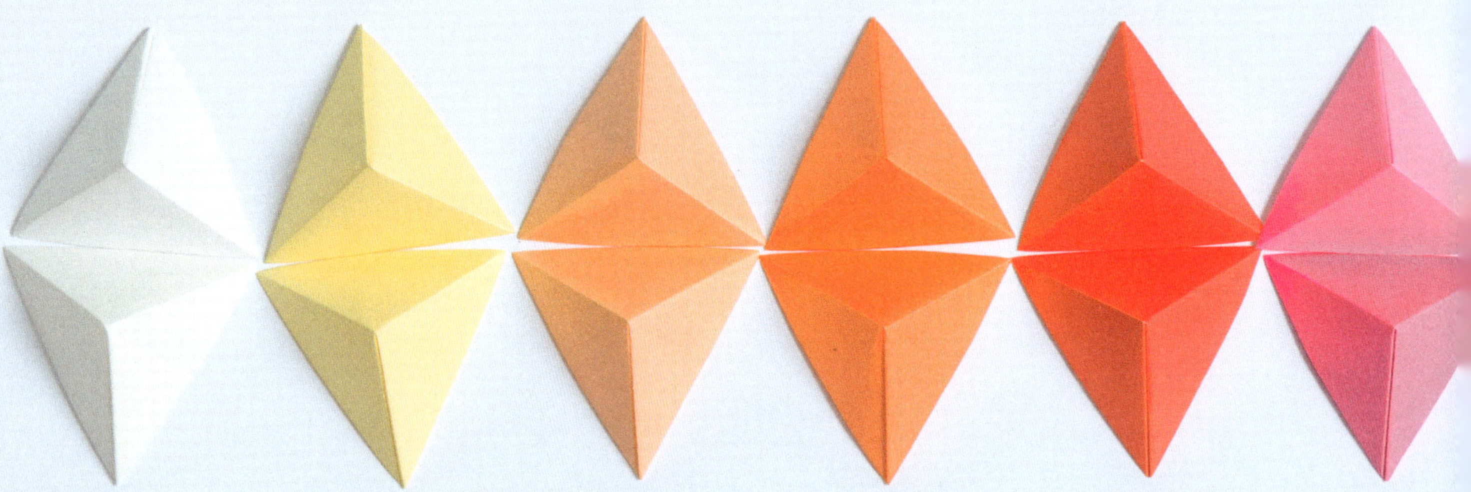

DANKSAGUNG

Ein herzliches Dankeschön an den Verlag Freies Geistesleben, der mir die Möglichkeit gegeben hat, mein Herzensprojekt zu realisieren.

Vielen Dank auch an Frau Ursula Otani von der Firma *Miyabi* für die Bereitstellung der in diesem Buch verwendeten schönen Japanpapiere. An dieser Stelle möchte ich gerne auf ihren Online-Shop *origami-papier.eu* hinweisen.

Ganz besonders möchte ich mich auch bei Dirk Tacke bedanken, der meiner Schwester Clarissa Nill und mir sein Münchener Fotostudio zur Verfügung gestellt hat.

Und ein großer Dank gilt auch meiner Familie, die mich in meiner Arbeit für das Buch in vielfältiger Weise unterstützt hat.

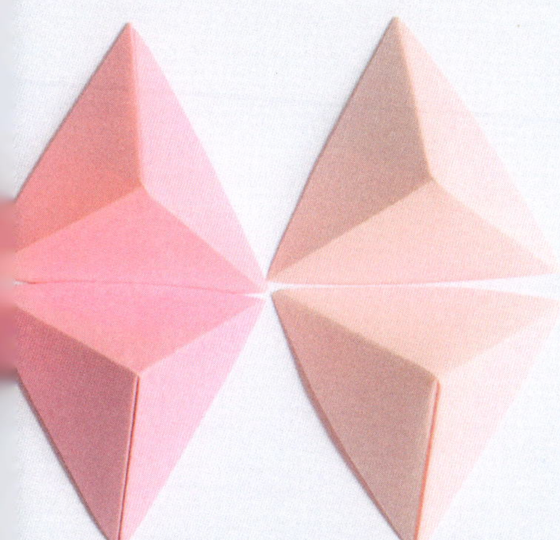

ÜBER DIE

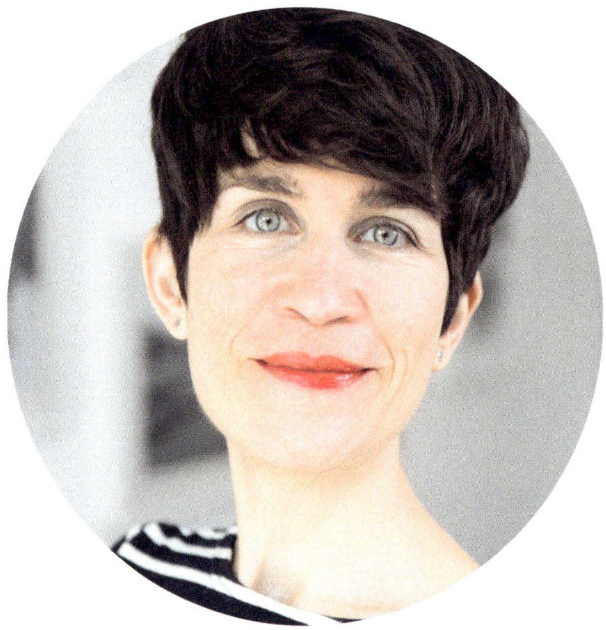

AUTORIN

Die Faszination für die Faltkunst Origami und die Begeisterung für das Material Papier begleiten Kristina Müller seit ihrer frühen Kindheit. Das Studium von Bühnen- und Kostümbild am *Mozarteum* in Salzburg führte sie über ein Kunstgeschichtsstudium in München und Paris an die *Université Toulouse Le Mirail*, an der sie ihre Studien mit einem Mastertitel in Grafikdesign abschloss. In Frankreich wurden anschließend ihre ersten Bücher im Kreativbereich veröffentlicht, es folgten weitere Publikationen in Deutschland.

Ihre kreative Arbeit ist geprägt von puristischer Schönheit, einer Konzentration auf das Wesentliche, dem sinnlichen Ausdruck von Farben und der Freude an Handschrift und Zeichnung.

Sie ist Französin in ihrem Herzen und lebt in München, wo sie als selbstständige Grafikdesignerin tätig ist. Im Bereich Papierdesign fertigt sie Auftragsarbeiten für Privatpersonen und Firmen und teilt ihr Wissen und ihre Begeisterung für das Papierfalten sowohl in Onlinekursen als auch bei Präsentationen und Workshops vor Ort.

KDESIGNPAPIER.COM

KDESIGNPAPIER

LITERATUR

Die in diesem Buch verwendeten Zitate, Aperçus und Haikus hat die Autorin im Lauf der Jahre zusammengetragen, gelesen, entdeckt und notiert. Wir danken den Verlagen für die Nutzung in diesem Buch und waren bemüht, alle Originalquellen herauszufinden und nachzuweisen.

Matsuo Bashō, *Auf schmalen Pfaden durchs Hinterland.*
Aus dem Japanischen übertragen sowie mit einer Einführung und Annotationen von G. S. Dombrady. Mit einem Nachwort von Ekkehard May. Dieterich'sche Verlagsbuchhandlung, Mainz 2011.
Matsuo Bashō (1644–1694) war ein japanischer Dichter und gilt als bedeutender Vertreter der japanischen Versform Haiku, die er mit seinen Schülern erneuerte und in den Rang ernsthafter Literatur erhob.

Kenya Hara, *Weiß*. Aus dem Japanischen von Anita Brockmann. Lars Müller Publishers GmbH, Baden / Zürich 2018.
Kenya Hara ist ein japanischer Graphiker, Gestalter und Kurator und wird als der einflussreichste Designer des heutigen Japan angesehen.
In Haras Buch ist auch der Text von Kitazono Katsue enthalten; das Original erschien im Verlag Shichosha. Kitazono Katsue war ein japanischer Lyriker und Fotograf, der sich in seinen letzten Jahren vor allem der visuellen und konkreten Poesie zuwandte. Eine Auswahl seiner Gedichte erschien unter dem Titel *oceans beyond monotonous space*.

Tanizaki Jun'ichiro, *Lob des Schattens. Entwurf einer japanischen Ästhetik.* Mit Illustrationen von Suishu Klopfenstein-Arii. Aus dem Japanischen übersetzt und kommentiert von Eduard Klopfenstein.
Manesse Verlag, München 2010.

Jean-Claude Lin, *Heimkehren. Die Kunst des Haiku.*
Verlag Freies Geistesleben, Stuttgart 2017.

Pablo Neruda, *Der unsichtbare Fluß. Gedichte 1923–1973.* Herausgegeben von Victor Farias. Luchterhand Literaturverlag, München 2001.

Kakuzo Okakura, *Das Buch vom Tee.* Übertragen und mit einem Nachwort von Horst Hammitzsch. Insel Verlag, Berlin 2018.
Dieses 1906 erstmals erschiene Werk gilt als Klassiker, wenn von der japanischen Teekultur und ihrer Zeremonie die Rede ist.

Eine sehr schöne Sammlung an Haikus bietet der zweisprachige Band: *Haiku: Gedichte aus fünf Jahrhunderten.* Herausgegeben und übersetzt von Eduard Klopfenstein und Masami Ono-Feller. Reclam Verlag, Ditzingen 2017.

2. Auflage 2022

Verlag Freies Geistesleben
Landhausstraße 82, 70190 Stuttgart
www.geistesleben.com

ISBN 978-3-7725-2940-5

Fotos: Clarissa Nill
Fotostyling: Müller & Nill
Gestaltung & Satz: Bianca Bonfert
Druck: DZS Grafik, Ljubljana
Printed in Slovenia

FSC www.fsc.org MIX Papier aus verantwortungsvollen Quellen FSC® C106600
Klimaneutral Druckprodukt ClimatePartner.com/13357-2208-1007

Mehr Ideen für ein kreatives Leben:
bit.ly/3PH4oRJ

Bleiben Sie mit unserem Newsletter auf dem Laufenden:
bit.ly/3NwkUmi